东西方视域下
第一次十字军战争研究

The First Crusade: An Investigation from
the Perspective of the Mediterranean World

王向鹏 著

人民出版社

国家社科基金后期资助项目
出版说明

后期资助项目是国家社科基金设立的一类重要项目,旨在鼓励广大社科研究者潜心治学,支持基础研究多出优秀成果。它是经过严格评审,从接近完成的科研成果中遴选立项的。为扩大后期资助项目的影响,更好地推动学术发展,促进成果转化,全国哲学社会科学工作办公室按照"统一设计、统一标识、统一版式、形成系列"的总体要求,组织出版国家社科基金后期资助项目成果。

全国哲学社会科学工作办公室

目　　录

序　言

我曾经的学生王向鹏的新作《东西方视域下第一次十字军战争研究》，承"国家社科基金后期资助项目"，即将面世了。

该书是向鹏的博士论文《论军事视角下的第一次十字军——基于诸文明在小亚的冲突与互动（1097—1098）》（2014 年吉林省优秀博士学位论文）之研究思路和理念的延续和发展，重点在于第一次十字军时期的战争历史研究，此项研究，在我国当代青年学者中还是首例。

全书分为九章，从十字军发生的大背景，战争策源，到主要军事进程，切入十字军的封建性、武装、战略战术、阵营格局、城堡发展演变，以及战场内外包括信息情报、后勤补给、交往联系等方方面面，勾勒出了第一次十字军时期战争腥风血雨的东西方文明对抗和战场之外基督徒与穆斯林之间（时而出现）和平交往的生动画面。特别值得关注的是，向鹏博士在处理整个十字军发生的大背景方面，对于塞尔柱人的兴起及其与拜占庭的早期冲突过程，做了比较细致的描述。这在此前中国学者的作品中还不多见。以往，在我们的历史叙事中，对这一段历史只是简单交代一下，做"模糊"处理，这样就很难真正理解当时拜占庭面临的严峻局面。本书的处理方式补足了这个不足。

本书时空涵盖范围较广。尽管是以第一次十字军战争为题，但东西方都被纳入到了视域范围内，有以小论大，以点带面的意识。远途东征的西欧封建军队成为了一个契机，一个靶向，一系列相关可以映射的话题都得到了阐述，譬如，有对于拜占庭从 11 世纪中期马其顿王朝终结后，到战争起始前，基本完整的权力更迭和政权演进的描述；有对于塞尔柱突厥势力在小亚及叙利亚北部兴起、军事渗透和势力延伸范围的梳理；也有小亚细亚作为军事冲突的战场和战争冲突各方时而相互争斗又时而相互利用的平台这一特殊地位的评介。作者肯定了在"十字军"战争期间，打着宗教战争旗号的西方骑士军队的封建性质，对于战争双方对于权势和财富的毫不掩饰的争夺这一强盗行径更做了较为详尽广泛的阐述。

本书对于军事事务本身的描述也十分到位，从 10 到 11 世纪西欧封建军队的形成组织特征及发展演进、战争中的武器-弓箭和弩在战前战后的发展；以及双方骑士马匹战力和体态的差异，再通过对军队规模数量的判断引发出的有关贵族军事化等问题的探讨,都有特别的借鉴意义。总之,在东西方视域及互动互鉴上,作者是颇为用心的。

本书的主旨是描述十字军时期的争战和军事冲突,对于军事军制相关话题的描述是细致入微的,从武器装备,排兵布阵的战术描写,到工程器械、城堡修造、战壕防御等军事设施,再及战争中补给物资的筹集和运输方式,战争中敌对双方情况的侦查、掌控以及信息传递的手段等,都有细致的分析梳理。而对于所有这些细节的掌控,受益于作者对史料掌握的全面广泛和对史料分析研究的透彻。作者深入地研究借鉴了那些十字军时期有着各种背景出身的史家的记忆和历史记述,并对不同背景的史家所做的不同描述进行了去伪存真的辨析,从独特的角度,把地中海东西方世界持有不同信仰的人群在东地中海这片广阔区域内持续而激烈的冲突博弈,做了细致深入的阐述。对于战争中各对立阵营的形成、双方战略对抗的特点以及在战争冲突过程中时而冲破民族和宗教的界限,全以实际利益为出发点的现实主义立场,都做了深刻的分析。作者兼顾到了西方封建社会之外的其他要素,将拜占庭帝国在这场战中的正面作用纳入到阐述的体系中去,并从补给、战略等层面上为拜占庭帝国当局做了"尽其所能"的辩解,亦与史料的辩证使用相结合,从而否定了西方中世纪史家对拜占庭在十字军战争中之"消极"、"背叛"态度的批判。

最值得注意的是,本书的叙事并不局限于对立与冲突,更没有将话题局限在军事领域内。一方面,作者坚守历史批判的公正性和客观性立场,对十字军的负面因素:它对社会生产的破坏、对东地中海区域政治格局的冲击、对东方穆斯林民众的屠杀和歧视做了客观的描述;另一方面,对于战争中东西方文明的冲突和人民生活方式的相互融合、生产方式和战争方式的相互"理解"(或更确切地说,是"了解")和"接受",都有比较客观的阐述。从而,使读者能够理解,在十字军战争时代,被卷入这场东西方民族和宗教之战的各支政治势力和宗教群体之间,发生的不仅仅是对立、冲突和仇视,同时也会有双方文明、生产生活方式和战争方式,战略策略理念的互动,这种互动在世界文明史和战争史上是有其积极意义的。最后,十字军战争多次进入东方,多次以惨败结局而退出东方的历史事实,也深刻地向读者们揭示了一条重要理念:各不同地区的民族、族群、宗教团体都有其依托于本土文明和文化理念的历史"基因",不是哪些外来者可以改变或以暴力方式强迫其改变的。

徐家玲

2021 年 9 月 27 日于长春净月东师家园

绪　　论

1. 研究背景和意义

第一次十字军战争,是以西欧封建军事贵族为首的武人集团对地中海东岸塞尔柱突厥诸势力发起的一场军事征伐。这场战争历时多年,战事激烈,时间漫长,深度改变了地中海东部的政治版图。它是一次拓殖战争,核心目的是夺取、占有土地,是领土疆界的创造与扩张。传统的朝圣之路成为了这场长途远征的实现途径。于是,在战争期间及之后,一系列的法兰克人国家陆续建立起来,从埃德萨伯国到安条克公国,再到耶路撒冷王国的创建,最终是的黎波里伯国的建立,所谓的拉丁东方随之产生于西亚利凡特地带,并延续近 200 年不绝。耶路撒冷王国与其他公伯国形成了松散的封建依附关系,确立了西欧地中海东岸的统治秩序,形成了所谓"拉丁东方"的政治地理概念。

无疑,战争的主体是军事,军事史的研究在其中占据着无可取代的重要位置。但是,这场战争的学术价值和意义不仅局限于封建军事,它具有更为丰富的内涵和延伸,应以更为宽广的视角予以审视,寻找更高站位,纵览全局,以求展现富含时代特征的历史全貌。在地中海东西两个区域及三大文明视域下,或许能对这场战争做出更全面、合理的阐释与解读。

第一次十字军战争形成于 11 世纪末西欧文明迅速发展、谋求扩张的关键时期,是当时西欧封建势力不断拓展、延伸的主要表征之一,符合时代特质,反映了西欧封建社会的整体诉求。它不仅是一次单纯的军事侵略和征服,更是西欧进入中世纪盛期主动谋求发展空间、改变既往格局自然理想的现实具现。以法国为主体和中心,西欧封建社会的各个板块区域的中心力量积极主动加入其中,形成一股强大的东进愿望和动力。同时,它不是某一个阶层或个体私欲的产物,而是整个社会的共同诉求,在物质欲望、宗教理想的综合作用下,发展为各个阶层广泛参与的社会性运动。向东方进发成为了一种集合宗教虔诚、政治野心、经济利益乃至理想主义的共同愿景。于是,作为军事力量核心的西欧封建贵族行动了起来,从法国的北部、佛兰德斯到南部的普罗旺斯,从西部的诺曼底、加斯科涅、阿基坦到东部的勃艮第,乃至洛林和德意志,以及意大利的诺曼集团及海上城市,都凭着封建征召体系集合起主要封建武装,逐渐汇聚成大封建集团,陆续东进。研究这样一个复杂多元的庞大集合体,可集中展现出西欧封建社会的普遍特征,兼顾各自地域特征。封建军事反映了中古时代西欧社会的生产力水平,技术发展程度,同时体现了社会的组织、结构与分工,功能的区分,封建权力体系的构建。一定意义上讲,第一次十字军战争就是一个理想的、浓缩化的封建社会模型,为现代研究提供了充足的历史样本、素材及案例。

同时,这场战争的特殊之处在于它的战争环境发生了转移。它不是欧陆战争,而是延伸到了地中海东部世界,是发生在西亚北非的一场跨区域战争。它不是一次封建内战,而是不同文明间的直接冲突与较量。战争规模之大,历时之长,在当时的地中海世界都是罕见的。这样的“国际战争”,或者说“世界大战”造就了两个层面的深刻结果。一个层面,是封建军事军制研究领域的,它引发了东进后西欧封建军队的深度变化,在拉丁东方,产生了新的军事风格,吸纳了东方优秀传统,从战场战术、军备技术、战争战略都发生了不同程度的变化,最为显著的,是衍生出了以圣殿、医院、条顿为首的三大宗教骑士团组织,影响不容小觑。另一个层面,虽然这并非是这场战争的主观意愿,却造成的客观结果。地中海世界东西两个部分原本相对闭塞的状况被打破了,产生了更为直接的交往,联系变得经常和频繁起来。西欧文明对东方投入了更多的热情,十字军和武装朝圣成为一种风潮和时尚,变成了一个时代的符号性特征。众多封建君主、权贵都将御驾亲征、前往东方建功立业当作个人的一项主要事业。二百余年间,法王路易六世、腓力·奥古斯都、路易九世、神圣罗马帝国皇帝腓特烈·巴巴罗萨、腓特烈二世、英国国王狮心理查、爱德华一世,等等,都曾直接参与到这样的东进战争当中,亲自踏上过东方的土地。其他欧洲君主或王室贵胄更是不胜枚举。拉丁东方及耶路撒冷王国建立起了地中海东岸与西欧社会间的直接联系,无数资源、人力源源不断地投入、输送到东方。无论是出于宗教理想,还是现实需求,抑或投机心理,西欧社会产生了一种同东方建立更为紧密联系的思想共识。地中海东西两岸间的横向联系,两个文明板块之间的关系变得更加紧密了。意大利海上城市,以威尼斯、热那亚为首,在这个过程中寻觅到了商机,并占得先机,逐步抢占、垄断了东地中海世界的海上贸易,打破了贸易壁垒,改变了洲际贸易的基本格局。

在这种更为普遍的联系、互动与交往当中,地中海东部地区的政治格局、地缘关系被深刻改变了。首要的,是拜占庭帝国的衰落。马其顿王朝之后,于内外的混乱中,在塞尔柱帝国的强势推进下,拜占庭人逐渐失去了对小亚的主导权,帝国的根基被动摇了。在十字军到达东方后,虽短期内缓解了这种下降的趋势,但意大利海上城市的东进,新贸易中心阿克的崛起,直接动摇了君士坦丁堡以往无可替代的贸易枢纽位置,帝国对海洋的控制权也丧失了。在地中海东西间直接交往建立起来后,拜占庭的地位愈发尴尬,位置感变得模糊,核心利益圈不断缩减。1204年的第四次十字军战争更是对它造成了致命打击,彻底撕裂了它同西欧社会之间的关联。与此同时,东方伊斯兰世界在十字军运动的刺激下重新团结整合,在赞吉、努阿丁、萨拉丁等多代杰出领袖的引领下,重新占据了地中海东岸的主导权。在这样的一个上升过程中,拜占庭所受到的东方威胁愈发严重,最终,被小亚崛起的奥斯曼土耳其彻底终结。十字军战争中,如何看待拜占庭于其中的角色,如何看待这场运动对于拜占庭的作用和影响,也是值得深入思考的重要问题。

在简单讨论过这场战争的价值意义后,有必要谈谈史料研究上的便利性。这场战争历时多年,影响广泛,牵扯利益众多,自然引发了各方普遍关注。无论是西方基督教史家、还是拜占庭的公主安娜,抑或东方的亚美尼亚史家、塞尔柱史家,都在专注于这场战事,以各自的视角和立场详细记述这场战争及其相关的各方面内容。在中古的研究中,往往史料文献的缺乏和不足会形成困扰,在理想的情况下,至多呈现出对立双方各执一词,彼此间的材料形成对比。然而,第一次十字军战争的史料文献的完整、详细程度是超越常规的,不仅数量众多,长篇累牍,且立场各异,角度丰富,相互独立。单就西欧基督教史家群体的记载而言,法国一支、德意志一支、意大利诺曼一支,各有记载。同时,拜占庭方面的记述,及亚美尼亚人的编年史也可形成印证,甚至还可以与穆斯林史家们的文献记载相互比对。这样一来,丰富的史料背景自然成了多视角研究的优势,诸如"伊斯兰史家眼中的十字军""拜占庭视野下的十字军"之类的研究成果产出也就变得自然了。丰富的文献资料及史实细节的记录记载,为第一次十字军战争研究的不断深入奠定了扎实的基础。进入21世纪以来,西方欧美国家的史学工作者们还在着力于对相关史料谱系的重新梳理,对各个版本手稿进行校勘、比对、重新翻译,进一步证明了其中蕴含的研究潜力。

本书结合中世纪早期到11世纪欧洲封建社会发展、东地中海区域格局演化的时代背景,对第一次十字军战争予以较为完整的阐释及研讨。在细致、微观地梳理这场战争的主要进程和线索,系统阐述其制度、技术、战略战术等主要特征的同时,突出所处时代内涵,尝试将地中海东西两个区域,三大文明的发展与十字军研究紧密结合。特别强调和突出在东西方视域下,系统、有序地挖掘其中所蕴含的,有关地中海世界东西三大文明以军事为主题的基本发展特征,将十字军战争纳入 11 到 12 世纪欧亚文明冲突、交往的范畴中,重新予以审视。在此基础上,做出适度延伸,涉及早期拉丁东方及 12—14 世纪西欧封建军事、军制相关的主要发展特征。

2. 文献和现代研究概述

关于史料和文献

本书核心史料是亚琛的阿尔伯特著《耶路撒冷史》(*Historia Ierosolimitana*)。这是一部记载非常详细,篇幅较长,较为生动全面的文献史料。《耶路撒冷史》写著于 12 世纪早期,全书共分 12 卷,详细记述了第一次十字军战争全部过程,并延伸到了战后拉丁东方 20 年间的政治军事和内政外交。《耶路撒冷史》将军事征服、政治文化等方面内容悉数囊括进来。《耶路撒冷史》存世的共有 13 种抄本版本,近代学者将它们编号以作区分。19 世纪,保罗・梅耶整理了部分抄本,此后,贝尔纳德・库格勒整理了部分德文抄本。21 世纪以来,英国学者苏珊・B.艾丁顿对现存抄本重新系统研究及比对,整理出最为完整的拉丁文本及英文译本。该拉丁文本也是本书所采用的版本。

阿尔伯特对十字军战争的描述极为详尽,事无巨细皆有所记录,且可信度较高。阿尔伯特具有朴素的历史客观主义观念,反复在文中强调记载来自于战争亲历者,并力求以第三方的客观视角来看待历史事件的发展。阿尔伯特的记述虽也不乏偏见、浮夸,但总体而言,相对同时代的其他史家著者更为客观、公正。在阿尔伯特的记述中,对神迹的描写较少,也并非一味贬斥塞尔柱突厥人,也能对拜占庭做出较为客观、理智的评价。12 世纪后期的著名历史学家推罗的威廉深受阿尔伯特史著的影响,其关于第一次十字军战争的记载,多数都直接来自于这部《耶路撒冷史》。

此外,还有其他几部主要的基督教史家所著史料文献。三位教士随十字军一同来到东方,作为战事的亲历者,他们各自创作了自己的编年史著。其中一位是匿名作者,于 1100—1101 年间写成《法兰克人事迹》(*Gesta Francorum*),叙述了 1095 年 11 月到 1099 年 8 月的阿什克伦之战间的史实。尽管作者姓名不详,但他应是随博希蒙德东进的诺曼人或意大利人。这部编年史著语言简单且粗俗,文笔不佳,从平民大众的观感展现了这场战争的面貌。阿吉勒斯的雷蒙德是伯爵雷蒙德的随军教士,随军到达了耶路撒冷。他的编年史著《征服耶路撒冷的法兰克人史》(*Historia Francorum qui ceperunt Iherusalem*)19 世纪初翻译成法文,1968 年译为英文。他的记载当中存在大量宗教神迹,但对战争的细节记载是较为丰富详尽的。沙特尔的富尔彻(Fulcher of Chartres)是另一位具有重要影响力的编年史家,他是布伦的鲍德温的随军教士,亲自参加了十字军,并经历了全程。富尔彻的编年史共分为三卷。卷一记述的是从 1095 年克勒芒会议到耶路撒冷王国的创建;卷二记述的是鲍德温一世加冕为首位耶路撒冷国王之后,1100 到 1118 年间主要政治军事行动;卷三是始于鲍德温二世继位,直至 1127 年耶路撒冷爆发瘟疫为止,可能福尔彻本人也死于这场瘟疫。富尔彻的记载相对于其他几位编年史家而言,更为准确,影响更为广泛。他的编年史 1969 年被译成英文出版。爱德华·彼得斯在若干年后又对它做了节选、整理和翻译,附加了与第一次十字军战争相关的系列文献,1971 年首次出版,校订版于 1998 年出版。

修士罗伯特是另外一位具有重要影响力的基督教会史家,他的《耶路撒冷史》(*Historia Iherosolimitana*)的记载尽管其间或有所偏颇,记载也并非是最为严肃准确的,但影响却是在中古时期最为广泛的。罗伯特本人的身份不详,他可能是在圣雷米修道院(St-Remi)修行,应该是参加了克勒芒会议,但没有随军前往东方。从他的记述来看,他应该是按照修道院院长的要求记述的这场战争。罗伯特的编年史著在中世纪影响广泛,因为语言通俗、生动传播甚广,中古时期就已经被翻译为多种语言,是除去推罗的威廉的史著之外,另一部与十字军相关的被翻译为多种语言的史料记载。罗伯特应该是部分借鉴了《法兰克人事迹》,在此基础上增加了一些新的史料,他的主要贡献是试图在一定程度上构建起十字军的理论框架。在他的记载当中充满了对宗教的虔诚赞美,并掺杂了 12 世纪的民间传说,这在一定程度上对所记述的历史文献价值有所影响。2005 年,卡罗尔·斯威特哈姆(Carol Sweetenham)将他的这部史料翻译成英文并出版。

卡昂的拉尔夫(Ralph of Caen),著有《坦克雷德事迹》(*Gesta Trancedi*)。拉尔夫生于卡昂,是耶路撒冷宗主教阿尔努夫的学生。第一次十字军战争后,博希蒙德回到意大利,拉尔夫此时成为了他的随军教士。之后,拉尔夫前往巴勒斯坦,成为坦克雷德的随军教士。拉尔夫主要记述了坦克雷德及诺曼集团的事迹。它是关于西利西亚征服,及早期安条克公国的主要文献史料。它的记载是以诺曼集团为主视角,围绕坦克雷德展开,包含了相当数量的,其它文献中未予以记述的细节,具有相当高的文献价值。他的这部史著同样是在 2005 年被译为英文出版。

此外,拜占庭帝国也有关于这场战争的史料记载,其中最为重要的文献当属安娜·科穆宁娜主要写作的《阿列克修斯传》(*Alexiad*)。作为拜占庭帝国公主,安娜自幼就受到了良好、系统的文学教育,善于使用古典语言。政治斗争失败后,安娜被流放到修道院,在晚年完成了这部传记,时间大约是在1148年之后。《阿列克修斯传》以时间为序,以阿列克修斯的政治生涯为线索,共计15章,有关于政治叛乱、宫廷阴谋、诺曼战争、再到突厥入侵、库曼战争及第一次十字军战争等诸多方面的历史记载。安娜热衷政治,且在宫廷中享有崇高的政治身份,她的人生大部分时间都处于国家政治斗争漩涡的中心,这些都确保了其记载特殊的史料价值。安娜对其父阿列克修斯的纪传是有偏袒和偏颇之处的,但是经过近现代以来的学者们的研究表明,她的记载是具有相当真实和可信度的。这部《阿列克修斯传》于1969年英译出版。

在东方的文献史料当中,亚美尼亚人马太的编年史也是一部不容忽视的重要文献资料。他的这部编年史篇幅也相当广泛,共计三个部分,从时间上来看,第一部是从951年到1051年,第二部分记述了从1051年直到1101年间的重要事件,这个部分应是马太本人亲历的,第三部分是从1101年到1136年之间。此外,文后还有一部分,是由一位名为格里高利的教士续写的,一直到1162年为止。马太从12世纪初开始记史,记述了各方势力的此消彼长。编年史完整地反映了亚美尼亚人谋求独立,与各方势力斗争的全部过程,其中体现了亚美尼亚人周边各方势力,如拜占庭帝国、拉丁东方、塞尔柱突厥、格鲁吉亚之间错综复杂的政治关系。马太的这部编年史十分珍贵,是为数不多的能够保留至今,统揽叙利亚北部地区的完整文献。这部编年史1993年时,被托斯托里安(A.E.Dostourian)译为英文并出版。

伊斯兰世界对第一次十字军战争也是着重关注,详细记载,穆斯林史家当中,有关这场战争的史料主要是有伊本·喀拉尼西(Ibn al-Qalanisi)所写著的编年史料,《大马士革编年史》(*The Damascus Chronicle of The Crusade*)。伊本·喀拉尼西出身高贵,其家族在大马士革地位显赫,且历史悠久,因此,他从小就接受了文学、神学及法律方面的系统教育,并出任过城中的要职。当时,在第一次十字军抵达叙利亚时,他业已成年,虽未参战,但他在编年史中始终对这场战争及法兰克人予以关注,记述详尽。他的编年史是以大马士革为中心,材料多来源于官方档案及亲历者口述,明显是经过修订,授权记录的,具有相当的权威性。《大马士革编年史》具有非常重要的史料价值,它的记载被后世的众多穆斯林史家反复使用。伊本·阿西尔(Ibn al-Athir)、及西卜特·伊本·贾瓦兹(Sibt Ibn al-Jawzi)都将他的记载用到了他们各自写著的通史当中。阿布·沙马(Abu Shama)的《努阿丁传记》中也反复地引用了他的记载。《大马士革编年史》1967 年由吉布(H.A.R.Gibb)英译出版。

　　此外,另外一位主要的穆斯林编年史家是伊本·阿西尔,他的生卒年代大约是从 12 世纪后半期到 13 世纪早期之间,亲自参加了萨拉丁反十字军的战争。伊本·阿西尔同样出身于贵族世家,地位同样显赫,他的家族同摩苏尔的赞吉家族关系十分亲密。伊本·阿西尔的史料记载,主要是《杰出的历史》(al-Kāmil fi'l-ta'rīkh)。这部史著堪称鸿篇巨制,将伊斯兰世界形成之前的古典历史,也就是波斯到罗马,以及犹太人的历史都涵盖了进去,重点记述了阿拉伯人在古典时期及中古早期的历史活动。然后,伊本·阿西尔记述了哈里发时期,以及之后阿拉伯帝国、阿拔斯王朝的历史,范围涵盖广泛,包括了从伊比利亚半岛到西亚北非,直至中亚的全部伊斯兰世界,内容十分丰富。他的长篇巨制止于 13 世纪 20 年代末期,也就是在他本人去世之前不久。他也遵照当时记载历史的惯例,在编年史中使用了之前穆斯林诸位史家的史著记载,伊本·喀拉尼西的《大马士革编年史》,及伊马德·阿丁(Imad al-Din)的编年史都被部分收录。伊本·阿西尔的记载的独特史料价值,体现在对塞尔柱苏丹国时期的历史进行了完整而细致的记载。在这个部分中,他采用了伊本·贾瓦兹、伊本·方杜克·伯哈齐(Ibn Funduq al-Bayhaqi)、贾哈斯·尼玛(Ghars al-Ni'ma)的史料记载。当前,上述三人的史著大部已遗失,通过伊本·阿西尔的史著收录得以部分保存,并流传下来。近年,理查兹(D.S.Richards)对伊本·阿西尔这部编年史著做了翻译,并将它分为两个部分,塞尔柱突厥人于十字军到来前部分于 2002 年出版,之后的部分另结成册,于 2006 年出版。

主要的现代著作

　　19 世纪后期以来,到 20 世纪中期,随着史料挖掘整理日趋系统,十字军领域的研究受到愈发多的关注,相关研究著述不断涌现,并且不断辐射开来。在这其中,两部产生于 20 世纪 50 年代的系列专著最富盛名,具有持久的学术影响力,至今仍受学界广泛推崇。塞顿教授(M.Kenneth Setton)主编的《十字军史》堪称现代最大篇幅,最具野心的十字军研究系列。20 世纪 30 年代,芒罗(Dana C.Munro)教授首先发起编纂这部丛书的倡议,但直至逝世也没能如愿。此后,克雷(A.C.Krey)、邓卡夫(F.Duncalf)及拉蒙特(J.L.La Monte)三位教授接手了这项工作,继续筹备,1938 年到 1941 年间初见成效。然而,"二战"爆发迫使项目再次搁浅,1946 年才得以重启。至此,写作团队再次做出重要调整,从最初的美国学界学者为主,发展到欧美联合,许多英国、欧陆学者参与进来。1949年,拉蒙特教授不幸逝世,塞顿教授接手,担任总编。整套系列丛书共分五卷,从1955年到1985年,全部系列的出版时间跨度30年。这套丛书的每个章节都经过了系统设计,由当时相关领域权威专家编写,包含了政治制度、经济体系、宗教文化、军事战争,钱币及建筑等各个方向方面。这部丛书集中展现了20世纪中叶十字军研究领域西方学界的最高水准。

同时期,英国著名学者史蒂文·任辛曼(Steven Runciman)写著了另一部重要论著,《十字军史》三卷本。卷一专论从第一次十字军到耶路撒冷王国、拉丁东方的创建;卷二论1100年到1187年,耶路撒冷王国及拉丁东方的扩张、发展、及伊斯兰世界的反应;卷三是阿克时期的耶路撒冷王国,以及拉丁东方末期。任辛曼的长处是善于运用多种原始文献,将西欧、拜占庭、亚美尼亚、及阿拉伯等各方面的历史记载材料详细陈列于记述当中。任辛曼是拜占庭研究专家,在他的这部丛书中对拜占庭的论述非常深刻,并从客观的立场上,批判了十字军所造成的破坏性作用。这部成果也存在一定的缺陷,主要是叙述部分明显多于论述,长于记事,缺乏深度分析论述。尽管如此,因为史料功底扎实,文献运用充分,记载翔实且范围广泛,这部系列丛书仍被学界视为现代最优秀的研究著述之一。

十字军思想源流研究是理论层面主要的关注点,德国学者卡尔·埃德曼(Carl Erdmann)奠定了思想研究领域的基础。卡尔·埃德曼是德国中世纪政治文化研究最负盛名的学者之一,其著作《十字军思想起源》(*Die Entstehung des Kreuzzugsge dan kens*)堪称现代十字军思想研究的基石,迄今被奉为圭臬。卡尔·埃德曼主张,十字军并非主要来源于乌尔班的布道、占领耶路撒冷,及拉丁王国的建立,它是11世纪以前,数个世纪以来基督武士、宗教战争思想发展到巅峰的自然结果。其中,教皇格里高利七世(1075—1085)在这个发展过程中起着更为关键的作用。由此来看,耶路撒冷对教皇乌尔班二世而言,不过是这场战争的一个直接目标,他的根本目的是解决东方教会问题。十字军所代表宗教战争的形成是渐进发展过程,是从圣奥古斯丁、教皇格里高利一世、二世时代以来,数世纪不断发展的结果。卡尔·埃德曼的论著开辟了十字军思想研究的新时代,此后的数十年间,学界继续沿着他所建构的理论格局不断深入研究,至今尚未有结构性的突破。

乔纳森·赖利-史密斯(Jonathan Riley-Smith)是十字军政治制度及思想文化领域研究的权威专家,他在20世纪80年代写著的《第一次十字军与十字军思想》(*The First Crusade and the Idea of Crusading*)继续推进了思想领域研究的发展。乔纳森·赖利-史密斯对材料文献非常重视,强调回归源点的重要价值,他对早期的原始文献重新进行整理,进一步深入探讨思想源流领域的理论问题。他主张,乌尔班二世最初的设想和规划与当时的教会改革者们趋同,并没有突破框架的预期。然而,在各方面综合因素的作用下,尤其在将耶路撒冷设为一个理想化的远景目标后,加之与法国各方权贵实现联盟,宗教狂热被激发,在意大利就获得了比先前相似的号召更为积极的回应。教皇乌尔班二世最初提倡的理念因战争过程及随后对耶路撒冷的占领而被改变,成为了与尚不成熟的世俗观念的结合体,尚缺乏理论层面的系统建构。这种复杂多元的模糊概念在后世被教会宗教理论家们提炼并升华,十字军这个原本粗糙的观念被不断修正,系统化、概念化、理论化,创造出军事修会,也就是宗教骑士团的理念。本质上讲,十字军理念的淬炼过程与11世纪克吕尼改革的目标如出一辙。

至20世纪90年代,第一次十字军研究具代表性的论著,是由乔纳森·菲利普斯(Jonathan Phillips)所主编的《第一次十字军:起源和影响》(The first crusade:origins and impact)。英国学者在1995年11月的一次国际学术会议上发表了九篇文章,以此为基础,构成了这部汇编。这部汇编最大的贡献,是集中展示了新时期西方学界对史料文献重新予以审视和评价的态度。几位学者在国际化的视角下,使用了诸如拉丁、希腊及阿拉伯文的史料文献。值得注意的是,正是在这次的会议当中,以乔纳森·赖利-史密斯为首的学者们,明确发声,主张要重视阿尔伯特的《耶路撒冷史》的史学价值,德意志元素理应成为十字军史料的有益组成与补充。

此外,乔纳森·赖利-史密斯还著有一部专著,名为《第一次十字军:1095—1131年》(The First Crusaders,1095—1131)。这本论著是他多年研究的累积和体现。他利用在教会及各个宗教研究机构中所搜集整理的地契及类似文献档案开展研究,写作了这部著作。他也开创了以契约为主要材料开展十字军研究的先河。乔纳森·赖利-史密斯在这部书中继续延续了他对第一次十字军产生原因的思考。乔纳森在原有的研究思路的基础上,开始关注封建家庭及个体的研究与社会动因之间的必然联系。

《牛津十字军史》(The Oxford History of the Crusades)由乔纳森·赖利-史密斯主编。这部编著最显著的特点是它将十字军的研究时间、空间范围做了极大程度的延伸。其中既有对史实的重新思考和审视,同样涉及伊斯兰世界对十字军感性、理性的双重反应。法律、经济、结构上的制度发展是全书的重点内容,同时还记述了艺术及建筑成就。同时,在这部编著显示出十字军研究的时间范围在延伸,囊括了16到18世纪宗教骑士团的历史,并探讨了留存到19乃至20世纪的十字军的思想印迹。

　　在探讨拜占庭同十字军关系形成的著述中,乔纳森·哈里斯(Jonathan Harris)的《拜占庭和十字军运动》(*Byzantium And the Crusades*)是其中较为经典的一部论著。哈里斯重新构建了十字军研究的理论框架,将拜占庭与西方文明的政治文化关系纳入其中,将基督教的两个世界及文化圈交互关系作为其研究阐释的基本背景。相比传统的十字军研究而言,哈里斯的观点是富有新意的,站在了拜占庭的视角上透视整个运动。在这部论著当中,他在论述第一次十字军战争的时候,将重点放在了拜占庭帝国与西欧封建军事贵族们所缔结的协议及军事同盟上,并对安条克之战后所建立的一系列十字军国家是否符合封建法理做了阐述。哈里斯尤其重视史料的甄别和筛选使用,非常严谨,并为从交往关系的视角深入研究拓展了空间。《拜占庭和十字军运动》1993年被英译并出版。

　　近20年来,欧美学者更加注重于文献的重新整理、校勘和翻译。21世纪最初10年内,相当一部分重要的文献史料被英译出版。同时,学界日益意识到以团队形式编写百科全书性质综合性著作的重要价值,有意识地对史料进行汇编。其中,尼尔·施拉格尔(Neil Schlager)主编的《十字军文献资料集》(*The Crusades Reference Library*)可以说是较为典型的。这套编著以史料文献为核心,对十字军及拉丁东方的政治军事进行了系统梳理。全书一共有三卷,其中,卷一为《十字军:年鉴》(*The Crusades:Almanac*),共计13章,以较为常规、传统的方式对诸多方面及元素予以阐述,图文并茂,便于理解和梳理主要线索;卷二名为《十字军:传记》(*The Crusades:Biographies*),顾名思义,就是对25名身处十字军时代,并卷入战乱纷争,深受其影响的历史人物的传记。卷三是《十字军:主要文献》(*The Crusades:Primary Sources*),共计收录了24份史料文献,各具特点,主题鲜明。这其中既有演讲稿,如乌尔班二世的讲演,还有第一次十字军期间迫犹记载,还包括西班牙在征服运动相关的文学作品,如《罗兰之歌》部分章节。伊斯兰世界及拜占庭的史料也收录其中。

　　百科全书方面,阿兰V.默里(Alan V.Murray)所主编的《十字军百科全书》(*The Crusades:An Encyclopedia*)是一部体现西方学术界研究前沿水平的指导性工具书。这部百科全书编写团队组成广泛,人数众多,来自于约24个国家,共计100余名学者参与编写,全书共计1000余页,涵盖十字军相关的众多领域,有1000余项条目,并有大量史料文本的翻译摘录。这部百科全书充分反映21世纪以来,西方学界在十字军研究领域的研究状况及发展趋势。全书重点是1095年到1291年间在地中海东岸地区进行的十字军战争。

军事史相关研究

　　"二战"结束后,随着对世界大战的学术反思兴起以及冷战阴影的笼罩,十字军研究逐步开创、形成了军事史研究领域。斯梅尔(R.C.Smail)的《十字军战争:1097—1193》(*Crusading Warfare, 1097—1193*)为十字军军事史研究的开山之作。这部专著写就于20世纪50年代,将十字军研究放到了西方文明封建军事战争的背景之下,试图重建对阵双方的军事及战术战略。斯梅尔旨在对12世纪地中海世界的各种军事战争予以全面而透彻的分析与阐释。他认为,在十字军战争当中,西欧的封建步兵具有重要的战略战术作用和价值,不应忽视。斯梅尔通过对东西方两种军事文化差异进行比照,总结了拉丁东方时期的基本军事风格和特征。同时,斯梅尔这部著作的另外一个主要特点,是推翻了之前的调和论观念,提出了隔离论,将拉丁东方各社群间关系以对立冲突为主的形式构建起来。这种隔离论将十字军与东方伊斯兰世界之间的关系简单化、二元对立化,走向了另一个极端。此外,斯梅尔的研究以军事史见长,其对政治制度和经济的研究并不完整和深入。这种军事研究与传统研究的天然隔阂从这个时期开始,此后数十年间未有太大改观。

　　20世纪80年代,大卫·C.尼科尔(David C.Nicolle)的《十字军时期的武器装备,从1050年到1350年》(*Arms and Armour of the Crusading Era, 1050—1350*)是十字军军事领域的一部具有较大影响力的专著。这本著述以武器、盔甲作为研究对象,进行了专业而广泛的调查研究。作者最难能可贵之处,是使用了大量现存真实历史遗物作为研究的证据,广泛搜罗图书馆当中保留下来的武器和盔甲为依据的绘图,以及各种历史绘图。全书图文并茂,直观而生动地将中古时代的军事装备呈现出来。作者是以地域作为章节划分的基本依据,将西欧、北欧、南欧及东欧,及同时期与欧洲军事联系紧密的西亚北非地区都囊括进去。书中还涉及大量穆斯林装备,涉及相关方面的广泛内容。书中上千幅武器装备的插图拓片,充分展示了十字军战争时期,中世纪200年间军事发展的整体面貌。

　　在20世纪90年代以后,十字军军事史的研究又有了新的发展,代表性著作是约翰·法朗士的《东方的胜利:第一次十字军军事史》(*Victory in the East: a Military History of the First Crusade*)。约翰·法朗士就第一次十字军军事问题进行了专题式的阐述。约翰·法朗士在详细记述了十字军整个军事进程的同时,也关注了十字军与拜占庭、法蒂玛间的外交态势。他以军事史作为视角,主张十字军战争之所以能够取得胜利,主要是得益于同拜占庭及法蒂玛的结盟。约翰·法朗士与传统军事史学者相比,研究视野明显更为宽广,并有意识地在将传统史学研究路径与军事史研究相交,体现出更高格局,开创出研究更大局面。

约翰·法朗士的《十字军时代的西方战争,1000—1300》(*Western Warfare in the Age of the Crusades*,*1000—1300*),将中世纪军事领域研究扩展到整个十字军时代欧洲。这部专著重点在于讨论军事,而非叙述历史事件。约翰·法朗士主张,战争主要是由四个基本要素组成的:1. 对土地的掌握;2. 政府有限的管辖权;3. 明显防守强于进攻的技术水平;4. 西欧的地理及气候。迄今为止,约翰·法朗士的研究代表了现代西方学界十字军战争研究的最高水平。

国内研究概述

十字军研究在国内学界方兴未艾,早在 20 世纪 90 年代便有学者开始关注这一话题,并对一些问题展开了较为深入的探讨和论述。高福进的《试论第一次十字军东征的宗教原因》(《世界历史》1994 年第 2 期)较早探讨了十字军运动产生的宗教动因。《十字军东征、蒙古军西征与东西方贸易》(《武汉大学学报(社会科学版)》1992 年第 5 期)尝试探讨了不同视角下东西方贸易的演变及途径。

在史学理论层面,黄广连的《近二十年西方十字军东征研究的新动向》(《史学理论研究》2019 年第 3 期)从多方面视角,梳理了西方基督教世界与伊斯兰世界在社会、文化相互互动交往上的三个层面,分析了现代西方学界对十字军东征期间双方关系的反思。

此外,还有部分学者做了与十字军相关的专题性研究。郭建淮的《中世纪的圣战者:圣殿骑士团》(吉林人民出版社 2011 年版)较为系统、详细地论述了圣殿骑士团的产生、发展及衰败。沈坚的《圣殿骑士团:潮起潮落》(《历史教学问题》2007 年第 5 期)概述了圣殿骑士团的兴衰。苏圣捷的《圣伯纳德的骑士殉道观初探——以《新骑士颂》为例》(《史林》2016 年第 5 期)阐述了伯纳德所构建的圣殿骑士团新型骑士精神,将宗教精神、苦修同骑士精神相结合。就第四次十字军战争的转向问题及影响,也有部分论文阐述。

此外,还有一批普及性质的著作,也有助于国内推广、认识十字军运动及其相关研究。

陈文海的《东方的诱惑——涌动在东方的十字军》(长春出版社 1995 年版)属于较早的,专题性质的通俗历史解读。杨晓敏的《世界史纵览:

武装朝圣·十字军东侵》(长春出版社 2012 年版)和王顺君的《天国王朝——十字军全史 300 年》(陕西人民出版社 2016 年版),基本也是时间线性地介绍了自第一次十字军战争前,到十字军运动最终衰亡期间的主要事件和节点。

第一章 战争的东方策源与
主要军事进程

　　第一次十字军发源于西欧基督教世界，直接作用于东地中海世界，对拜占庭、小亚、西亚北非政治格局、经济形势产生了较大影响。这场战争形成的动因复杂多元，但无疑，拜占庭及东方伊斯兰世界 11 世纪中期以来发生的剧烈变化与之有着最直观的逻辑联系，形成了西方策动军事力量东进的最大契机。拜占庭与突厥势力的此消彼长，西亚地区，尤其是小亚地带军事形势的日益恶化，成为了这场战争的直接导火索。在此，有必要拿出一定的篇幅，首先对这一时期拜占庭帝国及西亚地区的政治、军事形势的演变，十字军的东方策源地做出必要的陈述与说明。

第一节　曼兹克特战役前的拜占庭与塞尔柱苏丹国

一、衰落动荡的拜占庭帝国

　　8 世纪，拜占庭帝国曾遭遇来自阿拉伯和斯拉夫人的双重挑战，历经百余年方才缓解了形势。9 世纪中期以后，马其顿王朝时期帝国重新复苏，并再次扩张，于瓦西里二世（976—1025 年）时期达到顶峰。至 11 世纪，瓦西里二世血亲狄奥多拉女皇（Theodora）去世后，马其顿王朝终结，帝国再次势衰。一方面，战略布局和军事决策的失误直接导致了军事形势急转直下，转攻为守，愈发被动。皇帝瓦西里二世始，帝国不再延续传统边疆策略，转为积极对外征服扩张，不再保留边疆缓冲区域，北方吞并保加尔王国，东方兼并亚美尼亚王国。在实际控制区域不断扩大的同时，对外征服也留下了隐忧。边疆地区半独立、自治性质附属王国的消失使得战略纵深空间骤减，帝国直接暴露于草原游牧民族的侵袭之下，传统的以夷制夷对外战略所能发挥的空间大大缩减，帝国需要投入更多的军事资源同时应对多线战局。于是，边境冲突日趋频繁，漫长的战线导致军事消耗持续增加。11 世纪初期，封建大土地所有制业已形成，小农逐渐破产，地产税收逐年减少，军区制作用日益削减。[1] 君士

---

[1]　Timothy Gregory, *A history of Byzantium, 306-1453*, Cornwall: Blackwell Publishing, 2005, p.249.

坦丁九世完成对亚美尼亚王国的兼并,错误地解散了小亚及美索不达米亚的边区军队,直接瓦解了东方军区制度。帝国长期坚持、精心维系的常备军事体系基本瓦解。帝国唯有通过长期、大规模征募雇佣兵来维持全境军事需要。对雇佣兵力量的过度依赖不仅使帝国陷入严重的财政困难,更为军事将领拥兵自重、频繁反叛内乱埋下了祸根。①

　　另一方面,帝国中央权力衰落,宫廷内乱频仍,地方反叛不断,野心勃勃的军事贵族开始拥兵自重,政权陷入持续数十年的动荡期。1057 年,将军伊萨克·科穆宁(Issac Comnenus)在小亚发动叛乱,成功颠覆米哈伊尔六世(Michael Ⅵ)夺得皇位。② 他一度整顿军务,着力备战,但仅仅两年后,1059 年,他身患重疾,不得不退位,由君士坦丁十世继位。君士坦丁十世热衷于神学辩论和哲学思考,对大贵族一味妥协退让,军事废弛,全无建树,甚至拖欠军饷,帝国战斗力持续衰减。1067 年,君士坦丁十世去世,长子继位,为米哈伊尔七世,继位时年仅 19 岁,性格懦弱,由其母欧多希娅(Eudocia Macrembolitissa)摄政。此时,突厥人在帝国东部骚扰日趋频繁,土库曼游牧部落蹂躏卡帕多西亚(Cappadocia),长驱直入,沿途未遭遇有效抵抗。面对严重外部威胁,欧多希娅主动与将军罗曼努斯·迪奥吉尼斯(Romanus Diogenes)结盟,召唤他进入首都君士坦丁堡。罗曼努斯是出身小亚的军事大贵族,军事经验丰富,屡立战功,同样野心勃勃,当时正准备发动叛乱。欧多希娅希望借助罗曼努斯的军事能力及影响力稳固中央政权,主导对东方游牧民族的战事,双方可谓不谋而合。1068 年,罗曼努斯与欧多希娅结婚,加冕为皇帝罗曼努斯四世。③ 不过,尽管他意图重建帝国的东方权威,但同样受到宫廷阴谋和贵族叛乱掣肘,并没有实现政局稳定。

二、塞尔柱苏丹国与曼兹科特战役

　　与此同时,东方权力格局也发生了重大更迭。此时,塞尔柱突厥人悄然崛起,成为一支强大的军事势力。突厥人很早就以军事奴隶的身份出现在西亚北非的穆斯林社会当中,因骁勇善战广受地方首领青睐。塞尔柱突厥人也是众多中亚草原突厥部落中的一支,但在长期军事渗透当中,他们逐渐脱离了本源草原环境,融入为伊斯兰世界的一部分。10 世纪起,塞尔柱突厥部皈依伊斯兰教,11 世纪早期进入伊朗高原,并迅速扩张势力。1055 年,

---

① 徐家玲:《拜占庭文明》,人民出版社 2006 年版,第 104—105 页。

② Timothy Gregory,*A history of Byzantium*,*306—1453*,p.253.

③ Timothy Gregory,*A history of Byzantium*,*306—1453*,p.254.

塞尔柱突厥部占领巴格达,部落首领图格鲁·贝格(Tughril Beg)自封苏丹头衔,建立塞尔柱苏丹国,名义上仍尊奉阿拔斯王朝哈里发。塞尔柱苏丹国军事实力强悍,10年间就将战火燃烧到了亚美尼亚、格鲁吉亚、及叙利亚北部一线。在塞尔柱突厥人扩张势力的过程中,各方势力对叙利亚北部,尤其是安纳托利亚地区的争夺日趋激烈。

塞尔柱突厥人染指安纳托利亚,对拜占庭帝国的存续造成严重威胁。安纳托利亚地区又称小亚,是亚洲西北部凸出的半岛,与欧洲大陆相隔博斯普鲁斯海峡,南北两端分别与地中海、黑海相邻,东部地域则以格鲁吉亚、亚美尼亚高原、幼发拉底河上游为天然界限。安纳托利亚地貌特征变化明显,不同地方之间存在显著差异。小亚西部沿海区域土壤肥沃,气候湿润温和,林木资源丰富,海岸线附近有各种大小岛屿,适宜近海贸易,经济较为发达。小亚腹地为高原地带,山脉纵横,地势险峻复杂,常年干旱少雨,难于通行。小亚是拜占庭帝国东部最重要的行省,既能提供丰富资源,是商贸必经之地,同时又是重要兵源地,战略要地,是拱卫帝国的坚强屏障。即便在8到10世纪最为严峻的军事形势下,拜占庭对小亚的主导权和控制权也从未动摇过。毫不夸张地说,小亚地区是拜占庭帝国能够维系区域霸权,实现其东部权力诉求的关键组成。拜占庭若要实现帝国长治久安,必要固守小亚,竭力维持亚美尼亚边疆一线缓冲带的存续。

突厥人入主伊朗高原,加速了突厥部及其游牧部落土库曼部对小亚的渗透蚕食,冲突不断升级。在图格鲁·贝格死后,阿尔普·阿尔斯兰(Alp Arslan)继位为苏丹,开始对拜占庭的小亚领土展开更大规模的有组织侵袭。1064年,重镇阿尼(Ani)陷落。[1] 1068年,阿尔普.阿尔斯兰再次用兵,大举进军并基本占领格鲁吉亚全境。[2] 拜占庭帝国此时必须要采取行动做出回应,在小亚东部展开攻势,以此遏制突厥入侵势头,阻止形势进一步恶化,恢复固有军事平衡。于是,在1070年,罗曼努斯四世派将军曼努尔·科穆宁(Manuel Comnenus)率军东进,但因其在伏击中被俘,导致军队群龙无首,无功而返。[3] 1071年,罗曼努斯四世率军亲征,向幼发拉底河上游地区挺进,意欲重夺东部边区控制权。罗曼努斯四世在炎炎夏日率领十万大军

---

① Alexander Daniel Beihammer, *Byzantium and the Emergence of Muslim-Turkish Anatolia, ca. 1040-1130*, Abingdon: Routledge, 2017, p.113.

② Alexander Daniel Beihammer, *Byzantium and the Emergence of Muslim-Turkish Anatolia, ca. 1040-1130*, pp.135-137.

③ Alexander Daniel Beihammer, *Byzantium and the Emergence of Muslim-Turkish Anatolia, ca. 1040-1130*, pp.149-150.

穿越高原地带,期间还经历了一场德意志雇佣兵的叛乱。同时突厥部在阿尔普·阿尔斯兰的指挥下从叙利亚北上迎战。战役即将爆发的紧要关头,罗曼努斯四世在不知晓敌情的情况下,轻率将军队一分为二,命大将约翰·塔克哈尼(John Tachaniotes)及精锐一部攻打希拉特(Chilat),他本人则亲率另一部围攻曼兹科特。8月,在攻占曼兹科特后,他在周边地带与阿尔普·阿尔斯兰所率突厥主力遭遇,经激战后战败被俘。①

曼兹科特战役短期内没有引发小亚格局巨变。阿尔普·阿尔斯兰在取胜后并未继续向小亚进军,而是南下叙利亚,对法蒂玛王朝展开攻势。同时,拜占庭方面尽管因此爆发了宫廷内乱及将军叛乱,但暂时还没有失去对小亚的主导权。小亚的整体政局并未因此发生动荡及更迭。然而,以宏观视角,在历史长时态下审视,曼兹科特战役正是11至14世纪小亚突厥化,乃至拜占庭帝国由盛转衰,走向衰亡的一役。此役之后,拜占庭帝国对小亚的战略心态显著调整,突厥部由渗透发展为侵袭,大举入侵。这场战役本身的影响虽然有限,但它更像是一个时代的开端,一个新旧交替的历史拐点,可谓是数个世纪后帝国最终走向末路的前兆。一定程度上来讲,这场战役的象征意义远大于它所造成的实际后果,更像是经过历史回溯后确定下来的时代坐标与分水岭。作为历史印记,它将两个时代区分开来。

第二节　11世纪末的拜占庭及东地中海世界

一、科穆宁王朝与诺曼入侵

拜占庭帝国在曼兹科特战役后对小亚的战略态度发生了显著变化,由罗曼努斯四世时期的积极应对、主动迎击转向了被动防御、消极对抗、乃至主动撤退。这种转变是多方面作用的结果。其一,宫廷内乱,频繁的阴谋和政变使得帝国陷入长期动荡,无法组织起切实有效的攻势。罗曼努斯四世被俘后,受到阿尔普·阿尔斯兰优待,签订纳贡结盟条约后被释放。然而,帝国重臣安德洛尼卡·杜卡斯(Andronikos Doukas)在曼兹科特战役中散布谣言,并于关键时刻弃皇帝于不顾,径自逃回君城后,支持自己的父亲,罗曼努斯四世的主要政敌约翰·杜卡斯(John Ducas)发动叛乱,成功将罗曼努斯四世废黜,将欧多希娅流放到女修道院。米哈伊尔七世成为唯一的傀儡

① Steven Runciman, *A History of the Crusades Vol. I : The First Crusade and the Foundations of the Kingdom of Jerusalem*, Cambridge: Cambridge University Press, 1995, p.63.

皇帝,约翰·杜卡斯和米哈伊尔的导师君士坦丁·普塞洛斯(Constantine Psellus)把持朝政及军政大权。1072 年,安德洛尼卡·杜卡斯率军前往西利西亚(Cilicia)征讨罗曼努斯,将之围困在阿达纳(Adana)并活捉。在返回首都途中罗曼努斯被致盲,被流放孤岛后不久去世。[①]

拜占庭乱局并未终结,反而愈演愈烈。宦官出身的尼塞普霍伊泰斯(Nicephoritzes)随即攫取权力,成为宰相,排挤普塞洛斯,逼迫约翰·杜卡斯下野。尼塞普霍伊泰斯横征暴敛,军事废弛,很快就再次激起小亚军事贵族的不满。1077 年,将军尼斯弗鲁斯·博塔尼阿泰斯(Nicephorus Botaneiates)趁机在弗里吉亚(Phrygia)发动叛乱,狄拉希乌姆(Dyrrachium)的地方长官尼塞普霍努斯·博莱尼乌斯(Nicephonus Bryennius)同时起兵,拥兵自立为皇帝。1078 年,在民怨沸腾中,首都君士坦丁堡民众暴动,将尼塞普霍伊泰斯处死。米哈伊尔七世退位,阿列克修斯·科穆宁(Alexius Comnenus)和科斯坦提乌斯·杜卡斯(Costantius Ducas)主持朝政,随即迎尼斯弗鲁斯·博塔尼阿泰斯进入君士坦丁堡继位,为尼斯弗鲁斯三世。[②] 随后,阿列克修斯率军击败尼塞普霍努斯。1079 年,科斯坦提乌斯在小亚自立为皇帝,但很快就被尼斯弗鲁斯三世击败,投降后退隐于孤岛修道院。1080 年,70 岁的尼斯弗鲁斯三世因继承人问题再次引发了宫廷内乱,约翰·杜卡斯再次密谋,拉拢阿列克修斯·科穆宁加入叛乱集团。同年冬,驻守弗里吉亚的尼斯弗鲁斯·麦立塞努斯(Nicephorus Melissenus)率先发难,自立为皇帝,向君士坦丁堡进军。1081 年,阿列克修斯逃出君士坦丁堡,在约翰·杜卡斯的怂恿下自立为皇帝。两支反叛军从东西两侧同时向首都进军,阿列克修斯率先进城,尼斯弗鲁斯三世退隐修道院。阿列克修斯登基为皇帝,尼斯弗鲁斯·麦立塞努斯主动臣服,并成为阿列克修斯前期的主要军事将领。[③] 至此,拜占庭帝国进入科穆宁王朝时期,内部政局逐渐趋向平稳,但内乱和叛乱的因素仍然存在,隐患仍难根除。

与此同时,外部势力的威胁和入侵消耗了拜占庭帝国大部分的精力和军事资源,无暇东顾。帝国北部一直存在着佩彻涅格人的威胁和骚扰,此时又有乌兹人(Uzes)的入侵。不过,总体而言,北方游牧民族的入侵缺乏组织和纪律,零散无效率,难以对拜占庭帝国构成真正严重的威胁,帝国也素

① Alexander Daniel Beihammer, *Byzantium and the Emergence of Muslim-Turkish Anatolia*, ca. *1040-1130*, p.201.

② Anthony Kaldellis, *Streams of Gold, Rivers of Blood: The Rise and Fall of Byzantium, 955 A.D. to the First Crusade*, New York: Oxford University Press, 2017, pp.264-265.

③ Timothy Gregory, *A history of Byzantium*, 306-1453, p.256.

来拥有以怀柔政策、收买贿赂、互相挑拨等灵活手段对付这种小范围侵害的经验和技巧。此时，真正的外部威胁来自于西方。大约同时期，意大利南部诺曼集团对帝国构成了日趋严重的隐患，终于在科穆宁朝爆发激烈冲突，直接侵入帝国腹地。

10世纪末，北欧的诺曼人陆续南下，进入意大利，充当拜占庭和伦巴德人雇佣兵，于11世纪初拥兵自立，成长为新生势力。出身乡绅骑士家族的罗伯特·圭斯卡德（Robert Guiscard）在意大利南部建立公国，1057年成为阿普利亚与卡拉布里亚公爵，他的兄弟罗格则从1060年起逐步征服西西里岛。[1] 1068年，罗伯特·圭斯卡德开始围困拜占庭在意大利南部的最后据点巴里城（Bari），至1071年投降，拜占庭在意大利的统治终结。[2] 1072年，诺曼人攻占巴勒莫，彻底征服西西里。从此，诺曼人的野心逐渐转向拜占庭及巴尔干半岛。

拜占庭帝国原本希望通过联姻怀柔诺曼集团，获取军事支持。1076年，皇帝米哈伊尔七世向圭斯卡德提出联姻，双方达成协议，王子君士坦丁同圭斯卡德之女海伦娜订婚，海伦娜被送到君士坦丁堡接受东正教洗礼。然而，随着1078年米哈伊尔七世退位，政局再次震荡，这桩婚事无果而终。到了1080年，圭斯卡德遂以此为借口，假借一名自称米哈伊尔七世的修道士之名，图谋入侵拜占庭。翌年，圭斯卡德于伊庇鲁斯登陆，围困狄拉希乌姆。阿列克修斯被迫应敌，并拉拢神圣罗马帝国皇帝、德意志国王亨利四世，同时以自由贸易权及免税等优厚特权换取威尼斯结盟，海陆联合对抗诺曼人。阿列克修斯集结重兵欲解除狄拉希乌姆之围，但受到重挫，被迫撤兵。次年，狄拉希乌姆城投降。在战局陷入被动的情况下，阿列克修斯挑唆阿普利亚叛乱，并鼓动亨利四世入侵意大利，围困罗马城。圭斯卡德随即返回意大利镇压叛乱，其子博希蒙德（Bohemund）继续率军东进，围困伊庇鲁斯首府约奥尼亚（Joannina），再次击败阿列克修斯。同年秋，博希蒙德翻越品都斯山脉进入塞萨利地区，继续攻城略地。1083年，阿列克修斯率军进入塞萨利地区，组织了第三次会战并获胜，博希蒙德退回伊庇鲁斯，此后连续受挫。1084年，圭斯卡德在意大利镇压叛乱并北上蹂躏罗马城之后，率军重返狄拉希乌姆，并击败拜占庭与威尼斯的联合舰队，在科孚岛（Corfu）登陆。1085年，圭斯卡德进军伊奥尼亚诸岛，但突患重疾，不治。诺曼人旋

---

[1] Steven Runciman, *A History of the Crusades Vol.1: The First Crusade and the Foundations of the Kingdom of Jerusalem*, pp.56-57.

[2] Anthony Kaldellis, *Streams of Gold, Rivers of Blood: The Rise and Fall of Byzantium, 955 A.D. to the First Crusade*, p.238.

即放弃对拜占庭的攻势,从伊庇鲁斯撤军。① 至此,诺曼人对拜占庭帝国的攻势以这样富有戏剧性的方式收尾,对帝国造成连续数年的严重损耗,是阿列克修斯执政初期受到的最大挑战,直接威胁统治根基。

二、罗姆突厥与小亚突厥化

视角再次转回大约同期的小亚。1071 年曼兹科特战役后,帝国内忧外患不断,小亚地区沦为危急形势下最大的牺牲品。因为政局动荡,小亚不断有将领拥兵自重,起兵造反,使得帝国东部防线形同虚设,混乱中几乎是任由外敌渗透侵袭,如入无人之境。科穆宁朝肇始,政局终于趋于稳定,但巴尔干腹地又开始受到诺曼人大举入侵,数年间几乎发展到威胁帝国中心区域的程度,乃至皇帝需要调动全部资源和手段应对。在这种情势下,拜占庭帝国忽略了,或者说被迫放弃了在安纳托利亚的军事作为,几乎是放任自流,门户大开,自生自灭。

更严峻的是,无论是内乱期间,还是对诺曼人作战中,帝国各派都在有意识地吸引、收买、拉拢、利用突厥军力为己所用,客观上加快了小亚突厥化的进程。1075 年,阿列克修斯镇压巴约勒的罗塞尔(Roussell of Bailleul)叛乱时就曾贿赂突厥部落,并与埃米尔突突什(Tuctush)结盟。② 1077 年,尼斯弗鲁斯·博塔尼阿泰斯为保证向首都进军时的后方安全,与当时业已占据比西尼亚(Bithynia),正在穿越弗里吉亚,向尼西亚进军的埃米尔苏莱曼(Sulaiman)达成协议,允许苏莱曼的军队驻守比西尼亚诸城,打开了后者通往尼西亚的通道。③ 随后,在夺得帝位后,尼斯弗鲁斯三世为了从苏莱曼处获得 2000 突厥战士,同苏莱曼结成军事同盟。尼斯弗鲁斯·麦立塞努斯 1080 年起兵的时候,撤走了全部驻防的卫戍,再次放任突厥人扩大领地。④ 科穆宁朝建立后,阿列克修斯为了调集更多的军力应对诺曼人的大举入侵,同苏莱曼结盟,划定边界,放弃了尼西亚,帝国事实承认了罗姆突厥政权的合法地位。⑤ 阿列克修斯还曾经一度从苏莱曼处雇佣 7000 名

① Timothy Gregory, *A history of Byzantium*, 306–1453, p.258.

② Alexander Daniel Beihammer, *Byzantium and the Emergence of Muslim-Turkish Anatolia*, ca. 1040–1130, pp.212–213.

③ Alexander Daniel Beihammer, *Byzantium and the Emergence of Muslim-Turkish Anatolia*, ca. 1040–1130, pp.216–217.

④ Alexander Daniel Beihammer, *Byzantium and the Emergence of Muslim-Turkish Anatolia*, ca. 1040–1130, pp.222–223.

⑤ Alexander Daniel Beihammer, *Byzantium and the Emergence of Muslim-Turkish Anatolia*, ca. 1040–1130, p.227.

突厥战士。[1] 1085 年,在阿列克修斯的推波助澜下,苏莱曼占领了安条克城。其后,为了对抗突突什,阿列克修斯还时常同罗姆继任统治者阿布·卡西姆(Abul Qasim)结盟,双方若即若离的同盟关系一直维持到 1095 年。尽管帝国素来有雇佣外来游牧民族充当军事补充的传统,但在小亚业已不设防的局面下,再如此短视、不顾后果地以小亚领土换取突厥人的军事支援,几乎等同于将帝国东方疆域拱手让与突厥及土库曼势力。在帝国的推波助澜下,突厥人及土库曼部进入小亚的速度大大加快,广泛散布于城乡各地,并逐渐由乡村转向城市定居,建立政权。

同时期,塞尔柱苏丹国与小亚的土库曼势力关系愈发紧张。阿尔普·阿尔斯兰取得曼兹科特战役胜利后,并未在安纳托利亚继续扩大战果,而是转向叙利亚,同法蒂玛王朝争夺利凡特地区。此役前夕,塞尔柱将军阿提兹(Atzi)已经从法蒂玛王朝手中夺取了耶路撒冷城。阿尔普·阿尔斯兰期望同拜占庭达成同盟,以遏制频繁作乱的土库曼部在小亚的发展势头,并为塞尔柱苏丹国统一伊斯兰世界提供帮助。然而,阿尔普·阿尔斯兰在 1072 年镇压叛乱后意外被刺身亡,打乱了这一战略意图。阿尔斯兰 18 岁的儿子马立克沙(Malik Shah)继位,继续由维齐尔、能臣尼扎姆·穆尔克(Nizam Al-Mulk)辅佐。尽管马立克沙在尼扎姆·穆尔克辅佐下尚能维持塞尔柱苏丹国继续扩张的势头,却始终无法弥合裂痕,遏制土库曼部及其政敌在小亚迅速坐大的势头。

在这种情势下,突厥人及土库曼部西进异常顺利,在相当长的一段时期内几乎是不受遏制地迅速扩张。土库曼部落十余年间轻松夺取从亚美尼亚一直到卡帕多西亚间的主要城市和据点,控制住了这条东西方向连通的走廊地带。当时,主要的突厥首领苏莱曼 1081 年以尼西亚为中心,建立政权,也就是 12 世纪罗姆突厥前身和雏形。在拜占庭的怂恿和支持下,苏莱曼不断东进,夺取西利西亚、安条克及梅利泰内,并同阿勒颇发生冲突,对塞尔柱苏丹国构成严重威胁。大约同一时期内,马立克沙的兄弟突突什获得了叙利亚中部及巴勒斯坦的控制权,并于 1079 年杀死了阿提兹,夺取了耶路撒冷。苏莱曼在 1086 年同突突什交战,兵败被杀。马立克沙趁虚而入,兼并了摩苏尔、阿勒颇、安条克,将叙利亚北部全部纳入塞尔柱苏丹国版图。但是,马立克沙并未能更进一步,未能将势力发展到安纳托利亚境内。尼西亚后继统治者阿布·卡西姆同阿列克修斯分分合合,亦敌亦友,互有算计,但

① Alexander Daniel Beihammer, *Byzantium and the Emergence of Muslim-Turkish Anatolia*, ca. *1040–1130*, p.228.

基本保持了十年的同盟关系,联手化解了马立克沙的多次攻势。

此外,安纳托利亚除了罗姆政权外,还存在其他若干势力。随着拜占庭人的主动西撤,原本处于高压之下的亚美尼亚人再次获得了独立的契机。不过,亚美尼亚同时受到突厥人的军事威胁,逐步迁移,控制了埃德萨城、幼发拉底河上游地区、西利西亚以北、及托罗斯山脉,建立了以亚美尼亚王公菲拉埃图斯(Philaretus)为主的多个亚美尼亚独立王朝。在菲拉埃图斯1090年死后,亚美尼亚王国分裂为若干小国。在小亚的西北部,尚有一座拜占庭的城市独立存在,即特拉布宗。这座城市在1075年一度陷落,当地亚美尼亚贵族西奥多·加巴斯(Theodore Gabras)将之从突厥人手中收复,它于此后保持了长达数个世纪的独立。土库曼部落首领达尼什曼德(Danishmend)控制着安纳托利亚高原东北部,占据着塞巴斯蒂亚(Sebastia)、阿马西亚(Amasya)、凯撒里亚(Caesarea)等重镇,并逐渐向中部地区扩张。此外,1081年,埃米尔忒阿齐阿斯(Tzachas)攻占了士麦那(Smyrna),建立起包括萨摩斯(Samos)在内的对小亚西南部沿海地带统治。

三、东地中海乱局与西欧东进契机

进入11世纪90年代后,地中海东部世界原本已经趋向分裂、不稳定的政局变得更加动荡。首当其冲的,是塞尔柱苏丹国的集权统治迅速瓦解。1092年,马立克沙意外猝死,维齐尔尼扎姆·穆尔克被刺杀,塞尔柱苏丹国迅速陷入一片内乱。马立克沙的长子巴齐亚鲁契(Barqiyaruq)继位,年仅12岁。其继母和她的儿子马茂德(Mahmud)发动叛乱,控制了巴格达,巴齐亚鲁契一度逃亡叙利亚,1094年才重新夺回政权,马茂德则获封伊斯法罕(Isfahan)。同年,塞尔柱在叙利亚的总督突突什反叛,次年兵败被杀。突突什的领土被其子嗣瓜分,里德万(Ridwan)获得了阿勒颇,杜卡克(Duqaq)占据大马士革并由总督(atagbeg)图格蒂金(Tughtign)辅佐。里德万因同市民关系紧张,只能依靠阿萨辛派,同时受到霍姆斯(Homs)及安条克的威胁,摩苏尔总督科布哈(Kerbogha)也在伺机而动,随时准备攫取更大权力。叙利亚北部地区的政治、宗教、族群对立和分裂日趋严重。

同时,传统的阿拉伯势力在叙利亚中南部趁机独立,纷纷建立起各种地方势力。自11世纪80年代起,法蒂玛王朝就在逐渐恢复对叙利亚及巴勒斯坦沿海地区的控制,的黎波里、推罗、西顿、海法等地都已实际脱离塞尔柱的统治。在叙利亚和巴勒斯坦,几乎所有的城市和重镇都拥有自己的统治者,各埃米尔相互对峙,彼此敌对,矛盾重重。

面对乱局,业已摆脱诺曼人及佩彻涅格人威胁的皇帝阿列克修斯看到了收复小亚失地的机会,积极整备军力,逐步展开军事行动。1094 年,阿列克修斯从狄拉希乌姆召回内兄约翰·杜卡斯,率领舰队,与君士坦丁·达拉赛诺斯(Constantine Dalassenos)海陆并进,对小亚西南沿海地带的忒阿齐阿斯发起攻势,重新夺回了萨摩斯等岛屿,并重新收复了马尔马拉海沿岸的部分港口城市。在皇帝的挑拨下,罗姆突厥政权的继任者基利什·阿尔斯兰(Kilij Arslan)杀死了忒阿齐阿斯。1095 年,皇帝在尼科米底亚修建筑垒工事,积极备战。

阿列克修斯在审慎谋划着收复失地的过程中,将西方基督教世界支援的可能性也纳入到考虑之中。实际上,自 11 世纪 70 年代起,拜占庭就已经在尝试着向西欧的基督教势力寻求支援,除了直接与意大利的诺曼人发生过联系外,他们主要是尝试与教皇建立联系。1073 年,米哈伊尔七世向教皇格里高利七世去信,要求联盟抵御突厥入侵。格里高利七世随即向西方君主和权贵送出信件,倡导向东方进军,同占领圣地的异教徒作战。但随后,因诺曼入侵巴尔干,德意志国王亨利四世与教皇交恶并进军罗马,这次建立军事联系的尝试不了了之。阿列克修斯自 11 世纪 80 年代起继续尝试与西方建立联系,吸纳、雇佣封建骑士为己所用。他招募诺曼将领彼得·阿里普哈斯(Peter Aliphas)率其诺曼军团在军中长期服役。1089 年,佛兰德斯伯爵罗伯特(第一次十字军首领佛兰德斯的罗伯特之父)在前往耶路撒冷朝圣的途中,于巴尔干半岛同皇帝阿列克修斯会面。在朝圣返程时,罗伯特造访君士坦丁堡,并承诺给予 500 名骑士的支援。次年,即 1090 年,伯爵罗伯特的 500 名佛兰芒骑士到达君士坦丁堡,被派往比西尼亚(Bithynia),驻守尼科米底亚。同年秋,拜占庭向教皇乌尔班二世派出使团,要求组织基督教徒武装东进对抗突厥人和佩彻涅格人。

1095 年 3 月,拜占庭的使者参加了乌尔班二世在皮亚琴察召开的宗教会议,要求军事支援,教皇随即号召封建骑士前往救援东方基督教兄弟。此后,随着教皇乌尔班二世的一系列动员和宣导,西方诸多封建军事集团被陆续调动起来,并伴随着大量的平民及各阶层各色人等,在宗教热情、世俗欲求的各种复杂诉求的综合作用下,以"背负十字"之名向东方挺进,并引发了这场长达数年的军事战争。因此,尽管十字军战争的成因复杂多元,但拜占庭方面对西方军事支援的强烈诉求无疑是一个不可忽视的直接因素。正是突厥人对小亚的侵袭,及科穆宁朝在东方行省的动荡中寻求收复失地的努力,为十字军战争肇始提供了最初、最直接的契机和导火索。这样的因果关系同样确定了第一次十字军与拜占庭根本利益、目的及阵营上的一致性,为双方的整体协调和一致性奠定了基调。

第三节　战争主要军事进程概览

第一次十字军战争的过程是相当复杂的。它的战争主要发生在地中海东部地区,从小亚到叙利亚、巴勒斯坦,以攻占耶路撒冷收尾。但是,这场战争经历了多个有着显著特征的阶段,并有所扩展及延伸,造成了多种结果,影响广泛而深远。教皇在筹划、策动、发起的过程中起到了关键核心作用。以法国为核心的诸封建军事集团被动员了起来,平民大众也在积极响应,迸发出更为急迫的热情。平民十字军引发了基督教世界最初的大规模迫犹行动,并对沿途的东欧国家地区造成了不同程度的损害。在东方战场上,对突厥及穆斯林其他势力的军事冲突的主线是清晰的,同时也伴随着十字军国家建立,对拜占庭关系不断调整,及内部权力博弈的几条线索。在此,首要的是厘清这场战争的主要过程,予以全景化、线性的展示。在此,以类似编年的方式将事件排序,简洁明了地予以陈述。

一、教皇的动员及平民十字军

1095 年夏,乌尔班二世前往法国南部,同勒普伊主教阿泰马尔(Adhemar of Le Puy)及里昂大主教休会面,商谈教会领导权,并分别与勃艮第伯爵奥多及图卢兹伯爵雷蒙德商谈,寻求他们的军事支持。9 月,乌尔班二世进入普罗旺斯地域,为宗教集会做舆论准备。11 月,乌尔班二世主持克勒芒宗教会议,众多主教及世俗贵族领主出席。会议进行到中段,乌尔班二世在露天户外组织了一次大型集会,做了布道和宣讲,号召向东方进军,抵御塞尔柱突厥人的入侵,夺回主的圣墓。演讲现场群情激愤,勒普伊主教阿泰马尔现场就被任命为教皇代理人,参加远征。图卢兹伯爵雷蒙德首先响应,答应亲自出征。随后数月,乌尔班二世继续在法国南部布道,宣传十字军。1096 年,北欧佛兰德斯地区也积极响应,同时,意大利南部的博希蒙德也决定加入。

与此同时,曾前往东方及耶路撒冷朝圣的隐修士彼得,在法国东部及德意志地区布道宣传,动员大众前往东方,"拯救主的圣墓"。大量农民、下层平民群起响应,追随他向东方进发。由隐修士彼得及骑士"贫穷者"沃尔特率领的这支平民武装力量,加上其余在这一地区所组织起来的同类队伍,因以平民大众为主体,骑士及其他封建武装占比较少,且多为下层骑士,所以统一被称为平民十字军(People's Crusade)。这些武装力量比贵族武装更早动身,但鱼龙混杂,以破产农民为主体,几乎没有物质保障,主要依靠沿途劫掠维生,组织混乱,缺乏纪律和有效控制。在宗教狂热情绪、物质贪欲、破坏欲的综合作用下,平民十字军开始有意识地迫害沿途的犹太人,掀起了欧洲最早的成规模的迫犹运动。

平民十字军的主体是由彼得和沃尔特组织动员起来的,但同时也存在若干个分支队伍。骑士沃克玛(Volkmar)率领一支进入波西米亚及匈牙利地区,教士戈多雅克(Gottschalk)也率领一支队伍东进,此外还有强盗出身的领主,雷林根的艾米乔(Emicho of Leiningen)也率领一部出发。艾米乔一部5月份到达施皮尔(Spier),开始强迫犹太人改宗,并进行杀戮。当地主教对犹太人进行了保护。艾米乔的军队到达美因茨之后,犹太人到大主教官邸中避难,但仍然爆发了种族屠杀,连同大拉比在内的上千犹太人被残杀。6月圣灵降临节,艾米乔途径科隆,因当地基督徒对犹太人的保护未能得手,继续前往匈牙利,其一部在特里尔地区肆意杀戮犹太人。6月,沃克玛的队伍在布拉格屠杀犹太人,随后其部因肆意劫掠破坏而被匈牙利人击败解体。戈多雅克到达匈牙利后,在施图尔韦森堡(Stuhlweissenburg)因抢劫当地人而受到国王军队的攻击,被缴械。在达成协议后因再次劫掠,被彻底消灭,全军覆灭。艾米乔一部同样在匈牙利被击溃解散。在第一次十字军战争期间,有组织蓄意迫害犹太人的行为,基本是上述三支在匈牙利就已解体的平民十字军队伍所为。

"贫穷者"沃尔特所率一部脱离隐修士彼得的主力队伍,率先进入拜占庭领土,但因劫掠贝尔格莱德而受到攻击。隐修士彼得的队伍稍晚离开科隆东进,在途径匈牙利的时候因劫掠行径受到攻击,辎重人员损失惨重。7月,彼得和沃尔特的部队在菲利普波利斯(Philippopolis)重新汇合,并于8月1日抵达君士坦丁堡。尽管皇帝阿列克修斯建议彼得等待贵族武装到达后再进行下一步行动,但驻扎在城外的基督徒四处劫掠,与当地人频繁发生冲突,无法控制,于是8月6日他们被提前送过了博斯普鲁斯海峡,前往尼科米底亚。在尼科米底亚与平民十字军发生了争执,分裂出以意大利贵族雷纳德(Rainald)为首的一部。两支部队离开尼科米底亚后,行军到拜占庭的边境城镇希波图斯(Cibotus)驻扎,等待后续十字军的到来。但很快平民十字军就失去了耐心和控制,频繁劫掠周边地带,袭击当地基督徒。9月,彼得基本失去了对军队的控制权,其法兰西部也归属于戈弗雷·比雷尔(Geoffrey Burel)统率。雷纳德率领的德意志和意大利一部无视彼得的劝阻,继续行军,并占领了泽里戈登堡(Xerigordon)。9月29日,雷纳德被基利什·阿尔斯兰的部队围困在城堡中,被迫于10月8日投降。彼得为获取支援而返回君士坦丁堡同皇帝商谈,然而,同时平民十字军再次失去了耐心,在戈弗雷·比雷尔的率领下径直向尼西亚进军。10月21日,他们在营地外不远的山谷茂林中受到突厥人的伏击,几乎全军覆没。随后希波图斯受到攻击,少数幸存者据守于附近的一座废弃城堡中,因拜占庭海军舰队及时赶来而幸免于难。

至此,平民十字军以彻底失败告终,半数队伍甚至没有通过匈牙利就已溃散,最终来到东方的彼得部也很快就被突厥人击溃,基本没有产生军事作用。平民十字军无序混乱,缺乏强有力的领导,人员构成复杂,以底层农民为主,军事素养极差,没有补给和资金支持,注定无法长存,却因极端暴力,极端的宗教狂热,以及由此引发的对犹太人的血腥迫害而被永久地刻在历史的耻辱柱上。

二、贵族十字军:从君士坦丁堡到安条克

1096年10月,大约在平民十字军于小亚覆灭的同时,法国国王腓力的兄弟,韦尔芒杜瓦伯爵休(Hugh of Vermandois)、诺曼底公爵罗伯特、佛兰德斯伯爵罗伯特、布洛瓦的斯蒂芬在意大利南部集结,并与博希蒙德汇合。其中,休先于其他人出发,乘船前往伊庇鲁斯,但遭遇海难,损失惨重,登陆后被拜占庭人护送到首都君士坦丁堡。阿列克修斯盛宴招待,要求西方贵族领主向自己宣誓效忠,并要求承诺归还所有从突厥人手中夺取的帝国土地。随后,休被软禁在了宫廷里。其后,到来的是下洛林公爵,布永的戈德弗里(Godfrey of Bouillon)率领的德意志及低地一部。他们是在8月集结的,10月初到达匈牙利,在匈牙利国王要求下,以戈德弗里兄弟鲍德温为人质获得了安全通行权。11月末,戈德弗里的队伍通过巴尔干半岛,于12月23日到达君士坦丁堡。因为在进宫觐见及宣誓效忠一事上存在严重分歧,戈德弗里同拜占庭帝国产生了相当一段时间的冲突和对立。1097年1月,戈德弗里同皇帝达成协议,并在佩拉(Pera)扎营过冬。

2月,图卢兹伯爵雷蒙德及勒普伊主教阿泰马尔的军队率领法国南部一支十字军沿达尔马提亚海岸向狄拉希乌姆进发,沿途受到拜占庭佩彻涅格雇佣兵尾随,双方一度爆发小规模冲突。3月,博希蒙德部开始穿越色雷斯地区。同时,戈德弗里与皇帝再次发生冲突,鲍德温在城市郊外进行劫掠,并与佩彻涅格卫戍发生冲突。4月,戈德弗里的军队从佩拉拔营,穿越金港湾前往菲利奥佩顿(Philopation),占据当地宫殿,并试图攻城,再次爆发了小规模冲突。4月3日,阿列克修斯派休前去同戈德弗里谈判,再次无功而返。随后,双方再次爆发冲突,戈德弗里被击败,最终妥协,同意进宫觐见皇帝。在宣誓效忠并做出归还帝国土地的承诺后,率军渡过博斯普鲁斯

海峡,前往卡尔西顿(Chalcedon),并驻扎于佩列塞姆(Pelecanum)。

同时,诺曼底的罗伯特及布洛瓦的斯蒂芬在布林迪西(Brindisi)登船出发。4月9日,罗伯特的部队抵达狄拉希乌姆。博希蒙德的部队抵达君士坦丁堡,他本人留宿在城外修道院,主力部队在数英里外驻扎,由他的外甥坦克雷德指挥。4月10日,博希蒙德进宫觐见皇帝阿列克修斯,宣誓效忠,承诺归还帝国领土,但博希蒙德对帝国东部军事指挥权的诉求未被满足。此时,雷蒙德率军通过色雷斯地区,在4月21日抵达君士坦丁堡,拒绝宣誓。到4月26日,雷蒙德对誓词做了修改,宣誓尊重皇帝的生命和荣誉,绝不损害皇帝的利益。同日,博希蒙德渡过博斯普鲁斯海峡。28日,阿泰马尔与雷蒙德在营地汇合,军队随即渡过海峡。至此,除诺曼底的罗伯特一部尚未抵达君士坦丁堡之外,贵族统率的十字军主力已经全部渡过海峡,陆续向尼西亚方向进军、集结。

5月6日,戈德弗里率军抵达尼西亚,扎营。16日,雷蒙德与戈德弗里汇合,博希蒙德的部队在坦克雷德率领下随后赶到,他本人则在君士坦丁堡同皇帝商谈补给问题,十字军随即开始围城。大约同时,诺曼底的罗伯特和布洛瓦的斯蒂芬终于抵达君士坦丁堡。大约在5月21日,基利什·阿尔斯兰率军驰援尼西亚,十字军主力首次与突厥主力发生正面冲突。突厥援军向围困南门的雷蒙德部发起进攻,弗兰德斯的罗伯特率军前来支援,双方激战一天,最终在夜幕时分,基利什·阿尔斯兰撤退到山谷中,放弃了尼西亚城。6月3日,随着诺曼底的罗伯特,以及布洛瓦的斯蒂芬率军抵达,由封建贵族统率的十字军全部集结于尼西亚城下。皇帝阿列克修斯本人也在此时来到了佩列塞姆,亲自坐镇,统筹君士坦丁堡到尼西亚之间的物资补给和资源调动。应十字军请求,皇帝派将军布图密泰斯(Butumites)运送舰船到尼西亚城旁的湖中,切断了城市的水上通道。尼西亚城的突厥卫戍秘密与拜占庭接触,达成降城协议。6月19日清晨,尼西亚城向拜占庭皇帝投降,城防被拜占庭卫戍接管,并禁止十字军入城,以防劫掠。皇帝向全体十字军首领馈赠礼物,在佩列塞姆集会。

6月26日,十字军从尼西亚出发,继续东进,于莱泽(Leuce)分成两个集团行军,相互间隔大约一天的行军路程。前军由法国北部、佛兰德斯、意大利南部几个集团组成,拜占庭的辅助部队提供引导,由博希蒙德统辖。另一部主要由法国南部、德意志两个集团组成,由雷蒙德统率。期间,基利什·阿尔斯兰东撤后重新集结军队,同达尼什曼德(Danishmend)和议并结盟,伺机与十字军决战。6月30日,博希蒙德率前军抵达多利拉埃姆(Dorylaeum)并扎营。基利什·阿尔斯兰在山谷中设伏,次日黎明双方交战,博希蒙德的前军被包围,形势一度非常危急,但戈德弗里、休、雷蒙德率领的另一部及时赶到救援。突厥联军受到重挫,从山谷撤退,拜占庭随即占领多利拉埃姆。此役后,突厥部在小亚再未尝试发起大规模军事战役行动。多利拉埃姆之战的胜利为十字军成功穿越小亚,继而向叙利亚北部进军奠定了基础。

此后,7月3日,全军继续行进,开始穿越安纳托利亚高原。十字军首先经过了波利柏图斯(Polybotus),折转到皮西迪亚安条克(Pisidian Antioch),然后到达菲洛迈利姆(Philomelium)。在8月中旬,十字军到达伊康(Iconium)并驻军休整。随后,在进入赫拉克利亚山谷(Heraclea)后,十字军受到突厥地方首领哈桑(Hasan)与达尼什曼德联军伏击,博希蒙德很快就率军取得胜利,途径城镇的突厥人大多避退到山谷。9月10日左右,十字军分出一部军力,坦克雷德和鲍德温分别统率自己集团中的一部,经由托罗斯山脉向西利西亚挺进。十字军主力则继续穿越安纳托利亚高原,在9月底到达卡帕多西亚首府凯撒里亚马扎卡(Caesarea Mazacha),之后在行军途中再次击败哈桑。十字军前往正在被突厥人围困的科马纳(Comana),突厥人不战而退。在科马纳短暂停留后,军队继续向东南行军,至科辛侬(Coxon)。至10月初,从科辛侬出发,穿越山脉,到达马拉什。10月15日,终于通过安纳托利亚高原,进入安条克平原。

大约在主力行军通过安纳托利亚东部的同时,坦克雷德和鲍德温的队伍也在西利西亚展开军事行动。坦克雷德速度稍快,率先围困塔尔苏斯城(Tarsus)。塔尔苏斯城卫戍被迫向坦克雷德投降,但就在达成协议后不久,鲍德温率部赶到,并强硬要求获得该城的控制权。坦克雷德被迫妥协,转而去围困亚达那(Adana),塔尔苏斯归属于鲍德温。鲍德温在进入塔尔苏斯城后,300名诺曼人赶来,他因担心对自己不利而拒绝他们进城。在城外扎营的诺曼人当晚受到城内突厥人突袭,多数被杀。鲍德温随即在城内展开屠杀。在占领亚达那后,坦克雷德转向马米斯特拉(Mamistra),10月初攻占该城。鲍德温途径马米斯特拉城下时,与坦克雷德再次发生争执,并短暂冲突,旋即和解。随后,鲍德温离开西利西亚,前往马拉什。坦克雷德继续向南进发,途中与一支新近赶到的,由布伦的盖伊内梅尔(Guynemer of Boulogne)率领的十字军舰队汇合,经伊苏斯湾(Issus),围困并占领了亚历山大勒塔(Alexandretta)。之后,坦克雷德穿越阿曼(Amanus)山脉,途经叙利亚门,在安条克平原与十字军主力重新汇合。

这时,鲍德温在重回到主力部队后不久就再次脱离队伍东进,深入幼发拉底河地区,并建立了第一个法兰克人的东方政权。鲍德温在马拉什与主力汇合后,在当地停留了几天,在妻子死后,他再次脱离主力部队,向东面的幼发拉底河进发。冬季，他驱逐了幼发拉底河以西土地上的突厥人，先后占据了拉沃德拉(Ravendel)、图柏赛腊(Turbessel)这两座主要城市。1098年初，鲍德温受埃德萨的亚美尼亚统治者，王公托罗斯(Thoros)邀请，2月6日来到埃德萨，按照传统，他被收为养子，成为共治者。随后，在3月7日，埃德萨市民在城内贵族的挑唆下暴动，围困总督官邸，处死了托罗斯，随即拥立鲍德温为埃德萨伯爵。于是，在十字军战争尚未结束时，鲍德温已在幼发拉底河流域亚美尼亚聚居地创建埃德萨伯国。鲍德温的东进对战争意义重大，埃德萨成为十字军右侧屏障，形成有效的保护和阻截，对同时展开的安条克战役形成了有力支持。

三、安条克之战及战争结局

　　安条克地处叙利亚北部，是叙利亚北方门户，属战略要地，扼守安纳托利亚高原以南的咽喉地带，素来是各方势力的争夺焦点。十字军在安条克城经历了整个战争期间最为艰苦、焦灼的军事过程，僵持不下，反复争夺和冲突。前后共计8个月期间，叙利亚北部突厥势力大部卷入到这场战役中。十字军先是久攻不下，长期围城，在终于破城后被摩苏尔联军围困在城中，最终以一场决战险胜收尾，夺取此役胜利。

　　1097年10月20日，十字军抢占安条克北部铁桥，越过奥伦特斯河(Orontes)，21日开始围城。11月中旬，博希蒙德率军攻占了城市北部重要据点哈利姆(Harim)。当天，热那亚舰船抵达圣西蒙港口，为十字军提供人员及建材补充，十字军首领决定在城北修建马莱盖德堡(Malregard)。12月中旬，大马士革的杜卡克同总督图格蒂金率军向安条克方向进发。12月28日，博希蒙德、佛兰德斯的罗伯特率军沿奥伦特斯河行进，以哈马(Hama)为目标，沿途突袭村庄以获取补给。12月29日夜，城内守军从桥上突围而出，奇袭雷蒙德位于河北岸的营地，激战后退回城市。31日，博希蒙德、罗伯特所率部在沙伊萨(Shaizar)附近与大马士革军队相遇，双方爆发激烈冲突，重挫突厥部。

　　1098年2月，阿勒颇里德万与奥托齐(Ortoqid)的索齐曼(Soqman)、哈马的埃米尔组成联军，支援安条克。同时，拜占庭将军泰提修斯(Taticius)突然率军脱离。2月9日，在里德万联军逼近时，十字军700名骑兵在湖边发动突袭，击败了阿勒颇联军。同时，驻守营地的主力挫败了安条克城内守军突围。3月4日，一支载着意大利朝圣者的英格兰舰队抵达圣西蒙港。舰队由英格兰原王位继承人，"显贵者"埃德加(Atheling Edgar)指挥。雷蒙德、博希蒙德一同率军前去接应，运输物资。6日，在返回途中，军队受到突厥人突袭溃散,一度传言博希蒙德被害,安条克城内卫戍再次突围,但被击溃,伏击的突厥人也被消灭,十字军再次获得关键性胜利。3月中旬,十字军于安条克城西南方修筑拉马霍梅耶堡(La Mahomerie),4月再于城市南面建起一座城堡,实现对安条克城的三面合围。同时,法蒂玛王朝使团来到十字军营地,商谈联盟事宜。

5月,摩苏尔总督科布哈(Kerbogha)组成联军,向安条克城进发。科布哈部在渡过幼发拉底河后,围困埃德萨城三个星期未果,继续前进。6月2日,布洛瓦的斯蒂芬脱离队伍,从营地逃走,沿道路北上,前往亚历山大勒塔。博希蒙德通过亚美尼亚内应获得降城信号。6月3日凌晨,十字军迂回到安条克城下,由沙特尔的富尔克(Fulk of Chartres)率领数十名骑士从绳梯上塔,并夺取城门,随即爆发无差别大屠杀。安条克除卫城外全部陷落。亚吉·西扬外逃,被偶遇的亚美尼亚人杀死。6月5日,科布哈率军赶到铁桥,7日增援卫城,并围城。大约同时,皇帝阿列克修斯的援军半路折返而回,不再支援被围困在安条克城内的十字军,成为双方军事联合终结的分水岭。6月27日,十字军派隐修士彼得同科布哈谈判媾和未果,双方准备最终决战。6月28日,十字军主力突围,经过激战,最终科布哈战败而逃,安条克卫城内的突厥守军向博希蒙德投降。安条克之战以十字军的决定性胜利而告终。

安条克之战在第一次十字军战争中历时时间最长,战事最为焦灼激烈,战略价值最大。经过此役,十字军基本瓦解叙利亚北部的突厥攻势,为顺利通过叙利亚,乃至直抵耶路撒冷奠定了基础。其后,其他穆斯林埃米尔及地方势力再无力抵御法兰克人的侵袭,沿途几乎没有遇到任何有效抵抗。安条克之战是第一次十字军战争的关键一战,是整个战争走势的转折点,相比而言,最终攻占耶路撒冷更具象征性意义。

安条克之战结束后,安条克城爆发瘟疫。8月1日,主教阿泰马尔感染瘟疫而死。9月11日,全体首领在安条克召开会议,同意向教皇致信,请求派出新的教皇代理人。10月,雷蒙德在奥伦特斯河下游进行军事行动,拓展势力。11月5日,十字军首领再次集会,经过争执,博希蒙德获得了安条克城,11月初,十字军主力沿奥伦特斯河南下,博希蒙德仍留在安条克城。在11月27日至12月11日期间,十字军包围玛特努姆(Ma'art al-Numan),在城墙损毁的情况下,突厥卫戍被迫投降,随即被屠城。雷蒙德再次因为城市的归属权而同博希蒙德陷入争执,引起下层士兵不满。大约同时,教皇乌尔班任命比萨大主教戴姆伯特(Daimbert)为耶路撒冷宗主教,率比萨舰队前往叙利亚。

1099 年,在鲁基亚(Rugia)会议中,十字军首领再次发生争执,下层士兵对迟迟不向耶路撒冷进军强烈不满,拆毁玛特努姆城墙,迫使贵族集团继续前进。1 月 13 日,前军由雷蒙德、诺曼底的罗伯特、坦克雷德率领,从玛特努姆动身出发。2 月初,戈德弗里及佛兰德斯的罗伯特率领其余队伍跟进。十字军在一座名为霍森姆克(Hosn al-Mulk)的废弃城堡休整了三个星期,期间,的黎波里的埃米尔加拉勒·穆尔克(Jalal al-Mulk)派出使者向雷蒙德示好,并邀请他派出使团商谈。2 月中旬,雷蒙德率领十字军主力通过沙伊萨和哈马,向西南沿海进发,2 月 17 日围困阿尔恰(Arqah)。同时,戈德弗里和佛兰德斯的罗伯特率军到达杰贝拉(Jabala),雷蒙德召集他们与自己汇合,协同攻城。博希蒙德未继续南下,停留在了拉塔基亚(Latakia),也就是古代的劳迪西亚(Laodicea),随后原路折返。4 月,十字军收到皇帝阿列克修斯信件,要求十字军原地等待,6 月皇帝亲征,与十字军汇合。除雷蒙德外,此提议受到十字军首领一致反对。5 月 13 日,雷蒙德被迫放弃围困阿尔恰,继续行军。途中加拉勒·穆尔克主动向十字军纳贡,并释放基督教囚犯。军队于 16 日离开的黎波里地界。19 日,十字军通过推罗(Tyre),24 日通过阿克,绕过各沿海城市,直接向耶路撒冷城挺进。26 日至 30 日,十字军在凯撒里亚(Caesarea)扎营休整,随后继续行军,6 月 3 日到达废弃了的拉姆拉(Ramla)。

6 月 7 日,星期二,十字军最终到达法蒂玛控制的耶路撒冷城,立即着手围城。12 日,全体基督徒朝圣橄榄山,于次日发动第一次进攻,因缺乏攻城器械而失败。同天,一艘舰队带着木材补给到达雅法(Jaffa),解决了木材不足的问题。雷蒙德及佛兰德斯的罗伯特前往森林寻找适合的木材。7 月 8 日,所有基督徒在城墙外赤脚游行,并再次朝圣橄榄山,接受了布道和宣讲。随后,攻城器械制造完毕。7 月 13 日,十字军开始攻城,至 15 日,戈德弗里的洛林人集团率先冲入城市,继而全军涌入城市,血洗全城。7 月 17 日,贵族首领们在圣墓教堂做感恩祷告,在经过争执后,推举戈德弗里为"圣墓守护者"(*Advocatus Sancti Sepulcbr*),耶路撒冷王国正式创建。7 月 29 日,教皇乌尔班二世逝世,至死未得知攻占耶路撒冷的消息。埃及法蒂玛王朝维齐尔阿夫达尔(Al-Afdal)率军抵达阿什克伦(Ascalon),要求十字军投降。戈德弗里和佛兰德斯的罗伯特率军进发到拉姆拉,并与雷蒙德汇合。8 月 12 日,阿什克伦之战爆发,法蒂玛军队被击溃。最终,第一次十字军战争以西欧基督教军事集团的胜利告终,陆续建立起埃德萨伯国、安条克公国、耶路撒冷王国及的黎波里伯国(战后),形成所谓的拉丁东方,一直维持到 1291 年阿克陷落方告终结,持续近 200 年。

第二章 第一次十字军的封建性

首先要明确的一点是,严格意义上讲,第一次十字军是一个历史概念。首先,在当世人的记载中,并没有出现过"十字军"这样的专有称谓,十字军的说法是在 12 世纪方才产生并逐渐成形,并在 13 世纪推广开来。然后,这支所谓的十字军亦并不能简单界定为纯封建军事组织。在这样的一个称谓下,涵盖的人群职业身份构成众多,绝非单一的军事属性可以简单概括的。其中,有着数量非常庞大的平民大众阶层,既有农民、市民、教士、更有大量妇孺儿童,这些人普遍不具备应对战斗的能力和素质。同时,军事贵族亦携带大量仆从和家眷,这部分人群自然也不会参与到战斗中来。这样一个庞大群体中,封建军事及准军事力量的构成是有限的,整体上看,它更类似于一支人员众多、组织庞杂、构成复杂的武装朝圣者队伍。

然而,因为第一次十字军的主要功能是军事性,其核心必然是军事战斗人员,由封建权贵统领。漫长激烈的战争进程决定了这场战争的主要参与者是以贵族及骑士为首的封建武人集团,不具备基本军事素质及能力的平民群体无法在其中发挥重要作用。在此,有必要首先对以贵族为首的庞大法兰克军事集团机制予以阐述,阐明以下几个主要问题,即,军队是由谁领导的,是如何构成的,并如何实现有效组织的,是如何动员起来的。这些问题大致都可以归结到封建关系范畴内。

第一节 贵族阶层与军队领导权:十字军首领群像

一、西欧封建贵族的自然领导权

1097 年,陆续集结在尼西亚城下的那支法兰克人军队,无疑是标准的西欧封建武装。它拥有数量庞大的战斗人员,武装精良,训练有素。它具有完整的封建体系,封建权力领导着全部军队,控制结构完整且相对有效。封建军队战斗力的形成,能够持续高效作战,必须要有贵族阶层的强力领导。在史料文献中,封建权贵及骑士们是战争的主角,受到史家青睐,被放在尤其重要的位置上。阿尔伯特的《耶路撒冷史》亦不例外。在他记载尼西亚之战初始围城的开篇,就列出了篇幅巨大的一篇贵族名目,令人印象深刻,

也基本展现了这场战争所涉及的西欧贵族的庞大规模。在此,结合相关资料背景,以表格形式对他提到的诸多人物列举如下:

表 2-1　尼西亚之战中西欧贵族名单

人名	地域	阵营	备注
洛林公爵戈德弗里	洛林	十字军领袖	耶路撒冷王国的圣墓守护者
西西里和卡拉布里亚王公博希蒙德	意大利南部	十字军领袖	安条克公国首位公爵
佛兰德斯伯爵罗伯特	佛兰德斯	十字军领袖	
诺曼底公爵罗伯特	诺曼底	十字军领袖	
布洛瓦伯爵斯蒂芬	法国中部	十字军领袖	安条克之战逃回欧洲,死于 1101 年十字军
韦尔芒杜瓦伯爵休	法国东北部	十字军领袖	安条克之战后返回欧洲
布伦伯爵尤斯塔斯	法国北部	戈德弗里	兄弟
坦克雷德	意大利南部	博希蒙德	博希蒙德外甥,后成为安条克摄政、公爵
布永的鲍德温	洛林	戈德弗里	戈德弗里的兄弟,埃德萨伯爵,耶路撒冷王国首位国王,鲍德温一世
格雷兹伯爵沃纳	法国北部	戈德弗里	亲戚关系
埃诺伯爵、蒙斯的鲍德温	法国北部	戈德弗里	与佛兰德斯的罗伯特不和
费尔的托马斯	法国北部	戈德弗里	最初加入的是 Emicho 的队伍
伯克的鲍德温	法国北部	戈德弗里	亲戚,未来的耶路撒冷国王鲍德温二世
内勒的德罗戈	法国北部	戈德弗里	最初加入的是 Emicho 的队伍
奎亚兹的杰拉德	法国北部	戈德弗里	
里布蒙的安塞尔姆	法国北部	独立武装	存世的信件是十字军研究重要史料,战死
圣波尔伯爵休	法国北部	戈德弗里	尤斯塔斯的封臣
英格罗兰德	法国北部	戈德弗里	圣波尔伯爵休的儿子,病逝
波塞斯的盖伊	法国东北部	戈德弗里	战死
根特的鲍德温	法国北部	佛兰德斯的罗伯特	病逝
鲍德温·肖德隆	不明	不明	病逝
富雷泽伯爵威廉	法国中东部	雷蒙德	
纳伯博格的罗伯特	意大利	博希蒙德	纳伯博格伯爵杰拉德之子,是博希蒙德的掌旗官

续表

人名	地域	阵营	备注
雷蒙德·皮莱	法国南部	雷蒙德	
沙普的唐·沃克	法国中部	休	
迈洛·罗欧兹	不明	休	
欧马勒伯爵斯蒂芬	诺曼底	诺曼底公爵罗伯特	亲戚,封臣
梅达特的沃尔特	诺曼底	诺曼底公爵罗伯特	封臣
梅达特的伯纳德	诺曼底	诺曼底公爵罗伯特	梅达特的沃尔特之子
古尔奈的杰拉德	诺曼底	诺曼底公爵罗伯特	封臣,病逝
罗塔德	不明	不明	应是年轻骑士
鲁道夫	诺曼底	诺曼底公爵罗伯特	封臣
布列塔尼公爵阿伦·费尔冈	布列塔尼	诺曼底公爵罗伯特	
郎巴勒的柯南	布列塔尼	诺曼底公爵罗伯特	郎巴勒伯爵戈德弗里的次子
博韦的雷纳德	法国北部	休	十字军结束后继承伯爵领
肖蒙的瓦洛	法国北部	休	法王腓力一世的总管,战死
蒙彼利埃伯爵威廉	法国南部	雷蒙德	1103 年返回欧洲,在西班牙作战
贝济耶子爵加斯顿	法国南部	雷蒙德	十字军结束后前往西班牙作战
鲁西荣的杰拉德	法国南部	雷蒙德	战后继承伯爵领,并再次返回拉丁东方
特拉韦斯吉尔伯特	勃艮第	不明	应是贵族,战死
瑞塞城堡的奥利弗	法国东部	不明	骑士
蒙迈尔勒的阿沙尔	法国东南部	雷蒙德	城堡主,战死
奥朗日伯爵雷姆博德	法国东南部	雷蒙德	战后留在了拉丁东方
穆松伯爵路易斯	洛林	戈德弗里	代表其父参加的十字军
康斯的多多	洛林	戈德弗里	领主
蒙太古伯爵科诺	法国北部	戈德弗里	亲缘
蒙太古的戈泽罗	法国北部	戈德弗里	科诺的儿子,病逝
蒙太古的兰伯特	法国北部	戈德弗里	科诺的另一个儿子
阿斯滕诺的彼得	不明	不明	

续表

人名	地域	阵营	备注
图勒伯爵雷纳德	洛林	戈德弗里	
维尔威的沃尔特	法国北部	不明	
推罗斯的阿努尔夫	不明	不明	骑士，战死
布永的海尔布兰德	洛林	戈德弗里	城堡主，戈德弗里重要的内府成员

资料来源：Albert of Aachen，*Historia Ierosolimitana*，*History of the Journey to Jerusalem*，ed.and trans.Susan B.Edgington，New York：Oxford University Press，2007，pp.94–100。

　　当时，因雷蒙德亲率的一部主力还在行军，未抵达尼西亚汇合，所以列表自然没有涵盖到实际参战的全部贵族。然而，仅仅阿尔伯特个人所提到的贵族就已堪称长篇累牍。经统计，其中共计有53人，除6名十字军领袖外，还有10名伯爵及1名公爵。这些贵族主要来自于法国各地，以法国北部与佛兰德斯、法国东北部与洛林、法国南部，以及法国西部诺曼底与布列塔尼为主，法国中部有若干省份参与。其余的十字军基本是以博希蒙德为首的意大利南部诺曼集团。这当然不包括此后源源不断从北欧各地，及意大利海上城市赶来的封建武装。从中不难看出，第一次十字军的贵族阶层不仅身份高贵，位高权重者众多，且分布十分广泛，遍及西欧众多地区地域。纵观中古军事历史，如此广泛的封建军事贵族参与到一场长距离、长时间的军事远征当中，在中古西欧封建时代是较为罕见的。

　　一个庞大、实力雄厚的贵族集团建立起的，是对封建军事武装的有力指挥与领导。尽管被冠以十字军名号，但从本质上讲它仍旧是封建性质的，这是毫无疑问的。它的基础是封建关系，凭借着权利义务的交换而实现了相互间的依附，形成了层级隶属及指挥。只要是封建关系下形成的武装力量，它的军事领导者、指挥者和统领必然是贵族，少数权贵形成了最顶层的统治核心，统领全局。正如约翰·法郎士鲜明指出的，"在中世纪，指挥者首先要有地位。当社会之间的阶级划分发展到愈发严格的时候，这样的要求就相应地变得愈发必要了"[1]。封建权贵对封建军队的掌控和领导是自然发生的。在11至12世纪这个时期，甚至之前，封建权贵、大贵族亲自出征，担当军队的指挥者是组织大型军事征伐的必要前置条件。否则，很多封建关系都无法发挥作用，对封建个体的约束和强制性就都无法成立生效，相互依附的封建军事队伍自然无法组织起来。

---

[1]　John France，*Western Warfare in the Age of the Crusades，1000–1300*，New York：Cornell University Press，1999，pp.148–149.

贵族对于十字军不可或缺的重要价值为社会广泛接受认同。在当世的史家普遍看来,贵族,尤其是权贵被视为十字军理所应当的统领者。阿尔伯特反复强调权贵的领袖地位,"博希蒙德,及其他几位之前提到过的王公贵胄,是军中的统帅,是军队的支柱"①。拉尔夫强调,唯有权贵能够实现对封建军队的有效指挥,"显贵的领袖们于战斗中下达指令,军队不听从其余人的指挥"。② 更为普遍的,是军事强权与显贵地位相联系,同时又强烈指向、暗示着贵族个体道德品格的正面化。于是,基督教史家们有意无意地在创造出一个正面、富有正义感、品德高尚、近乎完人的权贵形象,刻意地去契合军事领袖的地位身份。可以说,高贵的出身,与之相符的巨大财力及庞大的军事力量,基本是成为军事领袖的唯一标准,是其合理性近乎唯一的来源。甚至可以理解为,一个适龄的,拥有显贵出身及头衔,且实际掌握权势的大贵族,必然是封建军事活动的发起者和领导者,是天生的领袖。故而,拉尔夫在称颂日后会崛起为埃德萨伯爵,继而成为耶路撒冷国王的鲍德温时,才会刻意强调其领袖身份和气质的高度统一:

> 鲍德温有很多年轻的拥趸和追随者。这是因为,即便在这样一支热情洋溢的军队当中,他也是那个最富激情的人,所以被选为年轻人的领袖。鲍德温慷慨,不吝于金钱,军事尤为精通,言辞谦虚得体,且心胸宽广,具有度量。外貌来看,他从头至脚都是一个领袖③。

可以说,封建时代的军事领袖是自然发生的,是"天生的"。即便有个别乡绅骑士因自身战功卓越,或在比武大赛当中表现优异出人头地,跻身显贵行列,成为全军统帅,④但这种情况毕竟仅是个例,是偶发性质的。封建军制下,以骑士役为核心的封建军役是凭借逐级封建征召实现的,是以封建采邑换取定量军事义务,根本决定了贵族阶层对骑士骑兵为主体的封建军事力量的绝对控制。位高权重者处于封建链条顶端,这些宗主及权贵必然拥有最大的军事资源,同时获得对全部军力的控制、指挥权。中古封建时代没有类似近代的军校培训、军职升迁的体系,除了人身附庸、内府服役,甚少

---

① Albert of Aachen, *Historia Ierosolimitana*, p.136.
② Ralph of Caen, *The Gesta Tancredi of Ralph of Caen: a history of the Normans on the First Crusade*, trans. Bernard S. Bachrach and David S. Bachrach, Aldershot: Ashgate, 2005, p.36.
③ Ralph of Caen, *The Gesta Tancredi of Ralph of Caen*, p.61.
④ 威廉·马歇尔(William Marshal),英国中古时代最著名的骑士,以比武大赛成名,先后为四位英国国王服役,最终官至英国摄政,彭布罗克伯爵,被尊称为威廉元帅。

有乡绅骑士能够仰仗个人勇武和能力跻身最高指挥层。毕竟,在中古时代,贵族只能服从贵族的指挥和统率。在雇佣军事力量,契约军队及职业兵团指挥及统领于几个世纪之后逐渐兴起前,贵族尤其是权贵对军事行动指挥权的绝对垄断是不可动摇的。

二、贵族集团与领导体系的构建

然而,贵族作为一个阶层,尽管数量相较于整个封建军队是有限的,但毕竟是一个绝对数量较为庞大的群体,他们之间又是如何实现权力的归属、分配,并做到有效领导的呢? 这实际上要阐述两个层面的问题:其一,是实现领导的手段和形式,即十字军是如何确保贵族集团能够合理、适当做出领导和指挥;其二,是贵族集团内部的权力再分配,即领导权的集中度问题。

首先,十字军是由多地域封建集团联合构成的,各集团间是平行关联,不是隶属依附关系,这决定了它无法简单形成由某一个军事领袖单独统领的集权领导形式。第一次十字军不像后世第二次、第三次及法王路易九世领导的十字军战争,它没有国王亲征,法理上无法构建起以封建王权为最高领导权的军事领导系统。它仅存在理论上的最高宗主,宗教层面上,是教皇乌尔班二世,封建层面上,是全体法兰克贵族宣誓效忠的拜占庭皇帝阿列克修斯。随军出征的教皇代表勒普伊主教不具备最高宗主地位。然而,无论是教皇或是拜占庭皇帝,两人都不可能亲自出征,因此,最高宗主的缺位使得十字军无法在军中树立起一个没有争议,为全军普遍接受的最高军事领袖。事实亦是如此,尽管雷蒙德曾多次试图攫取军事最高指挥权,但仍是在贵族间的质疑、争执中无果而终,作罢收场。

既然无法实现单独统率、集权领导,贵族集团只能选择更为合理、现实的领导途径,也就是集体领导形式。于是,十字军形成了贵族议事会(*consilium*),进行常规商议,重大事项反复斟酌,形成决议,以统一的声音对外发布命令及指示,以此实现对军队的统一领导。这种做法在中世纪的军事活动中也非罕见,却被第一次十字军发扬光大,并最终成为拉丁东方的制度特征。贵族议事会的领导权涵盖广泛,具有实质性约束力,从日常行军扎营,到战役阵型部署,再到外交媾和及决定军事进程走向,都凭借议事会的形式实现。这种集体领导体系的主要好处是最大程度地弥合了矛盾,解决了争执,减少了冲突,以整个贵族阶层协调一致的形态实现对领导权的掌控。贵族议事会保证了军事领导、指挥的权威性,任何个体都不能公然挑战、否定封建关系中的上层利益集团的集体发声和决定。阿尔伯特就曾专门记述,

"伊始就已定好的,不管高低贵贱,所有人都要依照命令行事"①。这样的领导方式虽然不是最富效率的,却是现实可行的,争议小,具有更大的权威性。

　　然后,在确保了掌握、使用领导权的合理形式后,就要考虑权力的分配问题了。贵族个体的军事资源、实力、才能、声誉及地位身份的差异,决定了各自影响力的大小,话语权的多寡。很难想象一个年轻领主能同一位享有声誉的伯爵平起平坐,平分权力。在议事会的层面上,少数权贵占据明显优势,他们共同作用,形成决定性支配力量,左右整个议事会的进程和方向。

　　第一次十字军的权贵集团主要由六位构成。首先,是最早响应教皇乌尔班二世号召的图卢兹伯爵,圣吉尔的雷蒙德。雷蒙德是图卢兹伯爵庞斯二世的次子,继承了圣吉尔及普罗旺斯的土地。因为他的兄长威廉四世无子嗣,在他 1094 年死后,雷蒙德的领地范围进一步扩展延伸,并获得了图卢兹伯爵的称号。乌尔班二世到达法国南部后,很快就与雷蒙德建立起联系并详细商讨。克勒芒会议后,雷蒙德早在 1095 年 11 月就宣布动身前往东方。随后,雷蒙德集合起法国南部、普罗旺斯各区域的封建军队。他拥有所有贵族中最为庞大的军事力量,同时拥有最雄厚的财力,甚至能在战争最困难时为其他贵族提供资助。② 其次,是下洛林公爵,布永的戈德弗里。戈德弗里是布永公爵尤斯塔斯二世的次子,1087 年在亨利四世的支持下成为了下洛林公爵。他在 1096 年夏天开始积极准备,筹措资金动身出发,并成为上下洛林、法国东北部地区军事集团领袖。他同时还带领着大量亲属、封臣、内府骑士及其他同盟者。

　　然后,塔兰托的博希蒙德是意大利诺曼军事集团领袖。博希蒙德是罗伯特·圭斯卡德长子,在诺曼人对拜占庭的战争中担当主要军事将领,很早就展现出了过人指挥才能。博希蒙德手下的主要将领是他的外甥坦克雷德,同样是一位野心勃勃的年轻骑士。诺曼集团虽然人数有限,队伍不算庞大,但战斗能力突出,博希蒙德也在战争期间多次展现出超出常人的军事统帅才能。第四位,诺曼底公爵罗伯特是征服者威廉的长子,1087 年继承诺曼底公爵领。第五位,是布洛瓦的斯蒂芬。1089 年,斯蒂芬继承伯爵领,成为布洛瓦伯爵,并与威廉公爵联姻。在他妻子,征服者威廉之女阿德拉(Adela)的鼓励和促动下,他也集结了一支部队参加了十字军,同内兄,诺曼底公爵罗伯特一同前往东方。第六位,佛兰德斯伯爵罗伯特是在 1093 年继承的伯爵领。他率领的是一支庞大的佛兰德部队,同诺曼底的罗伯特、布洛

　　①　Albert of Aachen, *Historia Ierosolimitana*, p.216.

　　②　Alan V. Murray, ed., *The Crusades: an encyclopedia*, Santa Barbara: ABC-CLIO Ltd, 2006, p.1011.

瓦的斯蒂芬一同出发。这三人中,两位罗伯特掌控大部分军力,是军中主力,斯蒂芬的队伍则相对贫弱一些。此外,除了以上六人之外还有一位权贵,是韦尔芒杜瓦伯爵休。他身份尊贵,是法国国王腓力一世的兄弟。不过,他的军队数量不多,且在前往巴尔干半岛的海上遭遇了船难,再次遭受损失,可以说是有名无实。

综合来看,法兰克人的军队主要是由这几位权贵所率武装构成的。其中,雷蒙德、戈德弗里、两位罗伯特的军队数量最为庞大,博希蒙德的诺曼集团则具有相对更强的作战能力。他们共同构成了十字军的军事主体。斯蒂芬虽享有尊位,甚至被形容为"军中议事会的主持者和领袖"①,但他和休一样,因为军队数量不足,且自身能力有限,更多的是虚名,无法与上述五人相提并论。最后事实也证明了这一点,斯蒂芬和休两人在安条克之战期间及结束后,先后离开了十字军,返回了欧洲。这两人不仅没有全程参战,且在东方期间也基本没有展现出与地位和身份相匹配的影响力和作用。

这些权贵在十字军的贵族阶层当中组成了一个更为紧密、核心的利益集团,是一个更小的群体,处于金字塔状封建关系的顶层,统领全部封建军队。其他贵族或是封臣,或是内府成员,或是亲属,或是结盟,基本是以依附形式附属于他们。史料的记载凸显了权贵在军中的卓越地位,基督教史家时常会有意识地点明这个核心集团的存在。譬如,阿尔伯特记载过,"公爵戈德弗里、博希蒙德、伯爵雷蒙德、佛兰德斯的罗伯特、勒普伊主教阿泰马尔、诺曼底公爵罗伯特掌控军队,相互平等,共同决议"②。同样,安条克战役期间,他也特别突出了贵族议事会当中权贵核心集团的领导位置。博希蒙德在议事会结束后,为秘密安排降城事宜,"将戈德弗里、及佛兰德斯的罗伯特以及雷蒙德从议事会中分别唤了出来,在一处隐秘的地方,将全部隐情都告知他们"③。富尔彻在谈及领导权的时候,也清楚地做了地位的区分,"法兰克人的王公有休、诺曼伯爵罗伯特、佛兰德斯伯爵罗伯特、公爵戈德弗里、伯爵雷蒙德、博希蒙德,以及其他低阶者"④。博希蒙德致信教皇乌尔班二世,起首致敬提到了自己、伯爵雷蒙德、公爵戈德弗里、诺曼底公爵罗伯特、佛兰德斯伯爵罗伯特、布伦伯爵尤斯塔斯。⑤ 可见,在当世史家和亲

---

①　Albert of Aachen, *Historia Ierosolimitana*, p.96.

②　Albert of Aachen, *Historia Ierosolimitana*, p.180.

③　Albert of Aachen, *Historia Ierosolimitana*, p.270.

④　Edward Peters, *The Chronicle of Fulcher of Chartres and Other Source Materials*, Philadeplhia: University of Pennsylvania Press, 1998, p.79.

⑤　Edward Peters, *The Chronicle of Fulcher of Chartres and Other Source Materials*, p.81.

历者看来,法兰克军中确实存在着一个地位显著区别于他者的核心权贵集团,他们共同构成了军队领导权力的整体象征。

　　总之,种种迹象表明,权贵在贵族议事会中确实占据支配地位,以一个更小的核心群体来实现对贵族阶层,以至对全部封建武装的最高领导和指挥。这种以少数权贵为核心,由贵族议事会集体决议,贯通全军上下的领导体系,是依照身份地位的高低、占有资源的多寡为基本依据形成的,是符合封建军制的,恰与层级状的封建分封相对照。这种领导体系首先是要形成对军队的有效支配,继而是合理地在彼此间划分权力,并以商议、妥协的方式达成共识,进而形成一个阶层,或者几个集团的共同意志贯彻到全军各阶层。

三、军事领导权的其他构成要素

　　在贵族议事会领导下的,可能还产生了类似公共资金的财政补偿机制,有利于强化上层贵族对军队的实际领导权。到达东方后,随着战事不断深入,军队需要更为有效地利用资金,趋向于集中管控,共同承担必要开支。于是,据阿尔伯特记载,多利拉埃姆之战后,贵族议事会商议并决定,"即日起,各种食物和必需品一概集中起来共同使用,全部共同所有"①。这可能反映的就是公共资金机制初创过程。此后,在军队委派任务并要执行必要军事行动时,就会利用公共资金支付薪酬,以契约雇佣的方式落实军事责任。相关记载间或出现于史料中。譬如,在安条克,议事会委派坦克雷德驻守城市南侧,监守两座城门时,使用的就是公共资金。议事会决定,为此项任务支付坦克雷德 40 马克银。② 拉尔夫的记载也证实了这种雇佣关系。坦克雷德伏击了一批突厥人,将 70 颗人头送给了勒普伊主教阿泰马尔。主教做出了奖励,"以相匹配的马克来报偿",坦克雷德随即将钱分给下属,抵作薪资。③ 这显然是一种雇佣关系,而非单纯的封建义务。由这个细节可以看出,十字军的贵族议事会不仅具有封建权威,是封建关系的顶层构建,同时也能凭借着雄厚的经济实力,公共资金的管控来维护权威性,有效落实各种军事义务。这样的一种封建、薪酬的双轨并行机制也是日后拉丁东方政治、军事体系的重要特征。

　　十字军领导权力体系中,必须考虑教会的作用和角色。这支军队具有

---

①　Albert of Aachen, *Historia Ierosolimitana*, p.136.

②　Albert of Aachen, *Historia Ierosolimitana*, p.208.

③　Ralph of Caen, *The Gesta Tancredi of Ralph of Caen*, p.77.

强烈宗教印记,教会必然发挥重要作用。乌尔班二世安排了一定数量的高级神职人员随军东进,充当教会利益和话语权的代表。军中有大量神职人员担任随军教士,为军队提供日常布道、祈祷及组织弥撒等宗教仪式活动。教士负责组织礼拜,代祷,主持斋戒和弥撒。这些宗教仪式是军队备战的必要程序,发挥着不可替代的实际作用。譬如,安条克最后一战前夕,富尔彻记载,全军上下斋戒三天,做祷告和忏悔,施舍金钱。即将上阵之前,教士伴随军队一同出阵,鼓舞士气,"教士们身穿白色法衣,为所有人哭泣着,唱着对上帝的赞美诗,虔诚祷告"①。阿尔伯特记载,十字军彻夜祈祷忏悔,并在清晨的时候领受圣餐,"按照命令,所有人都要通宵祈祷,洗涤罪恶,以主的血肉圣餐强化自身"②。此外,教士还负责主持葬礼,这也是提振军队士气,缓解战争压力的重要环节。譬如,在尼西亚的激烈交战后,教士就主持了葬礼仪式,郑重安葬死者,作代祷和布施,慰藉生者。③

在军中,教会最具影响力的神职人员是勒普伊主教阿泰马尔。阿泰马尔是最早确定随军出发的高阶教士,是教皇乌尔班二世亲自委任的教会代表,同伯爵雷蒙德关系紧密。阿泰马尔在军中声望甚高,影响广泛。阿泰马尔也是贵族议事会核心成员,经常参与最重要、最机密的军情商议。据拉尔夫记载,博希蒙德首先是将安条克降城的事情告知了阿泰马尔,再由他召集全体贵族并做转述。④ 同时,阿泰马尔还具有相当程度的军事素质,能够统兵打仗,负担军事功能。多利拉埃姆之战中,正是阿泰马尔及时赶到,带领军队长途奔袭,从突厥军队背后的山丘上发起突袭,方才扭转战局,转危为安。修士罗伯特记载,突厥人受到突袭,措手不及,"以为这些人是从天而降,或者是从山里凭空出来的"⑤。阿泰马尔几乎参加了所有重大军事战役,甚至还亲自参与了对阿勒颇的破袭战,"主教本人一同前往,稳固人心"⑥。在安条克最后的决战当中,雷蒙德因为生病留在城中,阿泰马尔代为统辖其全部军队,"亲自统领阵列"⑦。在战斗中,阿泰马尔穿盔带甲,手持"圣矛",形象与骑士无异。⑧ 阿泰马尔率普罗旺斯部战役关键时刻从侧

① Edward Peters, *The Chronicle of Fulcher of Chartres and Other Source Materials*, pp.78-79.

② Albert of Aachen, *Historia Ierosolimitana*, p.320.

③ Albert of Aachen, *Historia Ierosolimitana*, p.112.

④ Ralph of Caen, *The Gesta Tancredi of Ralph of Caen*, p.89.

⑤ Robert The Monk, *Robert The Monk's History of The First Crusade*, trans.Carol Sweetenham, Aldershot & Burlington: Ashgate, 2005, p.110.

⑥ Albert of Aachen, *Historia Ierosolimitana*, p.236.

⑦ Albert of Aachen, *Historia Ierosolimitana*, p.320.

⑧ Robert The Monk, *Robert The Monk's History of The First Crusade*, p.173.

翼包抄阻截科布哈主力,延误了突厥主力的行军,使得突厥联军被分割、各个击破。可见,阿泰马尔在军队中的军事领导权不是象征性或形式意义的,而是产生了实质作用,具有实际功能。

总体来看,十字军的主要领导权仍掌握在贵族议事会与世俗权贵手中。在第一次十字军当中,尽管存在大量教士和修士,但高级神职人员数量很少。早在这场战争酝酿时期,乌尔班二世就有意识地在控制随军出发的非战斗人员的数量和规模。他很清楚过多的随军平民和教士会影响军事进程,造成拖累。所以,高阶神职人员大多受到教廷限制,不允许随军东进。阿尔伯特开篇就曾提到,尽管自己渴望前往东方,"因为受到各种阻碍而无法成行"①。富尔彻记载,军队进入叙利亚的时候,数万人的军中一共只有五位主教。② 这样一来,教会势力无法对贵族议事会构成关键干预,更多的是附属于权贵行动。

同时,必须注意的是,贵族议事会与教会上层之间的配合协作对军队的指挥领导也是有益的,强化了对全军的管控。教会神职人员相比较世俗贵族领主而言,文化素质具有优势,富有管理经验,且具备金融财务能力,这些都是大型军队和朝圣队伍长久维系不可或缺的重要能力。并且,教会的影响力不受地域影响,可跨集团和社群发挥作用,尤其在军队下层广大民众中具有极强的号召力和威信。在一些重要的场合和时机,教会能够弥补议事会功能上的缺陷和不足,发挥出重要的替代作用。

譬如,在教会配合下,议事会能够更为有力地整肃军纪和风气,维护军队秩序,并在一定程度上抑制通货膨胀等负面经济现象。按照文献记载,在安条克之战期间,随着补给日趋紧张,营地内粮食短缺,物价飞涨,金银严重贬值,军纪废弛。修士罗伯特记载,物价高涨到几乎让人无法承受的地步,"一头毛驴能够装载的小麦卖到了六磅,一个鸡蛋卖到了十二第纳尔,一个坚果就能卖到一个第纳尔"③。面对物价失控,交易市场混乱,秩序逐渐丧失的危险局面,议事会经过磋商,决定将主导权交予教会,以宗教手段解决问题。于是,全军通告,灾祸和困难局面源于军中的种种罪过。于是,教权发挥作用,神职人员召开宗教会议,按照教会法颁布敕令,措施异常严格及苛刻,以"去除军中不义和邪恶","在度量衡上,在金银的兑换上,在互借物品中,在交易中,不得欺诈基督教兄弟;不得行窃;不得私通、通奸、堕落",

---

① Albert of Aachen, *Historia Ierosolimitana*, p.2.

② Edward Peters, *The Chronicle of Fulcher of Chartres and Other Source Materials*, p.66.

③ Robert The Monk, *Robert The Monk's History of The First Crusade*, p.127.

并进一步规定了惩戒措施,"如有触犯必严惩,以清洗上帝子民的污秽和不洁"①。实质上,这是一次以宗教为名义,对市场秩序和金融关系的整顿和重新调整。军队上层主要是要打击恶意抬价,不公平贸易,及欺诈交易等负面行为,并从道德和精神层面入手,遏制盗窃、通奸等严重扰乱军纪和秩序的行为,重振军威,强化管控。在教俗贵族的配合下,教会敕令得到了有效的落实和执行,阿尔伯特记载,很多人被处以鞭笞刑法、剃发,打上烙印,游街示众。② 富尔彻记载,教会甚至将军队中的妇女都驱逐出了营地,另建一片营地,将男女隔离。③ 虽然这些措施当中的一部分明显过激,但从整体上讲,确实是起到了重新规范军队纪律和行为的作用,客观上有利于军队稳固。

第二节　军队组织、构成与规模

一、军队的组织与构成

本质上讲,除去宗教印记(十字架)及大量随军的朝圣者外,第一次十字军与当时其他封建武装在组织上并不存在明显差异。它最突出的特点是武装来源分布广泛,遍及西欧各地,由众多规模、人员不等的队伍汇聚而成。第一次十字军是多个武装集团的集合。他们从欧洲各地出发,经不同路线先后进入巴尔干半岛,抵达君士坦丁堡,并在尼西亚完成集结。富尔彻形象地做过如下记载:

> 一支规模浩大的队伍起始于西方,每日不断行军,逐渐扩大起来,一支队伍变成了多支队伍,各地的人都涌来了,无穷无尽。于是,呈现在眼前的,是一个庞大的群体,其中充斥着操着各种言语,来自许多地方的人群。不过,直到抵达尼西亚后,所有这些人才汇合为一支军队。④

富尔彻在安纳托利亚行军期间,面对军中混合的各地域人群也发出了如是感慨:

---

① Albert of Aachen, *Historia Ierosolimitana*, p.228.

② Albert of Aachen, *Historia Ierosolimitana*, p.228.

③ Edward Peters, *The Chronicle of Fulcher of Chartres and Other Source Materials*, p.72.

④ Edward Peters, *The Chronicle of Fulcher of Chartres and Other Source Materials*, p.58.

在这儿,有法兰西人、有弗里斯兰人(Frisians)、有高卢人、有阿洛布罗克斯人(Allobroges);有洛林人、有阿勒曼尼人、有巴伐利亚人;有诺曼人、有英格兰人、有苏格兰人、有阿奎丹人(Aquitanians);还有意大利人、有达契亚人(Dacians)、阿普利亚人、伊比利亚人、布列塔尼人;此外,还有希腊人及亚美尼亚人。敢问有谁能在自己的行列中听得到这样多复杂、又不能互通的话语交流?若是一位布列塔尼出身的人,抑或是一个条顿出身的人过来问我,我听不懂,也不能作答。①

大体上讲,尽管十字军的参与者出身复杂,广泛分布于西欧各地,但其主体基本上是来自法国及周边地区,大致可归属上述过的六位显贵的集团中。单就封建武装而言,他们的组织方式是有惯用的模式可以遵循的。权贵在响应教皇乌尔班二世的号召后,会召唤、鼓动大封臣及主要同盟者参与进来,并将内府武装结合进去。随后,大封臣再向自己的封臣发出封建征召,限期在指定地点集结,与主力队伍汇合。从权贵到大封臣,再到次级封臣,及骑士、扈从,被封建军事的征召程序组织动员起来。在这些队伍当中,有的是封臣隶属关系,有的是附属于权贵的大部队,统一听命行动。在通常情况下,各阵营集团都在权贵统领下行动,贵族议事会发出命令后统一协调,在多个集团及不同队伍中分解任务,协调配合,各司其职。

这支军队的军事组织构成也具备封建军队的一般特征,从中心向边缘辐射。所有庞大的封建武装的核心都是直接隶属于宗主的军事力量。这支核心军力由权贵的封臣及内府武装组成,在数量及装备上都具有显著优势,构成全军的中流砥柱。正如约翰·法郎士所言,"中古时代的统帅们需要有一支属于他自己的,强大到足以担当队伍核心的武力"②。在这支中坚力量之外,依附有大量军事单位,人员构成参差不齐,数量多寡不一,多数是同盟者、亲属、下层贵族领主、城堡主,以及臣属于他们的骑士、扈从、步兵武装。在所有这些封建贵族的军事武装之外,也就是整个军事集团的外围和边缘,是下层步兵战士,散兵游勇性质的乡绅队伍,以及不具备战斗能力的平民朝圣者。他们同核心军事力量的关系较疏远,充当辅助作用,因无力自保,或者封建关系疏离,所以多是松散依附于不同队伍。如约翰·法郎士所论,"这些人仅是凭借着趋近的血缘、同一的民族,去追随着主力队伍"。③

---

① Edward Peters, *The Chronicle of Fulcher of Chartres and Other Source Materials*, p.68.

② John France, *Western Warfare in the Age of the Crusades, 1000–1300*, p.139.

③ John France, *Victory in the East: a Military History of the First Crusade*, New York: Cambridge University Press, 1994, p.21.

　　然后，就要讲到具体作战单位了。封建战争中，最常见的基本作战单元是家族武装。如表1中所示，许多贵族都会带着家族成员参战。其中有多对父子，譬如领主科诺和他的两个儿子，兰伯特和戈泽洛；圣波尔伯爵休及其子英格罗兰德；梅达特领主沃尔特及其子伯纳德。以家族为单位发动小规模军事行动，发挥军事功能，是十字军最常见的军事行动组织形式。在第一次十字军战争的历程当中，军队的组织从集团阵列逐步细化，直至家族武装为基本军事实施单位，一般是数人，至多10余人。阿尔伯特就记载了一例典型家族武装主导的小冲突，一定程度解释了它的组织方式：

　　　　法国的圣波尔伯爵休，怜悯那些每日都在受着杀戮的信者们……向儿子英格罗兰德——他乃精于武器，行动迅速的骑士——提出父亲的建议，家族中的其他人也被算进来。于是，他们都同意了，想着去救悲惨的平民们，那些兄弟，让他们免受无穷尽的侵袭、杀戮，替他们复仇，阻吓那些经常追杀他们的突厥人。①

　　战斗的结果是，休的家族获得了胜利，杀死了两名突厥人，抓获了两人。战争过程中，最常见的就是家族武装所发起的这种小冲突，"在此种的战争风格下，常态是小群体间的对抗，其中，个体的勇武并占据主动是至关重要的"②。

二、军队的规模与数量

　　第一次十字军最为人瞩目的或许就是其庞大的规模了。这支军队由西欧多地汇聚而来，包含了大量贵族权贵，武装人员的数量惊人。关于这支军队的人数，当时的文献记载是相当夸张的，充满了想象和富有激情的比喻。譬如，阿尔伯特在自己的记载中曾两次提到过军队的规模。第一次是在尼西亚城下，是"超过40万人驻扎"③，第二次是在安条克城前，是"30万"④。富尔彻的记载是，"善于计算的人估算，军中善战之人有60万"⑤。在阿泰马尔的信件中提到，"军中尚有10万披甲之士"⑥。修士罗伯特写到，博希

①　Albert of Aachen, *Historia Ierosolimitana*, p.212.
②　John France, *Western Warfare in the Age of the Crusades, 1000–1300*, p.164.
③　Albert of Aachen, *Historia Ierosolimitana*, p.102.
④　Albert of Aachen, *Historia Ierosolimitana*, p.198.
⑤　Edward Peters, *The Chronicle of Fulcher of Chartres and Other Source Materials*, p.63.
⑥　Edward Peters, *The Chronicle of Fulcher of Chartres and Other Source Materials*, p.283.

蒙德和佛兰德所率一部有"三万骑士及其他战士"①。拜占庭帝国公主安娜
的记载更为夸张,"亚德里亚海与直布罗陀海峡之间的土地上,生活着的所
有人,整个西方的所有野蛮人,都向着亚洲迁徙而来。他们拖家带口,带着
全家老小穿行欧洲,途经一个接着一个的国家"②。安娜在随后的记载中,
提到十字军"拥有八万名全副武装的步兵"③。亚美尼亚编年史家马太的比
喻同样夸张,"像是蝗虫一般,无以计数,也可说是海底的沉沙,无法以人的
头脑估量"④。

　　尽管这些数字和形容都是明显带有夸大性质的,但至少在规模庞大这
一点上,当世的所有史家可谓是达成了共识。现代学者对十字军武装力量
的数量及规模也有做过估算。任辛曼就其数量做过专门阐述。任辛曼主
张,骑兵和步兵在十字军这支封建军事武装当中的占比大约是在1∶7这样
的程度。其中,队伍最为庞大,骑步兵数量最多的无疑是雷蒙德及其普罗旺
斯军事集团,这一部大约有1200名骑兵,步兵达到10000人的规模;意大利
诺曼集团的人数较少,博希蒙德只有大约500名左右的骑兵;佛兰德斯的罗
伯特一部为600名骑兵;斯蒂芬的军力更少一些,骑兵大约是在250人到
300人之间,最少的应是休,在经历了海难之后,骑兵不到100名。任辛曼
估算,全军应拥有4200名至4500之间的骑兵,及30000名步兵。⑤ 约翰·
法郎士认为,十字军在到达尼西亚城的时候,应有50000的军力,⑥骑士及
领主阶层占7000人。⑦ 保守估计的话,十字军全盛时应至少拥有40000以上
的军事力量。第一次十字军的军队规模若与中古时代的城市人口相比,能有
一个较为直观的认识。14世纪初,在中世纪人口达到顶峰,尚未爆发黑死病
的时期,欧洲最大规模的城市人口至多在10万左右,如威尼斯和米兰。巴黎
作为欧洲北部的最大城市,当时居民人数也不会超过8万。布鲁日、根特、图
卢兹、伦敦、汉堡、吕贝克等一流城市,人口数量大致在20000—40000之间。⑧

---

① Robert The Monk, *Robert The Monk's History of The First Crusade*, p.124.

② Anna Comnena, *The Alexiad of Anna Comnena*, trans. E. R. A. Sewter, London: Penguin, 1969, pp.308−309.

③ Anna Comnena, *The Alexiad of Anna Comnena*, p.342.

④ Matthew of Edessa, *Armenia and the Crusades: Tenth to Twelfth Centuries: The Chronicle of Matthew of Edessa*, trans. A. E. Dostourian, NewYork: University Press of America, 1993, pp.164−165.

⑤ Steven Runciman, *A History of the Crusades Vol. I: The First Crusade and the Foundations of the Kingdom of Jerusalem*, pp.337−339.

⑥ John France, Western Warfare in the Age of the Crusades, *1000−1300*, p.109.

⑦ John France, Victory in the East: *a Military History of the First Crusade*, p.142.

⑧ Jacques Le Goff, *Medieval Civilization: 400−1500*, trans. Julia Barrow, Oxford: Blackwell Publishing, 1988, p.293.

因为十字军在军事人员之外还有庞大的非战斗人群,平民朝圣者、教士、妇孺及各阶层人士,其总体规模必定是极为庞大的,也难怪安娜会发出西欧全民移民的感慨了。

三、突厥军事力量对比

军事力量多寡是战争胜负的关键因素。有必要对突厥方的军事实力做一简述。同样的,对于突厥方的军力,史料中的记载往往都过于夸张:阿尔伯特的史料记载当中,对对手的军事能力和数量做出了夸张夸大的处理,罗姆突厥阿斯兰有"50 万战士及披甲骑兵"[1],安条克之战后期,摩苏尔总督科布哈所集合起来的联军"有 20 万尚武骑兵"[2];福尔彻的记载也是同样风格,持同样观念,科布哈军力是"30 万骑步兵"[3];里布蒙的安塞尔姆在信中估算过,参与多利拉埃姆之战的突厥人有 26 万之多;[4]罗伯特认为是 30 万人之巨;[5]亚美尼亚的马太将数字夸大到了极致,罗姆突厥的军力是 60万,[6]科布哈的联军是 80 万骑兵和 30 万步兵。[7]

这些数字显然与现实相距甚远。游牧民族出身,且以骑兵为主体的突厥及土库曼部不可能维持数十万之巨的超级军队。早期塞尔柱苏丹国确实拥有一支较为庞大的,由马穆鲁克人组成的中央武装,并由库尔德人、贝督因人、及其他部落提供辅助军。地方各行政区域,如安条克、阿勒颇、大马士革也有类似的军事组织构成。塞尔柱苏丹国在其鼎盛时期,也就是马沙立克朝时期,全国范围内拥有大约四万人的常备军,以伊克塔制实现供给。中央军一度达到 4.6 万的骑兵。但在巴齐亚鲁契朝,迅速衰减到不足两万。依照伊恩·希思的估算,整个小亚的突厥军力大约在三万人左右。[8]

双方军事冲突中,实际参战突厥军力应远远低于上述数字。毕竟,占据巴格达和波斯地方的塞尔柱苏丹国并未直接参战,只有摩苏尔一部率领部分突厥联军直接加入到冲突当中。并且,在西方封建武装进入到叙利亚南部及巴勒斯坦地区后,基本就再没有遭遇过有效抵抗,沿途的的黎波里等地

---

① Albert of Aachen, *Historia Ierosolimitana*, p.102.

② Albert of Aachen, *Historia Ierosolimitana*, , p.264.

③ Robert The Monk, *Robert The Monk's History of The First Crusade*, p.78.

④ Robert The Monk, *Robert The Monk's History of The First Crusade*, p.286.

⑤ Robert The Monk, *Robert The Monk's History of The First Crusade*, p.107.

⑥ Matthew of Edessa, *The Chronicle of Matthew of Edessa*, p.166.

⑦ Matthew of Edessa, *The Chronicle of Matthew of Edessa*, p.170.

⑧ Ian Heath, *Armies and enemies of the crusades*, 1096-1291: *Organization*, *tactics*, *dress and weapons*, Cambridge: Wargames Research Group, 1978, pp.18-19.

方势力没有参战。整个战争进程中,小亚的罗姆突厥是正面对抗十字军的主要突厥军事力量,然后是叙利亚北部的安条克,阿勒颇和大马士革只是在安条克战役期间派出了援军,并没有长期参与到军事进程当中。

罗姆突厥的军事力量相比十字军,是相当有限的。约翰·法郎士估计,基利什·阿尔斯兰的联军应不会超过 1 万人。[①] 安条克的地方卫戍数量更少,在 5000 人左右。[②] 可以说,十字军在军事力量上对突厥方形成了压制,在尼西亚到安条克一线,基本就是依靠军事上的巨大优势向前推进。在经过两次大的冲突之后,突厥诸势力基本是放弃了抵抗,采取了战略规避。在安条克,十字军在经历了长期的消耗、流失之后,减员较为严重,科布哈的联军确实构成较大的威胁。这也是战争中双方军事力量最为接近的一个时期。安条克之战结束后,从叙利亚到巴勒斯坦,再到耶路撒冷,十字军再未遭遇任何实质性抵抗和遏阻。法蒂玛王朝的军事力量尚未集结到位,耶路撒冷的守军数量同样很少。军事力量的巨大优势为十字军的军事胜利奠定了基础,也是它最终能够获得成功的基本保证。

第三节　贵族军事化与战争权利的垄断

十字军由几大地域集团组成,拥有众多贵族显贵,封建骑兵力量尤其强大。依照中世纪军事传统,一名骑士至少会携带两到三名扈从、军士骑兵协同作战。数千骑士至少要有数千乃至上万扈从骑兵伴随出阵。可以说,十字军的主力部队基本是由贵族、乡绅骑士、扈从骑兵构成的。如此庞大的贵族武装能在不到一年的时间内被动员、组织、集结起来,这不仅是宗教热情或其他社会动因的作用,更要从封建军事的发展中去寻求更深层次的解释。

一、11 世纪西欧封建军事专业化

一般而言,世人对中世纪军事的基本印象是军事冲突规模小,主要限于小型冲突,尤其以家族间"私斗"为典型特征。事实上,封建军事体系本身也很难动员、组织、维持大量军事力量。骑士采邑逐渐碎片化,经常会出现 1/2,甚至 1/3 的骑士役形式,使得封建军役征召变得日趋繁复,难于计算。封建军役一年 40 天的服役期限也造成了妨碍,无法组织起真正有效的长期军事战役。另外,封建军役是以征召为手段,但封臣有可能

①　John France, *Victory in the East: a Military History of the First Crusade*, p.157.

②　John France, *Western Warfare in the Age of the Crusades, 1000-1300*, p.109.

不响应,或者不满额提供军力,宁可交付罚款。在发过征召令之后,经过逐层动员、调集,真正到指定地点集合的军力不可预估,很可能与预期有较大差距。同时,贵族、甚至国王,除了自己领地的固定收益外,大多没有额外、稳定的收入来源,做不到经常性征税,即便是一支规模很小的常备军也无力维系。

此外,11世纪西欧社会历经数个世纪侵袭后,逐步摆脱维京人、马扎尔人、阿拉伯海盗、诺曼人入侵,整个社会逐步归于稳定,变得相对有序化。10世纪以后,教会大力开展“上帝和平”,试图以开除教籍等多种手段对封建混战加以限制,起到一定的作用,如勒高夫所论,“不安感在减退,这是基督教社会大众希冀能够维护新生经济发展的结果”①。西欧发展到11世纪,业已进入到封建社会经济发展新阶段,维护社会内部稳定是必需要求,内部战争及冲突逐步受限。R.C.斯梅尔对这时的西欧战争做过一段定义性的描述:“武力并非总是如此极端地被使用了。它被限制于既定的目标,并非是要将被征服的一方置于无条件投降的境地。拉丁国家的君主们所参与的,是这样一类目的受限的战争冲突。”②

不过,尽管无序冲突,封建家族间的世代恩怨仇杀在受到越来越多的限制和约束,但这并不意味着社会发动战争的能力在下降,也不意味着战争的规模在缩小,两者之间并非悖论的关系。尽管对于军事冒险,君主权贵仍然抱着谨慎的态度,且难以承受大规模战事所带来的巨大损耗,战争准备的周期漫长、效率低下,但这并不意味着社会上层对战争的兴趣在衰减。相反,贵族阶层,尤其是君主、权贵集团凭借着日益增长的社会财富,更为稳定的社会秩序获得更多权力,继而聚集了更多的战争资源及力量。贵族阶层逐渐在将整个社会的军事能力集中、垄断起来。

在这个时期,教会的神学理论家开始倡导、推崇所谓三元化的社会阶层划分模式,将不同人群以各自独有的功能加以区分,进而确定其在社会当中的位置和作用。在这套理论当中,教士负责祈祷,武士负责征战,农民则专事劳作。③ 这样的舆论及理论呼声反映的正是封建贵族军事化、垄断军事的现实。简言之,战争的权力,军事的能力被贵族阶层所控制、垄断。作为时代发展的最大受益者,封建贵族,尤其是君主、权贵、大封臣的军事能力显著增强,并具备了以封建军事体系调动、集合广大区域内各级封臣武装力

①　Jacques Le Goff,*Medieval Civilization:400—1500*,p.57.

②　R.C.Smail,*Crusading Warfare,1097—1193*,Cambridge:Cambridge University Press,1995,p.21.

③　Jacques Le Goff,*Medieval Civilization:400—1500*,p.528.

量,发动大规模军事战争的能力。在内部无序的封建混战、家族冲突受到约束,逐渐减少的同时,大规模的区域对峙、冲突,乃至王朝战争开始涌现,且变得日趋频繁且常见。

在封建社会中,贵族与军事的紧密结合是社会发展的必然结果。农本社会中,贵族阶层的主要财富是土地,为保护领地不流失,并尽可能地扩展延伸,攫取更多的地产财富,扩大家族势力,除了精心细致的经营之外,使用武装力量是一个不可或缺的必要手段。在经历了中世纪早期直到 10 世纪的剧烈动荡之后,西欧社会也并未真正安定下来。君主尚未实现中央集权,地方仍然是在割据与纷争中反复拉锯,彼此竞争对立。在缺少中央的强力控制,地方区域自治,家族关系复杂混乱,巧取豪夺,宣称权频出的时代,掌握、保有军事力量是保护自身利益的最好手段。暴力是中古保障自身权益不可取代的必要手段,如约翰·法郎士所论,"战争对于保护、扩张土地与权利而言是不可或缺的,因为,在缺少,或者至少说君主权威相对衰弱的情况下,战争在当时即便不是解决纷争的唯一手段,至少也是最终手段"①。

二、骑士身份的嬗变

在对封建军事的持续需求中,骑士群体兴起并迅速发展。起初,骑士(miles)是一种称号,并非是一种身份,但逐渐成为了对一个武装乡绅群体的定义。在 9 到 12 世纪之间,贵族等级以下的土地保有者(主要是乡绅)开始在不断的暴力冲突中寻觅到上升的空间和机会,骑马作战,凭借骑士役为自己积攒财富、声誉、地位。顾名思义,骑士需要骑马作战,这样的作战方式就将暴力变得专业化,并限定到有产者。骑士需要拥有战马,并且要训练有素,可以应对苛刻的战争环境,一般还要至少有一匹战马备用。并且,骑士要长年累月训练战斗技能,磨练骑马作战的技巧,要脱离生产,专事军事,并还要有扈从辅助。马匹和装备都是需要费用的,担当骑士身份的人必须要占有土地,并有稳定的收入,以供开支。以乡绅为主体的骑士群体构成了封建军事役的主体部分,形成了封建骑兵征召役与全民皆兵时代民兵体系的清晰分野。

11 世纪的西欧社会具有充足的流动性,为训练有素,日趋职业化的骑士群体提供了广阔的舞台和机遇,十字军战争也属于其中一部。英国国王威廉二世鲁弗斯就尤其偏爱于雇佣欧洲大陆的骑士,1097 年至 1098 年间,为法国、布列塔尼、佛兰德斯、勃艮第的骑士支付薪酬。亨利一世延续了这

---

① 　John France, *Western Warfare in the Age of the Crusades*, 1000–1300, p.2.

样的政策,并与佛兰德斯伯爵在 1103 年达成大量雇佣骑士的协议。① 与此同时,逐渐地,骑士这个称谓成为了一种泛用的代名词,不再专属于乡绅或某个群体,泛化到整个贵族阶层当中。在 11 世纪末,及 12 世纪早期,骑士不再是对一个军事职业和兵种的代称,而演化为一种荣誉属性,一种社会功能的区分,"骑士变成了一种社会的差别,与贵族是同义的"②。严格意义上,骑士不能构成一个阶层,因为被称为骑士之人的个体财富及社会地位相差悬殊,上至国王权贵,下至年轻武士及乡绅地主,很难归之于一类。并且,在整个西欧,情况也不尽相同。例如在英国,骑士群体始终都未能与贵族阶层同化,反而发展成一个具有排他性的群体,在欧洲大陆的法国等地,骑士则更为顺利地融入贵族阶层,当然与权贵集团仍有本质差别。③

　　骑士虽然与贵族仍有差异,但它的象征意义已然为整个贵族阶层所接受,所有封建领主,乃至君主权贵都乐于接受这样的称谓,以凸显自己的军事属性。骑士这一概念的流变,其拉丁词语 miles 意义的逐渐演变清楚地反映了这样的过程。在中古早期,miles 泛指武装人员,骑兵和步兵都适用。在加洛林王朝中后期,miles 的指代对象变得越发明确,在 9 世纪,直到 10 世纪末这样一个时期内,逐渐发展为骑马作战人员的专属代称,同时,步兵群体也渐渐地有了专门指代本群体的拉丁语称谓,也就是 pedes。在第一次十字军战争发生之前,在 11 世纪末期这个节点上,miles 所界定的群体变得更为明确,不再是一般意义上的骑马作战者,而是特指全副武装,手持长矛作战,有较强作战素养的骑士。也大约是在同时期,贵族阶层,以至于权贵也接受了 miles 的称谓。

　　这种变化也体现在史料当中。阿尔伯特记载,拜占庭皇帝阿列克修斯在评价公爵戈德弗里时就曾这样表述:"您是显赫贵胄,是您所在之地骑士当中的佼佼者"④;修士罗伯特有一次在提及这位公爵的时候,也曾冠之以"卓越骑士"⑤的评价。还是上述过的,对尼西亚城下集结的贵族的描述当中,阿尔伯特将很多人称赞为勇武出众的骑士:"格雷兹城堡的沃纳,是一位具备完美军事技艺的骑士……法兰克费尔城堡的托马斯,是一位拥有十足热情的骑士……圣波尔伯爵雨果的儿子英格兰德,他是一名杰出的骑

①　Nigel Saul,*Chivalry in Medieval England*.Cambridge:Harvard University Press,2011,p.23.

②　R.C.Smail,*Crusading Warfare*,*1097–1193*,p.105.

③　Nigel Saul,*Chivalry in Medieval England*,p.72.

④　Albert of Aachen,*Historia Ierosolimitana*,p.84.

⑤　Robert The Monk,*Robert The Monk's History of The First Crusade*,p.132.

士……"①勇敢、尚武、善战成为贵族所不可或缺的美好品德。这虽然与中古早期北欧的英雄史诗一脉相承,但在新时期再次获得了升华,从莽夫之勇发展为一种勇敢者的美德,一种好胜者勇于战斗、追求名节、秉持正义的尊贵气质,并且变得愈发不可或缺。阿尔伯特对于博希蒙德的评价就反映了这种理想范畴下精神美德的具体元素,"他乃是一名诺曼人,心灵崇高,天赋异禀,具备所有的勇武特征,精于军事,非常的富有"②;拉尔夫称赞戈德弗里,"通晓军事及布阵,于战争中获得殊荣"③。11 世纪武功歌开始盛行,传颂的正是贵族阶层的战争伟绩,他们的勇敢善战及骑士美德。戈德弗里勇救同伴,只身与熊搏斗,百步穿杨,一箭射死突厥勇士,并以宝剑将突厥骑兵身首异处,都是为当世社会津津乐道、坊间宣扬的传说。显然,优秀贵族必然要具备优秀的军事才能,勇敢尚武的品质,这已然成为社会的共识。

　　因此,骑士所象征的战争能力、尚武精神,以及个人英雄主义气质,是作为封建贵族阶层所需要的,是他们乐意为自己增添上的附加属性。贵族军事化的形象、气质也是他们垄断军事及战争过程中的必要构成。再到之后的 12 世纪,*miles* 基本限定于有产者群体,也就是乡绅、贵族,拥有采邑,全副武装,专事军事,脱离生产的群体。骑士称号在 9 到 12 世纪的这一系列变化,是军事资源及能力逐渐向贵族集中,以骑兵为主的封建军役逐渐为有产者专属过程的反映,并成为各个阶层,不同社群间的分水岭,如大卫·尼科尔所主张,"是 12 世纪当中普遍发生着的,更为突出的军事专业化过程的组成要素"④。

三、贵族军事化与平民退出军事机制

　　从 11 至 12 世纪,贵族在骑士精神的"感召"下完成了军事化过程。从阶级的角度来看,贵族是以普遍性的,军事专业化的形象和特质示人的,尚武善战成为了这个阶层的主要特征,"未有军事化的贵族和骑士是不存在的,即便在相对而言更为和平一些的英国也是这样的,军事能力已然成为社会地位的象征"⑤。军事化的结果,是贵族阶层顺理成章地将战争变成独有的事业,垄断了发起、动员、组织、实施战争的权力及资源。正如约翰·法郎

---

① Albert of Aachen, *Historia Ierosolimitana*, p.96.

② Albert of Aachen, *Historia Ierosolimitana*, p.94.

③ Ralph of Caen, *The Gesta Tancredi of Ralph of Caen*, pp.36-37.

④ David Nicolle, *Arms and Armour of the Crusading Era, 1050-1350; Western Europe and the Crusader States*, London: Greenhill Books, 1999, p.19.

⑤ John France, *Western Warfare in the Age of the Crusades, 1000-1300*, p.59.

士所言："武力是上层集团终极性质的制裁,理论家们不久就将武力变成了他们权力、特权的正当理由……国王、权贵宣称对战争拥有垄断的权利。"①同时,正义战争(just war)也在相应发展,"正义之战争是凭着王公的正义敕令发动的"②。简言之,"正义的战争"是唯有君主权贵能够发动的,他们决定了战争的合理性和正义性质。在限制"私斗"的同时,社会将发动战争,组织军事的权利名正言顺地交到了封建君主及权贵的手中。

于是,从 11 世纪之后,西欧封建社会的军事资源显著集中于封建权力体系的顶层,他们凭借着封建征召、金钱雇佣等手段,愈发频繁地组织起庞大的军事战役。1066 年诺曼的威廉征服英格兰,1071 年佛兰德斯伯爵罗伯特一世对阿尔努夫三世的卡塞尔(Cassel)之战,1081 年至 1085 年,罗伯特·圭斯卡德对巴尔干半岛的侵袭,以及 12 世纪巴巴罗萨对意大利的征伐,如此种种,"随着封建制度日趋稳固,并环环相扣起来,大型的军事战役变得越来越普遍"③。以诺曼英国为例,在威廉征服英格兰之后,在全国范围内有 5000 个骑士采邑,也就意味着在最极端、最理想的情况下,他可能动员出 5000 左右的骑士骑兵群体服役,而且全部是军事化、职业化的骑兵作战单位,这样的军事规模是相当庞大、可观的。

同时,封建时代发展到这个时期以后,平民大众已不再被视为军事力量的构成部分。中古早期全民皆兵的民兵体系已经基本淡出了封建军事核心机制。这一点在十字军战争中表现得尤为明显。事实上,十字军除了封建武装之外,还有数量规模同样庞大,甚至可能更为巨大的平民群体。除去贵族携带的家眷及仆从之外,他们大部分为农民及其他平民,还有众多的妇女、儿童、老人。此外,军中也有部分的教士及修道士,多为低阶神职人员。所有这些人,在当时的史料中被统一界定为非武装朝圣者,是作战能力低下、甚至没有作战能力的依附者。福尔彻记载,"10 万披甲之士,未武装者不计其数,都是教士、修士、妇女及孩童"④。阿尔伯特对这个群体做过专门的描述:

> 毫无疑问,同众多卓越领袖们在一起的,是众多的随从及下等人,仆人及女仆,结婚或未结婚的,及各阶层的男男女女。主教、修道院院

---

① John France, *Western Warfare in the Age of the Crusades*, *1000–1300*, p.5.
② Jim Bradbury, *The Medieval Siege*, Woodbridge: Boydell Press, 1992, p.298.
③ John France, *Western Warfare in the Age of the Crusades*, *1000–1300*, p.15.
④ Edward Peters, *The Chronicle of Fulcher of Chartres and Other Source Materials*, p.63.

长、律修会修士、修士、教士主导，训诫之，使之坚强。①

在三元区分的理论体系中，平民已经被排除到战争之外，是不具备军事功能的。中古早期全民皆兵、举国军事的风气已然消退了。在以骑兵为主的战争形式下，民兵所充当的步兵群体的价值显著衰减。随着军事的职业化，缺少训练，没有作战技能的农民大众不再被看作是适合于战斗的群体。史料中清晰地体现出了当世教会史家对下层社会的贫民、农民参加这场战争的鄙视态度。这一点在平民十字军身上体现得尤其明显。阿尔伯特对平民十字军的态度是一贯而坚决的，可以说是极度鄙夷的，批评他们"愚蠢又桀骜不驯，鲁莽且变化无常"②，极端者"没有了理性，轻率得无以复加，刚愎自用，无法无天，无拘无束"③；在他的记载中，有一段杜撰的基利什·阿尔斯兰对平民十字军的评价，鄙夷情绪一览无余：

> 确实的，我敢肯定，"隐修士"彼得的队伍同样微不足道，也是穷困潦倒，充斥着步兵和大群的无用妇女，他们跋涉至此，早已疲惫倦怠，骑兵不过500人。我们不费多少力气，只需稍稍一击，就能用一场屠杀将他们消灭干净。④

修士罗伯特持相同的看法。他对平民十字军的评价是，"即便他们有位王公，照样是要抢劫依旧。他们沿途烧毁房屋，掠走教堂的财富、饰品及用品"⑤。平民大众在这场战争中的军事作用基本限于辅助，除非是在极端危急的时刻，否则他们很少被当作生力军部署在战场上。安条克之战期间，城破之际，平民确实参与到城市攻坚当中，但阿尔伯特对他们的表现同样是嗤之以鼻，用了"*incautos Christianos inertis uulgi*"这样的贬义描述，"一群鲁莽、迟缓的基督教徒"⑥。拉尔夫的评价同样简单明确，"数量虽大，却没有军事能力"⑦。

十字军的队伍当中，封建军事力量主导着战场，以权贵为首的贵族阶层

---

①　Albert of Aachen, *Historia Ierosolimitana*, p.100.

②　Albert of Aachen, *Historia Ierosolimitana*, p.32.

③　Albert of Aachen, *Historia Ierosolimitana*, p.22.

④　Albert of Aachen, *Historia Ierosolimitana*, p.254.

⑤　Robert The Monk, *Robert The Monk's History of The First Crusade*, p.85.

⑥　Albert of Aachen, *Historia Ierosolimitana*, p.282.

⑦　Ralph of Caen, *The Gesta Tancredi of Ralph of Caen*, p.47.

以议事会的形式领导着全军。权贵掌握着战争的主动权,且在骑士精神的渲染下,全面军事化,顺理成章地成为了军事活动的主宰者。以骑士群体为界限,将日趋职业化的封建骑兵武装与民兵系统明确区分了开来。数量庞大的封建武装,一定程度上证明了西欧封建君主权贵动员、集中军事资源的能力的显著提升,确保了对敌的数量优势,为战争的最终胜利奠定了坚实基础。同时,一定意义上讲,十字军的军事生态正表现出理论家们所设想的三元划分社会阶层的理想图景:战士征战,平民生产、辅助,教士祈祷,负责宗教事务。修士罗伯特在多利拉埃姆之战中所描述的一幕,正符合这样的区分:

> 没有人是无所事事的,无人是悠闲的,所有人都有自己的任务。战士及所有能战斗的人在厮杀;教士哭泣着,祈祷着;妇女痛哭着,将战死者的尸体运回营地。[1]

一定意义上,第一次十字军可以被视作 11 世纪西欧封建社会的一种浓缩。它既完整、充分地体现了封建关系对于军事战争的作用,更清晰地将不同阶层人群的功能区分开来。

---

[1] Robert The Monk, *Robert The Monk's History of The First Crusade*, p.109.

第三章　第一次十字军的武器装备

　　但凡军事,必要提及武器装备。第一次十字军的封建武装不仅规模庞大,人数众多,且武器装备的状况同样值得瞩目。他们绝非是一般散兵游勇,而是重型武装,呈现的是西欧封建军事最为典型的全副武装形态。并且,重装不仅限于骑兵群体,步兵同样装备精良,正如大卫·尼克尔所论,"若是以为第一次十字军及其后的十字军当中唯有主力骑士全副武装,那无疑是错误的"[1]。同时,第一次十字军的武器装备反映出多个方面的丰富内容和意义。它既反映了最为典型的 11 世纪西欧封建武装的一切特征,充分反映了这个时代的战争理念;同时又在这场漫长战事中,明显受到了东方战场环境及对手的影响,发生了种种的变化,并影响了后世军事装备的发展演变。毕竟,这不是一次短时间的西欧内部的封建内斗,而是一场跨越多个区域,历时多年,影响广泛的东西方两个军事文明体系下的冲突和碰撞。第一次十字军正是这场军备演变发展漫长之路的开端。因此,有必要从微观、宏观多个不同维度,东西方对比的视角下对武备进行一次深入细致的阐述。

第一节　重装上阵:近战的攻防两端

　　再次需要重申的是,十字军本质上仍是封建武装,他们的武器装备自然与西欧的封建军队是一致的,除了微妙的形式差异外,几乎没有区别。十字军的武士在进攻端基本上就是长短搭配,由剑(*gladius*)与矛(*hasta*)组成他们主要的进攻武器。这两种武器也是欧洲最为传统的进攻武器,最为人们所熟知。11 世纪的时候,骑兵与步兵还使用着基本相同的武器,在外形上并没有显著区别。12 世纪中叶以后,至 13 世纪,骑兵冲锋专用的,长达数米的重型长矛此时还没有普及,较为罕见。

　　中古时代武器装备的发展与农本时代的其他工具技术的发展一样,都是趋向保守的。中世纪的军事总体上是有利于防御的,在防御端发生显著变化的情况下,进攻端鲜见变化。11 世纪的欧洲战场上,防御端对锁子甲

---

① 　David Nicolle,*Arms and Armour of the Crusading Era*,*1050-1350*:*Western Europe and the Crusader States*,p.273.

等铁制防具的普遍使用,切实推动了进攻端武器在形制及功能上的变化与
发展。

一、进攻端:矛与剑

首先,最为直观的变化是武器的外形和质量。10 世纪之前,进攻端的
这两种武器刃口都是普遍宽厚的。矛头为铁制,杆部为木制,通常是橡木或
梣木,拉尔夫曾提道,"挥动尖端铁制的矛,一片橡木、梣木的树林立了起
来"①。8 到 10 世纪的矛头多为扁平状,不算尖锐,且固定的并不坚固,基
座部分未做特别加固。② 剑是以阔剑为主,剑身平行状,刃较宽,尖端是半
圆形,没有尖锐状,且剑身厚重,更类似于钝器。这样的设计和形制,一方面
是受限于落后的炼铁技术;另一方面也与当时的使用方式有着较大的关系。
早期的阔剑突出的是劈砍能力,彼时的防御装备以皮甲和鳞甲为主,对身体
的保护有限,劈砍造成的冲击足够重创对手。

冶炼技术的发展为武器的进化奠定了坚实的基础。8 世纪末,北欧斯
堪的纳维亚半岛的能工巧匠就已经掌握了冶炼纯质钢的技术,有助于打造
剑身更为轻便灵巧,剑刃更为锋利坚韧的宝剑。③ 从更广泛区域看,熔炉
(furnace)已经产生并被推广,能够熔炼大约 150 公斤的铁,相较于锻铁炉
40 公斤的产量,已有显著增长。锻铁技术逐渐成熟,并能够在极致条件下
锻造出钢。此后,新的技术不断被采用,12 世纪采用了煤炭和水力风箱。
铁的生产逐渐形成了规模,在 11 到 13 世纪间,在意大利、佛兰德斯、德意志
形成了大规模的炼铁工场及武器制造、交易市场。④ 第一次十字军恰好赶
上了这样一个铁制品发展、武器制造及交易繁荣时代的初始阶段。

于是,武器的制作工艺进步了,外形和质量随之改进。长矛的矛头部分
变短,更厚,更为结实。矛的基座做了特别加固,防止脱落。矛头的两侧经
常会加上凸缘,防止戳刺过深无法拔出。⑤ 剑的形制有了更为明显的变化。
剑身变得更细,并呈现剑刃向尖端收窄的形状,尖端变得锐利,由圆形变为
锥形。剑的柄端结构较为简单,十字形护手,从功能上来看,主要不再用于

① Ralph of Caen, *The Gesta Tancredi of Ralph of Caen*, p.58.

② David Nicolle, *Arms and Armour of the Crusading Era*, 1050–1350: *Western Europe and the Cru-
sader States*, p.378.

③ David Edge and John Miles Paddock, *Arms and Armor of the Medieval Knight*: *An Illustrated His-
tory of Weaponry in the Middle Ages*, New York: Crescent, 1988, p.27.

④ John France, *Western Warfare in the Age of the Crusades*, 1000–1300, pp.30–31.

⑤ Kelly DeVries and Robert D. Smith, *Medieval Weapons*: *An Illustrated History of Their Impact*
(*Weapons and Warfare*), Santa Barbara: ABC-CLIO, 2007, p.130.

格挡,而是侧重于灵活轻量,便于进攻。长度上看,剑身一般在 70 至 80 多厘米左右不等,有血槽或者突脊,剑身韧度更强,且更为轻便,以便单手使用,现存于世的戈德弗里宝剑的重量约为 1.5 公斤。① 剑柄多为木与骨、角制成,并被缠上布或者皮革,在一些做工精美的贵族宝剑上,偶尔还会有金银饰品缠绕。

近距离进攻武器外形和质地的变化提升了战斗的效能。11 世纪改进过的长矛和宝剑穿透能力被着重强化,尤其重视戳刺功能,目的就是突破锁子甲的链式保护。到了 11 世纪末,钢铁打造的优质宝剑已经非常锋利,兼具韧度和硬度。譬如,在安条克城下,戈德弗里曾与一名披甲的突厥武士正面对决,充分展现了此时近战武器的锋利程度及惊人的杀伤力:

> 公爵戈德弗里富有战斗经验,久经沙场,战场上的亲历者亲口叙述的,他将许多带有头盔保护的敌人的头颅砍了下来。就在他浴血拼杀的时候,一个鲁莽的突厥人向他射箭,他随即用手中锋利无比的宝剑将这个穿着甲胄的人一剑砍成了两半,太令人惊诧了。这名突厥人的上半身,从胸部及以上掉落到了沙土之上,另一半则还双腿夹紧坐骑,随着马被带到了城墙前的桥中间,于此处方才掉了下来。②

同时,近战武器的使用方式也发生了不同程度的变化。剑因为重量减轻,更具韧度,更为锋利、锐利,且便于单手使用,逐渐由单纯的双手劈砍转向单手突刺,攻击的手段和招式更加丰富。不过,相较于剑,长矛战场使用方式的改变就不仅是武器的功能效用问题了,它所涉及的是整个骑乘装备体系的改进提升。骑士群体之所以能够在 9 到 11 世纪崛起,成为封建军事力量的核心,从技术层面上讲,主要得益于骑乘装备的整体提升。其中最为重要的,是马镫的引入。中古早期的欧洲骑兵是不使用马镫的,骑手在骑乘过程中缺少稳固的支撑点,在全力冲刺的机动作战中很难维持平衡,并可能因为惯性或过大的冲击而摔落马下,自然无法真正有效地进行正面近距离交战。马匹长期以来只能作为骑乘工具使用,在到达战场后,战士都要下马持武器作战。在欧洲,马镫出现得很晚,这也就意味着在很长的时间内,骑兵只能用作迂回包抄,追击并侧面、背面冲锋,不能经常投入正面战场。

马镫最早出现在东亚及南亚地区,中国、印度、朝鲜半岛及日本都在普

---

① John France, *Western Warfare in the Age of the Crusades*, 1000–1300, p.22.

② Albert of Aachen, *Historia Ierosolimitana*, p.133.

遍使用。中古早期,马镫传到了波斯,迅速传播到整个伊斯兰世界,继而进
入拜占庭。8 世纪起,欧洲人终于开始使用马镫。随之而来的,是一系列的
装备的改良和设计。大约 890 年,欧洲人开始普遍给马钉马蹄铁,便于长途
奔袭。12 世纪初出现了带有高前鞍桥(high pommel)及高的环绕式后鞍桥
(cantel)的马鞍,使得骑手在高速骑乘的过程中不会被从马背上抛离。所
有这些装备组合在一起,使得骑兵能够全力以赴地投入到战斗中,并更加稳
定地驾驭战马,全力奔驰,更可满足正面冲锋和近距离交战的战斗需要。①

　　以马镫为核心的整个骑乘装备的改良,为骑兵使用近战武器,尤其是长
矛作战方式的改进提供了必要的装备支撑。到 11 世纪末,也就是第一次十
字军战争时期,骑兵已经很少再将矛当作投掷武器使用了,而是将它作为近
战武器使用,主要用于正面交战,尤其是骑马冲锋。战马全速疾驰,以巨大
的重量,极快的速度突入敌阵,以矛突进,形成巨大杀伤力。这样的正面冲
突在史料中也有较为详细的记述。

　　　　奎亚兹的杰拉德骑骏马上前追击敌军,回过头,发现一个突厥人仍
　　旧待在山顶。这个突厥人非常勇敢,且强壮。杰拉德端好盾牌,保护好
　　身体,勇猛地持起矛进攻。突厥人射出一支箭矢,被杰拉德的盾牌挡了
　　下来,随即他用矛刺穿这个突厥人的肝和肺。在突厥人死去并跌落马
　　下之后,杰拉德夺走了他的马匹。②

　　相应地,骑兵持矛作战的方式也改变了。此时,骑兵不再会将矛投掷出
去,但是否已经采用长矛平持的姿态,还无法确定。平持,也就是将长矛水
平持有,夹紧在右臂侧腋下,与地面保持水平状态。长矛平持是专门用于正
面作战,尤其是骑兵冲锋的战斗姿态,充分发挥了马匹的速度、冲锋的重量、
长矛穿透性的优势。不过,长矛平持出现的精确时间,以及何时被普及,尚
有争议。③ 贝叶挂毯中,长矛平持的姿态已经出现了,但很难确定是否已经
成为普遍的标准作战方式。从较为传统的观点来看,最晚到 12 世纪中叶,
平持的作战方式在西欧应已普及。不过,从第一次十字军的史料当中来看,
则很少能够看到可与平持相关联的描述。阿尔伯特在提及长矛的时候,基
本是"*uibrata hasta*","挥舞长矛,用盾牌护住胸膛";④拉尔夫也是如此,提

---

① David Nicolle,*Arms and Armour of the Crusading Era*,1050–1350,p.74.

② Albert of Aachen,*Historia Ierosolimitana*,p.134.

③ David Nicolle,*Arms and Armour of the Crusading Era*,1050–1350,p.380.

④ Albert of Aachen,*Historia Ierosolimitana*,,p.226.

到的多是"挥舞着长矛"。① 保守估计,十字军此时应还是以传统的持矛方式进行战斗,平持冲锋应还未普及。

总体而言,法兰克人的近战攻击体系主要是靠着宝剑和长矛的组合形成的。矛占有长度优势,杀伤力更大,破甲能力突出,是主要的杀伤武器。剑则能在双方近身的肉搏当中发挥威力,更为灵活锋利,是贴身的自卫武器。普遍来讲,若是骑兵作战,应是先发起冲锋,以长矛突进。在冲锋结束,已经突破、瓦解敌军阵线,陷入近距离作战的胶合状态时,或者是矛被折断的情况下,会以剑来进行近身格斗。在矛与剑的搭配上,拉尔夫专门就两者的利弊做了自己的陈述,认为长度决定了两者在战斗中实际作用的差距:

> 矛的帮助是很大的,并有剑和盾牌辅助。不过,一把宝剑能做到什么? 私以为,剑本质上是近战杀人用的,离得远了,就是宽恕对手了,贴近的时候可刺穿,远处则只是一种恫吓。若是概括其特点的话,就是长度决定能力。在有一定距离的情况下,宝剑能够拔出来威吓对手,却没法造成什么伤害。②

二、防御端:锁子甲、锥形盔、鸢盾

另一方面,十字军的封建武士除了手中的长短利器外,其重装上阵的视觉冲击主要来自于盔甲盾牌的厚重防护。此时,防御端的主要发展是锁子甲(lorica)的普及。锁子甲顾名思义,是以铁环相勾连,用铆钉固定,紧密相连,形成铁甲防护。锁子甲是由大量小的铁环构成的,铁环大小不一,不同部位的铁环尺寸都是经过专门设计的,以此平衡全身上下的负重,一般重量在 14 公斤左右。③ 锁子甲相较于之前的鳞甲或皮甲,对个体防御能力有显著的改善和提升。首先,锁子甲更为轻便,重量有限,且是一体设计,贴身状,半身甲,方便行动,利于骑乘和步行作战。然后,它的防御力要明显强于鳞甲,韧性强,抗戳刺的能力显著加强,且是铁甲,具有更好的抗击打能力。

就形制而言,11 世纪时期的锁子甲以半身甲为主,上身有袖,一般是到上肢的 3/4 位置,一部分会延伸到手腕处,但没有对手部的保护;下身一般到膝盖的位置,没有对双腿的保护,少数贵族会佩戴护胫;头部一般会有与

---

① Ralph of Caen, *The Gesta Tancredi of Ralph of Caen*, p.48.

② Ralph of Caen, *The Gesta Tancredi of Ralph of Caen*, p.49.

③ David Edge and John Miles Paddock, *Arms and Armor of the Medieval Knight: An Illustrated History of Weaponry in the Middle Ages*, p.19.

身甲相连的锁子状贴头帽,少数情况下会有锁子护面,形状大体类似于现代的口罩,非战斗时垂挂在胸前。① 锁子甲是一体式护甲,最初是前后部分有开口,以方便骑兵在马上骑乘。11 世纪后期,逐渐出现了在身体左右两侧开口式样的设计,这是出于步行作战需要而做出的改良。开口式样的改变证明锁子甲普及度越来越高,已经从骑兵专用延伸到了步兵群体,实现了对整个战场作战单位的全覆盖。有时,锁子甲上还会在髋部专门开个口,容纳宝剑。锁子甲在 11—13 世纪的欧洲战场是主流配置,非常普遍,且设计稳定,基本没有太大改变,是比较成熟的护甲形式。12 世纪时,对袖子长度进行了延伸,并增加了对小腿部位的防护,这些可能就是两个世纪间发生的最大变化了。锁子甲在产生之后设计就已经相当成熟,改进余地有限。它也是中古早期,以至中期拉丁东方法兰克人主要的护甲形式。

就第一次十字军而言,史料记载显示,锁子甲已经是封建重装武士的标准配备,且持有量巨大,遍及整个有产者作战群体。譬如,在阿尔伯特的记载当中,频繁出现对锁子甲的描述,戈德弗里的军队"军威赫赫,无人可挡,穿戴锁子甲,全副武装"②;"戈德弗里派出兄弟鲍德温,率领 500 名身穿锁子甲的骑兵抢先去占领那座桥"③;"首领们命令,1500 名身穿锁子甲的人被选了出来,派往了阿塔(Artah),驰援卫城内的兄弟们"④。可见,锁子甲在骑兵和步兵中已被普及,应是西欧核心的封建军事力量,精锐骑步兵武装的标配。

封建武士的个体防御是一种复合结构的组合,锁子甲是其中的主体部件,同时还有头盔和盾牌两种主要的辅助防具。头盔(galea),是保护头部必需的护具,一般戴在锁子甲的贴头帽上。11 世纪的头盔主要为锥形盔,铁或铜制成,类似于罗马帝国晚期的星形盔,个别的也有呈半球形的样式。锥形盔的制作工艺和样式随地区的不同而有所差异。法国西北部的样式一般较为简单,通体由一块铁板捶打成形,在边沿的地方固定上宽条金属箍带;法国南部以分段结构的样式居多,从前额到后部的中间有一条金属带,整个头盔是由两块金属板接合起来的,被铆钉固定在这条金属带及边沿的箍带上。锥形盔一般有护鼻,12 世纪初有时冠顶会做成前倾状。⑤ 锥形盔

---

①　David Nicolle,*Arms and Armour of the Crusading Era*,1050–1350,p.23.

②　Albert of Aachen,*Historia Ierosolimitana*,p.74.

③　Albert of Aachen,*Historia Ierosolimitana*,pp.78–80.

④　Albert of Aachen,*Historia Ierosolimitana*,p.188.

⑤　David Nicolle,*Arms and Armour of the Crusading Era*,1050–1350,pp.114–115.

在整个欧洲的普及度很高,一直到13世纪东欧地区都还在沿用。①

盾牌(scutum)在11世纪时期呈现出显著的形状变化。中古早期的盾牌多为圆形盾,是小盾牌,保护身体的面积较为有限。早期的圆形盾牌,以维京人所使用的最为典型,直径一般不超过一米,使用方法灵活,既可以防御,又可以用于击打和进攻。大约在11世纪,盾牌变成了巨大的半身盾,形状类似于纸鸢,因此又被称为鸢盾。鸢盾为木制,故而很难保存到现代,距今留存年代最为久远的鸢盾,为13世纪初瑞士塞多夫的一顶骑士盾。② 鸢盾的形状较为特殊,顶部呈圆弧形状,整体是倒三角的形状,下端是尖状,盾的面积很大,可以覆盖使用者整个躯体的左侧。鸢盾是木制的,中央的位置一般会有一个突出的金属圆扣,用来格挡、冲撞。鸢盾的边缘部分有时会包铁,盾体表面有一定的弧度,既能扩大防御角度和覆盖面,更好地保护身体,同时也利于抵挡武器特别是箭矢的攻击。盾的内侧一般是有两条长度相等的臂带,和一条更长一些的肩带,用铆钉固定。在行军时,使用肩带背在背上,战斗时用臂带固定在左臂防御。

在第一次十字军战争中,按照史料记载,盾牌有时会被绘上各种图案,③并涂上鲜亮的颜色,金色、绿色、红色等。④ 如勒高夫所言,中古时代是偏爱鲜艳、明亮颜色的。⑤ 这样的配色虽然不利于战场隐蔽及自我保护,但鲜亮颜色和绘图所带来的高辨识度,一定程度上也利于在战场上分辨群体阵列,形成集群。12世纪以后,纹章出现,被涂到盾牌上,形成盾徽。实战过程中,盾牌是最重要的防御装备,能够保护身体的心肺等主要器官,既能化解近战武器的猛烈劈砍和戳刺,同时更能抵挡远程武器的打击。在战场上,不携带盾牌受伤乃至致死的几率会大大上升,阿尔伯特就记载了一名骑士因忘记携带盾牌惨死战场的细节:

> 阿努尔夫听到朝圣者们的哭喊声,鲁莽了,没带盾牌保护自己,连宝剑也未带上,就冲进了果园。一个突厥人,随意射出的一发箭矢,疾驰而至,射中了他。他受了致命伤,一命呜呼。⑥

---

① David Edge and John Miles Paddock, *Arms and Armor of the Medieval Knight: An Illustrated History of Weaponry in the Middle Ages*, p.18.

② David Edge and John Miles Paddock, *Arms and Armor of the Medieval Knight: An Illustrated History of Weaponry in the Middle Ages*, p.24.

③ Albert of Aachen, *Historia Ierosolimitana*, p.256.

④ Albert of Aachen, *Historia Ierosolimitana*, p.198.

⑤ Jacques Le Goff, *Medieval Civilization: 400–1500*, p.335.

⑥ Albert of Aachen, *Historia Ierosolimitana*, pp.210–212.

鸢盾盾形宽厚,盾身高大,还能给步兵阵列提供有效防护,特别适合盾墙战术。中古时代的步兵阵列抵抗骑兵快速冲击的唯一选择就是阵列防守,庞大的鸢盾强固了阵列,使得步兵集群真正竖立起了一面盾墙。在进入战场并布阵完毕后,步兵会将鸢盾立于自己身体偏左侧位置,形成对自己身旁同伴的部分保护,盾牌相互有所重叠,形成一面或多重紧密相连的盾墙。若举过头顶,就能防御箭矢的抛射。11世纪典型的盾墙攻防战发生在黑斯廷斯之战。哈罗德将步兵阵线布置于半坡位置的有利地形上,尽管威廉率领骑兵反复冲击,但都无功而返,最终只能依靠诱敌而出,破坏阵线完整性的方式取胜。十字军战争中,突厥方善于骑射,远程打击密集频繁,十字军凭借盾墙抵御,效果甚佳,甚至可以迎着"箭雨"而上,碾压对方阵线:

> 战士们用盾牌遮蔽住自己,以头盔保护头部,用锁子甲护住胸口,勇敢冲上了桥,敌方收起手中的矛,转身从桥上逃走了。①

锁子甲、头盔、盾牌,配合起来方能形成一个完整的防御体系,实现尽可能全面的对个体的防护。十字军的封建武士通常是以锁子甲保护身体主干,锥型盔保护头部,持盾牌保护侧身。这些铁制防具大大强化了单兵个体的自我保护能力,增加了生存的几率。在东方战场上,重装防护确实稳固了欧洲封建武士们的防御,即便在伏击、被突袭时也能够保证群体的生存和阵线不乱。拉尔夫记载多利拉埃姆之战时,就做出了如下的评价:

> 沉重不堪的甲胄、盾牌、头盔,当下成为人人珍视的屏障,是决定生或死的界限。常常是这样的,不堪重负,卸下盔甲的人受到创伤。②

三、武器装备与军事专业化

在中古西欧的封建军事当中,除去马匹先不谈,武器装备是战争参与者的另一主要经济负担。依照封建的军事传统,武器装备都是由个人筹备的,受征召后,需自备武器装备依指定时限到指定地点集结。在封建军事征召体系下,虽然后世有《武备令》专门规范不同层级的有产者应准备武器的规格和标准,但实际执行中很难形成有效的约束限制。装备的制式、质量、保

---

①　Albert of Aachen, *Historia Ierosolimitana*, p.192.
②　Ralph of Caen, *The Gesta Tancredi of Ralph of Caen*, p.49.

养情况参差不齐,一支队伍,各自持着、穿戴各式各样的武器、盔甲、盾牌都是常见的。同时,唯有有产者能够承担得起购置武器装备的经济支出,这就将没有经济能力购置相适应军备的人群屏蔽于战场之外。11世纪左右,军事装备的质量及数量都有了实质提升,战争对个人的军备状况要求也愈发严格,所限定的人群随之愈发狭窄、有限。

首先,武器装备的原料铁的开采、冶炼、锻造加工仍然是困难的。铁制装备在11世纪的盛行普及,表明当时铁的冶炼和加工能力有了一定程度的发展和进步。如前所述,大型风箱改进了炼铁技术,产量增加,科西嘉、加泰罗尼亚的熔炉一炉的产量,从40公斤提高到了150公斤。[①] 斯堪的纳维亚半岛、莱茵兰地区有两个庞大的武器制造中心,其制造的武器远销欧洲各地,甚至在英国都能买到莱茵兰生产的剑刃。铁匠已经掌握炼钢技术。不过,即便有这些技术层面的进步,但它们本质上仍是较为原始的。采矿业仍然只停留在露天开采的水平,挖掘的深度有限,开采仍然困难。从制造工艺上看,冶炼铁水仍然是困难的,所有的提升仅是量的变化,效率的提升,没有根本改进工艺流程和方法。生产仍是手工生产过程,无法脱离农本时代的基本特质。勒高夫对中古时代技术文明的发展做过如下阐述:

> 能够表现出中古西方技术领域特征的,首要的事实是,它是原始的,进一步来讲,这更能彰显其发明能力的不足。中古时代的西方,主要是因技术不足、障碍及瓶颈的综合作用,被抑制在原始的状态之下。[②]

然后,中古时代的铁制品及装备的加工制造方式仍然是手工作坊式的,其质量和水平主要取决于工匠个人的经验和技巧。个体生产无法实现规格的统一化,效率化更无从提起。铁的熔炼仍旧困难,需要仔细判断温度和时间,全凭个人经验,在给刃口定形、加固的时候需要投入大量时间和精力。于是,武器装备无论是原料的开采、加工、锻造还是最后的生产环节,都是漫长而困难的过程,制作周期堪称漫长,成本高,造价高昂,绝非一般人能够承受的。譬如,在10世纪,斯堪的纳维亚地区生产最高品质的剑刃因工艺程序繁复,需要至少一个月的时间方能完成,价格大致相当于"死手捐"中的120头牛,抑或是15名农奴。[③] 10世纪时期,锁子甲的价格已相当于60只

① John France, *Western Warfare in the Age of the Crusades*, 1000–1300, p.40.

② Jacques Le Goff, *Medieval Civilization*:400–1500, p.196.

③ David Edge and John Miles Paddock, *Arms and Armor of the Medieval Knight:An Illustrated History of Weaponry in the Middle Ages*, p.26.

羊,或 6 头牛。① 堪称高昂的花费使得农民及下层市民与重型武装无缘。

此外,愈发复杂的武器装备体系使得战斗也变得日趋专业化。沉重的盔甲,多样化的战斗方式,特别是骑兵的持矛作战,对战斗人员的军事素质和战斗能力、技巧有了更为苛刻的要求。作为封建武装的核心,骑士需要经年累月的训练,长期专事军事活动,并且需要在日常生活中不断寻找、创造各种契机来磨练军事技艺。狩猎是一种原始的磨练骑术和射术的传统,但在 11 世纪的时候,发展出了一种新的独特活动形式:骑士比武。骑士比武最早出现在 11 世纪早期,到 12 世纪初期这项运动已经遍及整个欧洲大陆,广受乡绅骑士及贵族阶层的青睐。在骑士比武当中,英勇善战的武士可以获得财富、殊荣、地位,乃至浪漫的骑士爱情。但是,这项运动本质上讲是军事性质的,是对战场环境的还原或模仿,类似于现代的军事演习。最初,骑士比武没有固定模式和规则,场地一般就是旷野,中心内容就是骑士团体之间的近身搏斗。早期的骑士比武当中,死伤都是经常发生的。再后来,骑士比武逐渐正规化、竞技化,发展成为 2 个骑士在固定的场地当中一对一,平持长矛相互冲锋的比武。贵族为了追求荣誉和金钱,带着实战锻炼军事技能的目的,常常带领手下骑士扈从游历欧洲各地,参加各种各样的骑士比武。②

在第一次十字军战争的史料中,也出现过骑兵训练的记载,类似于骑士比武。修士罗伯特记载了法蒂玛王朝的使团到达法兰克人营地时,法兰克人为他们做的军事演练,表明英勇善战,"无所畏惧":

> 他们将帐篷装饰一新,在地上固定好柱子,并将盾牌牢牢地固定在柱子上,用作靶子,拿矛刺去,做军事训练,是一种骑马进行的训练……还有快马疾驰,相互竞赛,在奔驰中控制缰绳,驾驭战马辗转腾挪,并练习攻击。此外,他们还做了相互以长矛比武的演示。③

军事训练是需要时间和精力的,并要经过多年培养和磨练,需要脱离生产,以掌握各种武器装备、马匹的使用方法,娴熟驾驭。因此,农民及其他普通民众就自然被排除在战争之外,不具备相应作战能力。同时,价格日益昂贵的军事装备更是普通民众无法承担得起的经济负担。因此,从军事装备

①　John France, *Western Warfare in the Age of the Crusades*, 1000–1300, p.32.

②　Ann Hyland, *The Medieval Warhorse from Byzantium to the Crusades*, Conshohocken: Combined Publishing, 1996, p.87.

③　Robert The Monk, *Robert The Monk's History of The First Crusade*, p.136.

看,中古的封建军事日趋专业化、封闭化,所能被纳入封建军事内的人群、社群变得更加明确、有限。全民皆兵的观念日渐被淘汰。武器装备的变化,使用者群体的变化,正与 11 世纪社会功能的转型、贵族军事化、对战争的垄断是一致的,彼此作用、相互影响。

长远看,军事专业化、职业化随着时代的更迭不断发展,而非止步于此。未来的数个世纪当中,骑士群体逐渐淡出,以扈从乡绅为主的职业雇佣兵团、城市共和国的市民武装开始崛起,职业化的军事统领出现了,在制式化发展的同时,封建征召逐渐也在被合同契约所取代。11 世纪的西欧经历的正是这一系列转变和发展的军事职业化开端。

第二节　东方战场与军备革新

尽管十字军本质上依旧是封建的,其军备依然是按照西欧封建武装的传统方式来组织的,然而,他们所进行的并非是一场常规的西欧封建战争:他们是在东方战场上,与完全陌生的全新对手作战。他们所面对的是东地中海伊斯兰世界最为强悍的塞尔柱突厥武装,其武器装备及作战的风格方式与传统的欧洲武士截然不同。在完全不同的战场环境下,面对强悍又陌生的对手,十字军军备逐渐发生变化,在一些方面甚至产生了革新式发展。这些发展与变化形成了日后拉丁东方的军事特征,其中的一些最终影响了欧洲军事发展,实现了东西方军事特点的交互融合。

一、塞尔柱突厥武装概览

塞尔柱突厥人出身中亚草原游牧民族,主要军事力量是弓骑兵。所谓弓骑兵,就是在马上作战,行进中以弓箭射击的骑兵。弓骑兵将马匹的高速机动与弓箭的远程打击结合在了一起,对传统的军事武装,尤其是欧洲近战为主的重装骑步兵而言可谓天生克制。尽管弓骑兵在东方可算司空见惯,拜占庭帝国数百年间经常与这样的对手交战,但对于西欧封建武士集团来讲,这种将骑马射箭结合在一起的兵种是罕见的。史料中充满了基督教史家对突厥弓骑兵的细致描述,坦然承认了这个全新对手的强悍实力。富尔彻记载,在多利拉埃姆,"突厥人有 36 万之众,全是弓手,这是他们的传统武装,他们还都是骑兵"[1];依照阿尔伯特的记载,突厥人"是精通角和骨制

---

① Edward Peters, *The Chronicle of Fulcher of Chartres and Other Source Materials*, p.66.

武器的战士,是行动极为迅速的弓箭手"①,"他们的弓都拉满了,随时准备击发,都骑着速度奇快的优良战马"②,"突厥人比我们更加熟悉弓箭,使用得更好,能够持续射击"③;拉尔夫惊叹突厥人"犹如双足生翼"④,"突厥人的弓箭甚至在他们逃跑的时候也能造成伤害"⑤;修士罗伯特感叹,"突厥人散开,骑马在沙场上环绕着奔驰,射出无数涂了毒的箭矢"⑥。史料中频频出现对突厥弓骑兵"箭雨"的描绘,弓骑兵的冲击力及伤害能力给十字军及西方史家留下了深刻印象,是值得敬畏的强悍敌手。

　　弓骑兵是游牧民族的传统优势兵种。突厥弓骑兵一般使用复合短弓,这种弓韧性好,便于携带,击发方便,非常适于马上作战。作战中,突厥弓骑兵一般会携带多把弓,这些弓的弓弦是通用的,可以互相替换,并携带多个箭袋。此外,骑乘过程中射箭是非常困难的,要实现准确和自如击发必须要将骑、射两种技巧完美结合起来,非常困难。首先,在马上开弓是需要相当臂力的,骑手的臂力要超过 60 磅,也就是 27 公斤,有的时候甚至要达到100 磅,即 45 公斤,同时,骑手还要在马匹的奔驰中保持开满弓的姿态,无疑需要更大的臂力和耐力。⑦ 同时,弓骑兵的骑术要求甚高,按照 14 世纪穆斯林史家记载,一名优秀的弓骑兵需具备如下素质:可驾驭战马做出 8 字形机动,并要随时保持马匹的平稳,便于瞄准;弓手需要协调而娴熟地完成一系列动作,策马奔驰的同时搭弓上箭、拉开弓,然后将缰绳从右手交到左手,保持节奏,在马镫稍前倾时射出箭矢;要熟练掌握十种主要的、以及另外七种次要的马上射箭方式。⑧

　　综上,单纯从武器装备来看,突厥弓骑兵不仅拥有速度优势,同时还有较长的射程。这两方面十字军都有着较大的差距。为了适应全新的环境和对手,十字军有针对性地调整了自己的武器装备,主要是在马匹和远程武器两方面做出了相应改变,其中,马匹的变化是长期发展演化的结果,虽然并非即刻间产生效果,却影响最为深远。

①　Albert of Aachen, *Historia Ierosolimitana*, p.34.

②　Albert of Aachen, *Historia Ierosolimitana*, p.106.

③　Albert of Aachen, *Historia Ierosolimitana*, p.192.

④　Ralph of Caen, *The Gesta Tancredi of Ralph of Caen*, p.39.

⑤　Ralph of Caen, *The Gesta Tancredi of Ralph of Caen*, p.52.

⑥　Robert The Monk, *Robert The Monk's History of The First Crusade*, p.131.

⑦　Ann Hyland, *The Medieval Warhorse from Byzantium to the Crusades*, p.109.

⑧　Ann Hyland, *The Medieval Warhorse from Byzantium to the Crusades*, p.119.

二、西欧战马的演化

在第一次十字军战争中,法兰克人的马匹劣势明显,亟需改善。尽管封建骑士、骑兵群体已经崛起为军事核心,但战马一直存在明显缺陷。西欧地形以丘陵和森林为主,很少会有在广阔平原地域大规模使用骑兵的情况,9到10世纪的主要对手维京人也是步行作战,马匹的劣势一定程度上被掩盖了。直到11世纪,西欧尚未形成完善、系统的育马系统,即便是战马也普遍较为矮小,一般也就12掌左右,最高也不会超过14掌,基本相当于近现代的矮种马,且体重较小,只有800至1000磅左右,也就是360至455公斤,负重能力不足。[1]　与西方相比,东方则有着悠久的培育战马的传统,在西亚北非、伊朗高原、中亚草原有着众多血统纯正的优秀品种。就塞尔柱突厥人而言,他们可采用阿拉伯马、赫德金马(Hedjin)、法尔斯马、柏柏尔和土库曼马及贝都汗马(Berdhun)。突厥人的战马不仅速度快、灵活,且有着非常强的耐力。在西亚北非的战场上,突厥人的马匹耐受力和适应性都明显优于欧洲马匹,可在各种地势地形下奔驰,耐力极强,可支持长时间机动作战。第一次十字军时期,亚洲热血马对西欧冷血马有明显优势,正如阿尔伯特所坦言承认的,突厥人的马匹"有着风驰电掣般的速度"[2]。

此外,欧洲的战马因为负重不足不能披甲,没有护具保护。伊斯兰世界早在7世纪的时候就已经给马匹披带护具,重装骑兵的马匹甚至会披带上板甲。如上所述,突厥方擅于使用远程武器,即便封建武士因为重装防御受到损伤较小,但其坐骑马匹是没有任何防护的。正所谓"射人先射马",十字军的马匹在战斗中经常因为遭受流矢受伤甚至死亡,损失惨重。以至于,随着时间流逝,战争的延伸,马匹损失愈发严重,"战马受突厥人射出的箭矢伤害,基督坚强的斗士们只得步行"[3]。

战后,在11世纪末接触到东方优秀战马后,在西亚北非、以及伊比利亚半岛的综合作用、影响下,中古西欧的马匹育种技术迅速发展,并显著改观。到了12世纪以后,中古西欧从巴克特里亚及阿拉伯的种马群中孕育出优秀的军马,属于重型战马,强壮且富有耐力,普遍能达到17掌高。[4]　诺曼底在中古早期就是欧洲的优良牧场,最负盛名的是圣埃夫罗(St Evroul)、拉佩尔什(La Perche)。12世纪起,诺曼地区大量引入东方纯种马,培育出纯种

---

① Ann Hyland, *The Medieval Warhorse from Byzantium to the Crusades*, p.86.

② Albert of Aachen, *Historia Ierosolimitana*, p.214.

③ Albert of Aachen, *Historia Ierosolimitana*, p.40.

④ Kelly DeVries, Robert D.Smith, *Medieval Weapons: An Illustrated History of Their Impact*, p.92.

马——佩尔什马(Percheron)。① 到了14世纪,欧洲的战马身高普遍提升到了15至16掌,体重则增加到了1200到1300磅,也就是545至590公斤。② 马匹体型增大,重量提升,明显改善了负重能力,13世纪时期的战马已经能够负重超过40公斤的铁制盔甲,与11世纪的马匹相比,增加了大约三分之一。③ 也大约是在13世纪中后期,欧洲战马开始披甲,一般都会披戴上罩衣。至此,欧洲马匹方才形成现代人们印象中的雄壮形象,被称为大马(great horse)。

　　将视野聚焦于拉丁东方,会发现马匹对法兰克人国家不可或缺的重要价值。他们面对的是具有极强机动能力的穆斯林骑兵,需要更强的运动能力,所以更加依仗骑兵力量。西亚北非拥有广袤的沙漠及平原,相较于西欧,更适合于大规模的骑乘作战和机动。各种客观因素决定了拉丁东方必须要依靠东方血统的马匹。中世纪的运输能力有限,海上船只载重量并不大,欧洲的马匹很难实现长期、稳定、成规模地向东方运输。11世纪的海上运输能力十分有限,船只运载吨位很低,并且都是近海贸易。第一次十字军战争期间,坐船直接前往东方的朝圣者无法携带马匹,只有陆路才能运输马匹。即便到了12世纪,船只在海上可以运输一定数量的马匹,多数情况下也得反复靠岸获取淡水,代价高昂,且风险很大,得不偿失。再加上欧洲马匹对亚洲环境水土不服,不耐热,骨质不够坚实,更易生病,耐力也不足,不适应东方战场环境。

　　于是,东方的法兰克人只能依靠亚洲马匹,想尽各种办法获取、保有战马,有时是购买、赎金换取或者是直接抢夺,甚至于偷窃。拉丁东方法兰克人对马匹的重视程度从其规制中就能清晰地表现出来。圣殿骑士团明文规定了每个骑士、扈从兄弟所各自应保有的马匹数量,同时对马匹的饲养、如何保管,以及粮食和草料的比例搭配都有明确而严格的规定。总体上,拉丁东方的法兰克人国家比欧洲在饲养、培育马匹上经验更为丰富,更成系统,这无疑是得益于西亚北非优良的育马传统。

三、远程武器地位的提升

　　除去机动能力外,突厥弓骑兵的远程打击能力也是令十字军疲于应对的。善于埋伏、突袭、侧面包抄的突厥弓骑兵、弓箭手,发射出的箭矢既会造

①　Ann Hyland, *The Medieval Warhorse from Byzantium to the Crusades*, p.84.

②　Ann Hyland, *The Medieval Warhorse from Byzantium to the Crusades*, p.114.

③　John France, *Western Warfare in the Age of the Crusades, 1000–1300*, p.24.

成实际伤害、人员战损,同时也会影响士气,分散军队的注意力,涣散军心。排山倒海而至的箭矢,不时地于草丛中、山顶上飞出的流矢,随时随地都在造成伤害,疲于应对,难以招架。即便西欧封建武士近战能力再强,重装上阵,面对这些数十米,乃至百米开外的对手,也只能被动挨打,无力反击。突厥弓箭手对马匹的打击和杀伤尤为致命,十字军不能坐视自身骑兵力量和机动能力的衰减不管,不可能放任对手随意在远程挑衅,破坏己方阵容的士气、秩序。在这样的战场环境下,西欧封建武装当中即有的远程武器就变得尤为重要了。它们的功效得到了淋漓尽致地发挥。

11世纪晚期,西欧封建武装主要使用两种远程武器。首先是弓(arcus)这种较为传统的武器。西欧所使用的多为单弓,也就是由一块整料做成的弓。弓的原料多为紫杉、榆树、白蜡树的木料。这个时期的弓长度一般短小一些,大约在1.5米左右。① 弓的射程并不相同,取决于弓料和使用者的开弓力量,一般来说,射程接近400米,②能够造成杀伤的实际有效射程是90米左右。③ 第二种远程武器是弩(baleari arcu)。弩是一种提前上弦,以扳机击发的机械弓箭,主要构件是弩机、弩臂及短弓。弩的有效杀伤射程大约是100米左右,使用的是方镞箭,锥形头,穿透性较强,与弓相比,射速更快,杀伤力更强,甚至能够穿透七厘米厚度的木材。④ 史料中,阿尔伯特曾记载过戈德弗里对弩机的使用,"他持着弩,在两名随从盾牌的保护下,用弩箭射穿了那名突厥人的心脏"⑤。

在战争实践中,弓和弩成为了十字军在东方战场上克制敌方远程打击最有效的武器。在遭遇战、攻坚战、破袭战及必须争夺战略据点、抢占有利地势地形的关键时刻,十字军会适时地对兵力进行调整,重新布阵,将弓弩手调配到阵线前沿,扩大防御范围,有力策应主力部队。在经过了与突厥人频繁的冲突和对抗后,十字军充分认识到了远程武器的威力和作用,并有意识地提升己方阵营内弓、弩两种武器使用的频率,并确实地将它们当作重要的战术武器进行有针对性的部署。譬如,在安条克之战最后一役,按照阿尔伯特的记载,十字军要从城中突围与科布哈联军决战的时候,为抢占先机,占据出城的桥梁通道,他们将所有弓箭手布阵在全军阵列的最前方,首先突

---

① Jim Bradbury, *The Medieval Archer*, Woodbridge: Boydell Press, 1985, p.75.

② John France, *Western Warfare in the Age of the Crusades, 1000–1300*, p.26.

③ David Edge and John Miles Paddock, *Arms and Armor of the Medieval Knight: An Illustrated History of Weaponry in the Middle Ages*, p.33.

④ John France, *Western Warfare in the Age of the Crusades, 1000–1300*, p.26.

⑤ Albert of Aachen, *Historia Ierosolimitana*, p.118.

围而出：

> 王公们是有提防的，预见到出城的一刻会受到突厥人弓箭手的攻击。因此，他们将步兵大众中的所有弓箭手都先派了出去，去跨桥而过。上帝保佑，他们抢先占领了这座桥……突厥人被逼退了，上了马，即便不情愿，还是让出了通道。①

这种将弓箭手前置，以远程武器突击、抢占战略要地，主力部队随后跟进的部署，在战术上是正确且成功的。弓箭手和弩手不再是简单的策应辅助，而是被作为重要的战术单位使用，并被置于前沿突击部，这都凸显了其战场上的作用及价值。在东方战场上，自第一次十字军战争以后，拉丁东方的法兰克军事力量素来将远程武器当作重要的作战单元，混合编制在军列中，基本是处于不可或缺的地位。他们既可以远程压制、反击对方弓骑兵的突袭，更能保护己方宝贵的骑兵力量，提升阵地攻守的灵活度及韧性。

相比较于弓，弩在东方战场上获得更大成功。9世纪弩就已经在西欧战争中出现并使用。在第一次十字军战争中弩因为强劲的威力大放异彩，并给拜占庭公主安娜留下了深刻的印象。她在书中用了相当长的篇幅专门记载了这种威力巨大的远程武器：

> 弩，蛮族人的武器，希腊人全然不知晓。弩是不能以右手持着，左手推离身体的方式被拉开的。因为是射程极远的装置，需要靠着几乎是仰卧的姿势来开弓；人要用双脚全力抵住弓的半环，双手用力地拉住弓弦，全力地向身体一侧拉开方可。位于弓弦中间位置上有一条沟槽，形状看起来像是一个圆柱体被削去了一半，一直从弓弦位置延伸到弓的中央。沿着这条沟槽射出的箭矢样式不一。这些箭矢很短，却粗壮，有铁制成的重型尖端。击发时，弓弦力量十足，箭矢飞出后，无论击中何处，都是不会反弹的。确实地，它们会刺穿盾牌，穿过重装胸甲，还会继续飞向远处。弩的射击无法抵挡，是异常凶猛的。据说，弩的箭矢能够直接穿透青铜雕像，射向巨城的城墙后，尖端会从内侧穿出，箭杆则埋在了城墙里，完全看不见。弩，乃是恶魔的器械。若有人不幸被它击中，他根本没机会知道弩的威力有多强，还未察觉就一命呜呼了。②

---

① 　Albert of Aachen, *Historia Ierosolimitana*, pp.324–326.
② 　Anna Comnena, *The Alexiad of Anna Comnena*, pp.316–317.

弩因为威力强劲,射程远,使用简便,提前上弦后可随时击发等优势,在第一次十字军战争期间大放异彩,战后受到交战双方的认可及欢迎,愈发广泛地推广开来。不久,突厥人就对十字军的弩进行了改造,将单木弩改进为了复合弩,随后又流传回了欧洲,被广泛采用。12世纪末的时候,欧洲南部、意大利南部的热那亚等地,受东地中海地区的影响,开始制造复合型短弓。热那亚更因为制弩工艺精湛,专产弩手雇佣兵而声名远播。① 弩自从东方回流之后作用愈发显著,乃至在很多地区超过弓箭,一跃成为最强的远程打击武器。

弩因为杀伤力过于巨大,以至于被教会明令禁止使用,并于1096年至1097年、1139年的第二次拉特兰公会议上两次发布禁止使用弩的敕令,一定程度上证明了这种武器在中古时代封建战争中的影响和价值。弩在12到14世纪间的影响力尤为突出,到12世纪末,欧洲也开始出现弩骑兵,1230年最早出现了对弩骑兵的记载,其中的一位佼佼者,被称作是"大师弩手"。② 到了13世纪后半期,在欧洲大陆,尤其是法国境内,已经存在大量的弩骑兵。英国在爱德华一世朝为了准备威尔士战争,就曾有记载,于1282年4月从加斯科涅地区征募40名步兵弩手、12名弩骑兵。③ 弩在中古军事史上的发展受益于地中海东西两岸之间的军事技术的交流互通,第一次十字军及其后的拉丁东方在其中留下了浓墨重彩的一笔。

四、对东方装备的采用和借鉴

十字军在到达东方后,不仅完善、更为充分地发挥了即有武器装备的效能,还因地制宜地做出了调整,改进或直接采纳了东方的作战装备。在小亚及叙利亚、巴勒斯坦地区,气候炎热,很多地方都是荒原沙漠,厚重的武器装备不适用于这样过于苛刻、严酷的地理环境。在行军途中,很多十字军战士都不堪重负,或因炎热难耐,将身上的装备变卖,甚至直接丢弃了。但是,他们还要继续作战,所以被迫或有意识地接受了更为轻便的东方武器装备。史料中,据阿尔伯特记载,伯爵哈特曼也不得不接受了突厥人的圆盾和剑,持着它们战斗。阿尔伯特还对这样装备的原因作了解释:

---

① David Edge and John Miles Paddock, *Arms and Armor of the Medieval Knight: An Illustrated History of Weaponry in the Middle Ages*, p.19.

② David Nicolle, *Arms and Armour of the Crusading Era*, 1050–1350: *Western Europe and the Crusader States*, p.20.

③ H.C. Maxwell Lyte, *Calendar of various Chancery rolls Supplementary Close rolls*, *Welsh rolls*, *Scutage rolls*, London: H.M.S.O., 1912, p.127.

这样做并不令人感到惊讶,基督徒的钱财早就花光了,他们为了生计而乞讨,因贫穷变卖了武器,在战斗中使用突厥人的武器,既不熟悉,也不协调。①

虽然类似的记载非常罕见,但从十字军的高级贵族都已经在使用突厥武器装备的情况来看,这种对东方制式武器装备的接纳和使用一定不是个例,而是具有一定普遍性的现象。在第一次十字军战争结束后,随着拉丁东方法兰克国家的建立,数十年间,拉丁东方的军事装备逐渐为了适应新环境而变化、改进并有所发展,其中相当部分的元素明显是借鉴了塞尔柱突厥及其他穆斯林的武装,在许多方面都日益趋同。譬如,拉丁东方的骑士使用的是空心芦苇杆或竹竿所制成的轻质矛,并未采用同期欧洲盛行的重型矛。② 他们还同穆斯林武装一样,在锁子甲外面套上罩袍,原本西欧武装是没有这样的穿着习惯的,第一次十字军时封建武士都是直接穿着锁子甲。在欧洲,同样套罩袍的习惯出现得更晚,直到 13 世纪才普及开来。③ 同时,拉丁东方也像东方的对手们一样,穿戴带有衬垫的衬甲(aketon),还有软甲(gambeson),这种甲是由羊毛、亚麻、皮革制作而成。④

此外,拉丁东方法兰克人的作战方式也发生了一定的变化,突出表现在特科波佣兵(Turcopoles)的演进上。特科波,意译为突厥之子,是突厥父亲和希腊母亲结合生下的后代。特科波佣兵因为善于马上骑射,有着与突厥人类似的武装体系,精于箭术,受到拜占庭帝国的青睐,长期受雇服役。十字军初到东方时,也雇佣特科波佣兵为己所用。阿尔伯特曾提及特科波人,称他们为"善使弓箭的特科波佣兵"⑤,拉尔夫记载,雷蒙德在围攻塔苏斯的时候,曾派遣一支特科波人的弓箭手队伍诱敌。⑥ 此后,在拉丁东方时期,特科波佣兵成为法兰克国家主要雇佣的军事力量。以至于到了 13 世纪以后,一部分法兰克人也成为了特科波佣兵,使用突厥骑兵一样制式和风格的武器及装备,其中的一部分人甚至还是弓骑兵,如约翰·法郎士论,"他们

①　Albert of Aachen, *Historia Ierosolimitana*, p.332.

②　David Nicolle, *Arms and Armour of the Crusading Era*, *1050–1350*: *Western Europe and the Crusader States*, p.274.

③　Ian Heath, *Armies and enemies of the crusades*, *1096–1291*: *Organization*, *tactics*, *dress and weapons*, p.69.

④　Ian Heath, *Armies and enemies of the crusades*, *1096–1291*: *Organization*, *tactics*, *dress and weapons*, p.71.

⑤　Albert of Aachen, *Historia Ierosolimitana*, p.310.

⑥　Ralph of Caen, *The Gesta Tancredi of Ralph of Caen*, p.58.

显现出的,是法兰克人的思想意识对叙利亚当地环境的一种适应"①。

第三节　从武器到战争理念

武器并非是一种单纯的杀戮工具,它在古代的阶级社会所承载的意义一定程度上要超越了其功能本身。武器本身的功能,它在战争中的威力和作用,仅是当世者对其价值做出判断的依据之一,远非全部。在中古时代的西欧社会,可以说,武器也是封建系统的有机组成,对它们价值大小的判断、比较并不根本取决于功能性,而是由它们的使用者、持有者群体的地位、身份决定的。在封建体系下,就如同封建军事指挥领导体系的构建所表现出的那样,高贵者占据着绝对的权威和话语权,他们所使用的武器都是高贵的。反之,下层平民大众地位卑微,位于封建关系的底层,他们的武器同样是低贱的。封建关系下,对战争武器价值判断的基本标准造成的最直接、最显著的影响,就是对近战和远距离武器社会评价的两极分化。

一、剑与贵族阶层

贵族阶层使用并钟爱的武器是剑。在实战中,尤其是战场上的骑马作战中,剑远远不及矛的杀伤力,更多的是作为贴身防御武器备用。但在中古时代,宝剑尤其受到骑士、封建贵族的喜爱。长矛可能折损于战场上,经常更换,但宝剑是要保留的,并是可以当作重要遗产传承下去的。因宝剑制作工艺复杂,钢铁锻造难度大,优秀的铸剑师富有声誉,精品宝剑价格昂贵,经常会镶嵌宝石,以金银装饰,具有极大价值,是财富的象征。同时,宝剑又具有极强的象征意义,随身佩戴宝剑是参加重要仪式的必要环节,代表着荣耀,在骑士、贵族受封及国王加冕时都是重要的象征物。国王、权贵在画像时经常会佩戴宝剑在身侧,它们还经常会出现在各种印章和钱币上。于是,剑同时成为了地位和身份的象征。在君主、权贵、贵族的宝剑上,经常会被刻上铭文,被赋予名称,强化其符号性特征。传说中的亚瑟王的宝剑名为胜利之剑(Excalibur),兰斯洛特的宝剑名为阿隆戴特(Aroundight),查理曼的著名骑士罗兰的宝剑名为杜兰达尔(Durlindana),诸如此类,证明了宝剑的名号是极具象征意义和传奇色彩的。

在 11 世纪的武功歌当中,宝剑是各位英雄人物必不可少的随身兵器,备受歌颂。宝剑被封建时代所推崇,乃至赋予其更多的意义,被认为是精神的传承。西欧中世纪普遍认为,宝剑会被其拥有者的荣耀、力量、勇气、品格

---

① 　John France, *Western Warfare in the Age of the Crusades*, 1000–1300, p.219.

所感染、同化,并将所有这一切精神化、内化,永久地传承下去。一把传世宝剑会给它新的主人、继承者带来殊荣。宝剑承担了太多附加的意义,被同封建地主阶级紧密地结合在了一起,成为骑士精神、美德、巨大财富、尊贵地位的集合与具化,远远超越了武器本身的军事功能。

二、弓弩:功能与评价的明显反差

同时,在 11 世纪的西欧社会,远程武器弓、弩的境遇与宝剑相比则是大相径庭。贵族也明白弓弩的军事价值和战场上的作用,况且贵族骑士爱好狩猎,大部分人都能熟练操作弓箭。但是,这并不意味着封建社会,尤其是贵族,会对这些远程武器做出公允的、与其功能相匹配的评价。普遍来说,对弓弩的评价是很低的,根本上来看,这是对其主要的使用者,也就是平民大众及下层步兵战士蔑视的反映。吉姆·布拉德伯里对此做过如下阐述:

> 中古的弓箭手,在他们的时代里很少会获得应得的尊重。直到中古晚期,才正式有了对其价值的实际承认;唯独到了 16 世纪,当弓作为武器被枪炮替代之后,才在文学作品中出现了对其伟大的赞美,更像是一种怀旧……中古时代的大部分时间里,弓都是被上层社会所鄙视的武器……它被视为是一种并不适合于基督徒及上等人的武器。①

中世纪的战争中,骑兵及贵族因为可以用来换取赎金和各种利益,战后一般会被俘虏生擒,而非处死,但步兵,尤其是弓箭手,受到的待遇处置则是截然相反的。无论是战败后守城投降的,还是战场上被俘的,弓箭手同广大步兵一样,多数是被处死,甚至经常会在战争中被转身逃走的骑兵践踏而死。②

与弓相比,弩受到的抨击和攻讦更为严重。封建社会教俗各界都对弩怀有敌意,嗤之以鼻。这主要是因为它有更大的杀伤力,及更为简便的操纵性。一个下层农民,毫无军事素质与经验,在经过短时间训练后就能够使用弩。弩的威力巨大,可以轻松穿过锁子甲的防护,将一名久经沙场,历经战争磨练的骑士射杀于马上。更令贵族阶层所不能容忍的,是弩的远程打击通常是无法抵御的,没有还手的余地。死于弩箭之下的著名人物有狮心王理查。1199 年,当狮心王围攻沙鲁(Chalus)的时候,被塔楼上的一名弩手射中肩膀,结果因为手术伤口感染恶化不治身亡。尽管理查死前宽恕了凶

---

① Jim Bradbury, *The Medieval Archer*, p.1.

② Jim Bradbury, *The Medieval Archer*, p.2.

手,但他的贵族们还是于愤怒中处死了这名"低贱的人"。① 在战场上,居高临下,蔑视众生的贵族骑士被草芥的弩箭所杀,这是莫大的耻辱,而这样的愤怒正被发泄在了弩这样廉价的武器上。所以,就出现了实际功效与社会评价的两个极端的分化。自11世纪末开始,教会就反复不断地公开对弩进行抵制和禁止,在各种绘画及雕塑作品中,弩多被塑造为恶魔持着的武器。②

可以说,武器的象征意义在弩身上同样是尽显无疑,不过是走向了极端的负面化。弩和使用它的底层大众一同被妖魔化了。

在十字军的史料记载中能够清晰地感受到这种鄙夷的情绪及态度。十字军方面,很少被提及使用弓弩这样远程武器的情景,大多是近战格斗,擎着宝剑,持着长矛冲锋,与敌人正面决斗。贵族阶层、骑士精神、宝剑,三者被融为一体,承载着荣誉和地位,不断地取得胜利,向着耶路撒冷进发。而弓箭,更多地是出现在敌人一方,多是暗匿于埋伏中,偷袭得手,胜之不武,冷箭流矢,凸显的是阴险和狡诈。显而易见,武器也同社会中的其他元素一样,被赋予了阶级性,是封建社会等级秩序的生动写照。贵族阶层主导着战争,同时也主导了封建社会对武器的价值评判。

对武器的价值判断同样影响了中古西欧封建战争的作战风格。骑士精神是构筑在近战武器的基础上的,以骑士精神为核心的整个封建社会的战争理念同贵族的偏好高度一致,重装上阵,骑马冲锋,短兵相接,正面对决。尽管这样的场景与贵族、骑士在战场上的实际表现相差甚远,但至少是一种趋近于这个有产者群体战争理念的心理预期。可以说,他们的军事理想就是近身白刃对决。③ 骑士精神崇尚勇武,正面近身对决至上的观念正符合个人英雄主义的需要,是彰显个体存在,及表现自我最为直白的手段。只要是封建贵族都会有同样的理念,十字军同样不能例外。骑士及军事贵族们,自幼年起就在反复不断的军事训练中灌输这样的战争理念,可谓根深蒂固,不可能在短时间内就被根本扭转。尽管十字军的军事贵族们会迫于形势,对武器装备的使用做出调整,甚至会在一定程度上为弓弩远程武器提供舞台和空间,但从根本上他们仍然固守传统观念,战斗最终还是要靠着近战冲突解决,正如约翰·法郎士所论,"重装使得他们成为近身作战的主宰者,是此时战斗、战术的根本性质"④。

---

① Jim Bradbury, *The Medieval Archer*, p.3.
② David Nicolle, *Arms and Armour of the Crusading Era, 1050–1350: Western Europe and the Crusader States*, p.113.
③ Jacques Le Goff, *Medieval Civilization: 400–1500*, p.341.
④ John France, *Western Warfare in the Age of the Crusades, 1000–1300*, p.219.

第四章 战场对决:十字军的战斗制略

第一次十字军战争是凭着血与火、绞杀、屠戮不断取得军事进展的,使战场冲突占据主体地位。因此,十字军不能算是上兵伐谋,更符合伐兵的层次。因为矛盾的不可调和,十字军必须克敌制胜,想方设法取得优势,击溃强敌,破城略地。长途跋涉到东方,来自西欧的封建军事武装集团在野战、攻城多个层面受到挑战,面对着全新的对手及战场环境,为了克敌制胜做出了不同程度的适应、调整及改变。这里主要阐释十字军为了战胜对手,达成既定军事目的而在战术层面做出的抉择,形成的显著特征,如何攻略城池,如何将情报信息为己所用,趋利避害。这些内容既有战术的,也有技术的,更有谋略的,是各种资源及手段的综合,呈现出多元的面貌。

第一节 野外战术的适应、调整及改变

十字军战争与中古西欧传统的封建战争最大的不同之处,在于战场环境及对手的差异。它发生于地中海东部地区,在小亚、叙利亚、巴勒斯坦地区连续不断地发生大小军事冲突,对手主要是以弓骑兵为核心的突厥军事力量。无论是战争的战场,还是对手,都是全新的,乃至陌生的。在这样的情况下,十字军不拘泥于以往的传统和习惯,为了取得战争胜利,达成目的,在战术上做出了种种适应和改变。随着战斗的进行,十字军形成了自己的战术风格和思路,并为其后 200 余年间拉丁东方法兰克军事的战术特征奠定了基础,打下了烙印。

一、塞尔柱突厥人的战斗风格

在谈及十字军战术风格的变化前,有必要对其主要对手,塞尔柱突厥人在战斗当中的风格特征做一概述。塞尔柱突厥人最为强力的战斗单位是弓骑兵,具有高速机动、远程打击两方面的优势。塞尔柱突厥人以弓骑兵为中心而形成的战斗风格,具有游牧民族作战的典型特征,适合东方战场环境。

装备上,突厥武装多数都是轻装,不着铁甲,不会轻易发动近战冲突,保持距离伺机而动是他们恪守的基本战斗原则。突厥弓骑兵的轻型武装以小型圆盾、皮甲、轻质矛为主,在短距离接战中是难以抵御重装上阵,由锁子

甲、头盔、弯盾包裹的西欧封建武士的。突厥弓骑兵很善于利用自身优势扬长避短，借助有利地形地貌对敌作战，很少会直接正面迎战、冲突。弓骑兵很善于通过高速机动寻找有利战机，形成以多打少的局部优势，并不断移动，环绕对手，随机射击。即便要发起进攻，突厥骑兵多数会选择趁虚而入，从侧面包抄，出其不意地突袭。因为突厥军队机动力强，散开战线，四处奔驰，频繁突击并突然发动"箭雨"奇袭，使得这些西欧的封建武士难以适应，往往是腹背受敌，疲于应对。拉尔夫记载，在多利拉埃姆之战就体现出了两者间的不对等：

> 敌军分成两部，分别在左右两侧形成了环状阵型。他们在奔驰中射箭，箭矢从四面八方飞来。勇敢的高卢人被包围了起来，哪面都有敌人。他们眼前的敌人总在变换着，除非突厥人固定于某处。根本不是自主的，无意中，有时面对的是这些敌人，有时转身对着的是其他敌人。他们仿若是被一群猎狗包围着的野猪，獠牙威吓过这一群，撕裂了另外一只的内脏，冲着背后的那群咬牙，在威慑前面的一群。于是，强大领袖及其麾下的年轻人们，急躁了起来，来回转身无数次。①

在僵持中，着重装的十字军必定损耗更大，不知道敌人何时发起进攻，情绪紧张，同样加速了体力的消耗，"突厥人前后左右奔驰着，还没经过战斗损耗，他们没给负重的基督徒丝毫的喘息之机。"②

此外，在作战习惯上，突厥人善于伏击战术。他们熟悉当地地势地貌，隐蔽行踪，出其不意地进行突击。虽然伏击多为小规模冲突，但因为防不胜防，且持续发生，既会造成战损，同时又会影响士气，作用不容低估。突厥骑兵的埋伏地点经常出乎意料，并且会在取得战果后迅速撤离，不接战，不恋战，令法兰克人很难及时反应。安条克之战初，贵族在一片果园中游玩休息，结果遭遇突厥骑兵伏击，一位执事长被杀，一位贵妇被掠到城内。不久，突厥人再次于这片果园发动伏击，尽管有所提防并迅速驰援，但如前所述，阿努尔夫因为匆忙上阵，没带盾牌，被流矢射死。③ 最终，军队不得不将这片果林铲除，以绝后患，

---

① Ralph of Caen, *The Gesta Tancredi of Ralph of Caen*, p.51.
② Ralph of Caen, *The Gesta Tancredi of Ralph of Caen*, p.51.
③ Albert of Aachen, *Historia Ierosolimitana*, pp.208–212.

营地里,公爵及同伴们都愤怒了,知晓了突厥人在果园中对基督徒的伏击,显赫的人因诡计而惨死。命令,将基督徒们集合起来,以斧子、铁器彻底毁掉了这片果园,将杂草、沼泽植物、芦苇通通除去。这样,狡诈的对手就不能藏匿于此,造成伤害了。①

伏击也是突厥军队的常规战术安排,目标明确,有耐心,专门阻截运输物资补给,杀伤人员,并选择在目标对象返程途中,防备不足的时候出击,以保证效果最大化。这样的伏击经常发生在道路两侧的高山、峡谷中,及山坡上。十字军在从圣西蒙港运送物资返回的时候,就遭遇了突厥方的大规模伏击,损失惨重。

突厥人在山中的荆棘、灌木中埋伏着,等着出发的王公经海港返回。博希蒙德与其他首领将4000名同伴集合起来,此时正骑着马、步行着返回,突厥人突然出现,突袭这些完全没有料到,正满载着食物归来的基督徒。突厥人的箭矢射穿了他们的胸膛和内脏,突厥人的剑在杀戮。②

围绕伏击战术,突厥军队是有着一整套系统设计的,是在长期作战习惯的基础上,经过不断的实战打磨而出,简单、紧凑而有效。伏击过程中,突厥军会在主力埋伏按兵不动的同时,派出各小股骑兵武装前去诱敌,在做出挑衅后,故意引诱对方追击,进入伏击圈,伺机发动伏击,消灭对手。佛兰德斯伯爵罗伯特在夺取阿塔城后,就遭遇了突厥军队类似的伏击战术,被引诱出城,陷入了险境。

突厥人成千上万之众,其中,由30名更为狡诈、机敏的,骑着快马疾驰,心怀诡计,向前行进,全部主力都留在后面埋伏着。他们打算用手中角、骨制成的弓对城堡内的高卢人进行挑衅,引诱他们出来。高卢人根本不知道这是诡计,也不知道有埋伏,骑马或步行,手持武器,穿戴上锁子甲,到平原的中央,准备与敌人接战。然而,他们根本没有机会取胜。在他们经过的道路两侧,埋伏中的突厥人仗着人多势众,出来占据了道路。这样一来,出城的高卢人无法返回营地,更不能回城堡躲

---

①　Albert of Aachen, *Historia Ierosolimitana*, p.212.

②　Albert of Aachen, *Historia Ierosolimitana*, p.238.

避,被困住了,或许转瞬间就要全军覆没了。①

在安条克之战后段,法兰克人刚刚攻破安条克城不久,科布哈联军的前锋抵达,派出了300弓骑兵诱敌,成功击杀了著名骑士巴讷维尔的罗杰(Roger of Barneville):

> 在这300人当中,有30名富有战斗技巧,骑术最好的人,快速向着城墙、城门进发,身后的同伴都停留在山谷当中,等着伏击信者……这30人来到城墙的前面,射出箭矢,对城墙上防守的基督教信者进行挑衅,气焰嚣张。巴讷维尔的罗杰骑上马,持上武器,穿戴上锁子甲,同其他15名出色的同伴一起出城迎战……这30名突厥人调转马头,转身逃走,向着埋伏地快速奔去。罗杰追击他们,快马加鞭,直奔埋伏。瞬间,山谷中伏击的突厥人蜂拥而出,罗杰急忙勒住缰绳,和其余同伴往回跑……这名显赫高贵的斗士,被一个伏着快马追上的突厥人打败了,背上中箭,刺穿了肝脏和肺。罗杰受到重创,从马上跌落,断气了。②

塞尔柱突厥军队的战斗风格鲜明独特。他们善于利用环境地势,进退有度,崇尚高速机动灵活、不做缠斗的战斗理念,注重选择战机,形成局部以多打少,侧翼包抄。他们善于扬长避短,在人数装备处于劣势的情况下,频繁利用尾随突袭,零敲碎打地对法兰克人造成损害,打击士气。伏击战是突厥整个战术体系的重要支撑,频频诱敌深入,主动撤退,包抄合围。突厥人的游牧部落战术风格,对恪守正面近战理念的西欧封建武装造成了甚大妨害。在长期激烈、反复的冲突和交战中,十字军自然要产生"抗性",不会固守传统,适当地进行调整和改变。

第一次十字军在通过博斯普鲁斯海峡,登陆尼科米底亚之前,从未与突厥军队交过手,虽然与佩彻涅格人及特科波佣兵有过接触,或者交手,但对东方大规模军事冲突是缺乏心理准备的。在相当长的一段时期内,十字军确实显示出了对东方战术风格的严重不适应,只是凭借着重型装备的良好保护,人数上的巨大优势化险为夷,在尼西亚附近的两次大战中挫败了罗姆突厥的攻势。随着战事的进行,十字军久经磨砺,逐渐开始适应东方的战场环境及战术风格。这是一个逐渐发生的过程,调整是两方面的,一方面,十

---

① Albert of Aachen, *Historia Ierosolimitana*, p.184.

② Albert of Aachen, *Historia Ierosolimitana*, pp.286−288.

字军巩固、强化了既有军事传统中的优势,着力扬长避短。另一方面,十字军在一定程度上借鉴了对手战术风格中的有益因素,为己所用,增加了新的战术内容。博希蒙德致信罗马教皇的时候就曾提及,"我方不断斗争,已然磨练得可应对敌方的诡诈与计谋了"①。

二、特别强化战前部署

中古西欧的封建军队是难于驾驭的。技术、地理、气候环境等都会对指挥效果形成妨碍,军队统帅战场上的指挥和控制力相当有限。可以说,战争是中世纪最大的冒险。首先,指挥官的产生过程本身就是不符合战争规律的。如前所述,唯有贵族方能担任封建军队的指挥者,一支庞大的,附庸关系复杂的封建大军,唯有君主及权贵有可能充当其最高领袖。于是,11世纪对军事首领的要求主要是两条,一是出身高贵,二是具备骑士精神。本质上讲,这两条都与指挥作战的必备素质无关,更多关注的是贵族个人的社会地位和勇武品质。一个出身高贵,且擅长骑马作战的贵族青年或许是一名优秀的骑兵战士,但未必能够胜任军队的统帅位置。指挥能力更强调对军队的调动,排兵布阵,对战场局势的把握、判断和灵活处置,坚决而果敢的心理素质等等。指挥才能很少是天生的,需要战争经验的积累,但多数贵族终其一生可能也不会有机会亲自领导、指挥一场成规模的战役。加之制度层面,没有军校性质的军事理论培训体系,缺少合理的军功晋升体系,统帅的指挥才能难于保障。在这种情况下,选拔真正合适的军事统帅本身就已经非常困难了,乃至想要人尽其才,有足够优秀的人选担当各级指挥,或许更多的是依赖于运气。

并且,即便不考虑军事领袖个人的指挥才能问题,封建军队本身的不确定性也导致它难以驾驭。在封建征召的机制下,军队构成同样是具有极强的偶然性和不确定性。宗主在设定好大致的战役发起时间,军事目标后,就向主要的封臣发去封建征召令,并要逐个说服、劝说他们响应征召参战。大封臣对自己的封臣采取的也是同样的做法,承担的军事役的数量仅是理论参考。因此,在封建征召体系下,军队的规模大小是很难精确预期的,能有多少的骑士、扈从、步兵、弓箭手参加都是不可预知的。军队各个部分和单位的军事素质更是参差不齐,时常是强弱悬殊。军队的集结速度是缓慢的,具有很强的随意性和临时性。第一次十字军就是在行军途中不断从四面八方汇聚到一起的,是众多封建军事单元组合起来的,不仅鱼龙混杂,而且派

---

① Edward Peters, *The Chronicle of Fulcher of Chartres and Other Source Materials*, p.83.

系众多。战争进程中人员总在调整,不断加入或离开,很难形成稳定的结构。并且,从个体上看,封建军事体系下的武装者,尤其是骑士,崇尚个人勇武,个人英雄主义盛行,纪律观念差,很少受到约束。对于这样具有很强随意性、偶然性、自主性的队伍,任何指挥官都不可能做到类似近代以来职业化军队的军纪严明、进退有度、整齐划一。

最后,中世纪的冷兵器战争中,军事统帅在战场上的控制力本身就较为有限。西欧封建军队多数为私人武装的临时组合,没有常备军,没有成熟的军事理论,在通信手段仍接近原始状态的情况下,战场上的局面可以想见是相当混乱无序的。在激烈厮杀中,尘沙荡起,双方近距离冲突,绞杀在一起,除了勉强能够通过旗帜和鲜明的盾牌彩绘辨明敌我、阵营之外,其他的细节和个体就很难再注意得到了。军事统帅、权贵们在接战后,更多的是作为参战的一员在战斗,很难再掌控战场全局,有效调度军队。即便最富有军事才能的统帅在战场上也有可能死于流矢或乱军之下。第一次十字军战争当中,基本上所有的军事首领都有溃败的战例。以博希蒙德为例,他在多利埃拉姆就曾被置于围歼的险境,在安条克,他先是被大马士革军击溃过,后来又在运输物资的时候被突厥人伏击,孤身一人逃到了山里,一度被传言战死沙场。即便身经百战的沙场老将,在瞬息万变的战场局势下也是孤掌难鸣、无力回天,"博希蒙德只能眼睁睁地看着基督徒们逃跑,被击溃,无计可施"[①]。

战争发生后,战场无论对于参与其中的任何人来讲,都是极度危险的。所以,尽管有很多军事集结、对峙,乃至接连不断的小型冲突,但真正的大规模会战是较为罕见的。即便是封建时代,军事集团的指挥、领导者对战争都持着一种审慎的态度,对可能产生的巨大消耗和损失,以及战败所带来的严重后果都会做出预判。正如斯迈尔所论,"战役很少是在轻率间发动的,基本上都是缜密思考、慎重决策的结果"[②]。所以说,在中世纪,因为战场上的形势更加难以控制和混乱,为了尽可能降低风险,都会在战斗发生前对环境、对手,及其他各种因素综合思考,做出判断和分析,并相应地进行部署准备,减少意外发生的可能。

第一次十字军战争期间,战前部署、准备的作用尤其突出,这个环节被大大强化。一方面,东方战场上的战局变化得更快,可谓瞬息万变。突厥军善于伏击和远程骚扰打击,侧翼突袭,包抄进击,且机动灵活,随时可能接

---

① Albert of Aachen, *Historia Ierosolimitana*, p.238.

② R.C.Smail, *Crusading Warfare, 1097-1193*, p.12.

战，并迅速离开战场。另一方面，十字军长途跋涉远征，深入安纳托利亚高原腹地后，基本就失去了与后方的直接联系，完全被孤立在敌方势力范围内。因为远离本土作战，人员补充的难度极大，几乎没有增援，再加上沿途频繁遭遇伏击骚扰，战损不断，十字军很难承受战役失败所带来的沉重损失。无论是平民十字军，还是之后被统称为1101年的多支十字军，基本都是在一场会战失败后就彻底溃散、瓦解了。实际上，法兰克人的东方战争很难取得成效或最终胜利的情况从战术层面上讲并不意外，它的战线太长，敌对势力众多，缺少支援，环境陌生，对敌情报不足，战斗难度很大，容错率低，稍有闪失就可能毁于一旦。这也是历代十字军到达东方后鲜有作为的一个重要原因。

　　因此，第一次十字军在到达东方后，很快就认识到战前部署的重要性，他们必须要在各个环节上比在西欧战场上做得更好、更周密、更谨慎。军队的贵族阶层，指挥层特别强调战前部署的重要性，对军队、人员的安排可谓细致入微。权贵主导的贵族议事会在战前决策中起到关键作用。正如前述过的，贵族议事会是最有效的沟通、商议途径，以便于多个封建军事集团之间联系、信息交互，部署具体的军事安排。或许贵族议事会的效率并不高，人员构成也未见得稳定，但它确实是当时最可能实现步调统一的现实途径和方式了。一般情况下，贵族议事会首先会就眼前的军事形势做出判断，制订一个较为详细、完整的作战方案。商议的过程涉及方方面面，既要有主攻方向、主要目标，又要兼顾侧翼掩护，预备队、备用力量的准备，营地的防守等。整体来看，十字军一直有部署预备力量，强化营地防守的习惯。

　　在文献中，备战相关的细节是相当丰富的。阿尔伯特记载，十字军在尼西亚击败了基利什·阿尔斯兰的援军后，"欢快地返回了营地，回到了那些被留在营地里，以阻止城中突厥人突围的那部分同伴们的身边"[1]。安条克之战期间，1097年冬派重兵劫掠远途乡村，及1098年春突袭阿勒颇援军的时候，十字军首领都授意在营地里留下足够的步兵，防备突围。结果，在这两次大规模军事行动中，城内都里应外合，派出突击队，袭击十字军营地。但这两次突袭都因为十字军早有预判，提前布置了驻防力量而被化解，有惊无险。修士罗伯特记，在1097年冬，大马士革增援的同时，"显赫的王公们未坐镇，城中的突厥人突然发动突围，攻打营地，杀了不少人"[2]。第二次突围时，在击败阿勒颇援军后，"留在营地中的同伴们，同城中突围出来的人

① Albert of Aachen, *Historia Ierosolimitana*, p.108.

② Robert The Monk, *Robert The Monk's History of The First Crusade*, p.126.

们战斗了整整一个白天,占了上风,高兴极了,来迎接他们"①。间或,战前的部署会精细到限定各支队伍间距离的程度。阿尔伯特记载,当十字军腹背受敌,攻城不克,又要迎战科布哈的援军时,贵族议事会做出了详细安排,

> 有人提议,同时,要留一部分人继续围城,避免城中突厥人突围支援科布哈,另一部更强大的主力,如公爵、佛兰德斯的罗伯特所建议的,去向敌军行进。两军相隔不要超过两罗马里。②

其后,贵族首领们要具体到将不同的集团划分到各自的战斗群里,排兵布阵。阵列的布置是具体的,次序井然,各自归属关系清晰,且被赋予明确的任务。唯有在战前尽可能清楚地分配、平衡军力,并做出清晰的指示,规定好既定的任务和目标,在战斗开始后才有可能按照既定的思路展开行动。第一次十字军期间,真正预设的大会战只有安条克之战的最后一役。是役,十字军方面做出了精心布置。对比文献中的记载,基本是大同小异的,出入不大,说法较为一致。富尔彻记载:

> 看啊,那是休、诺曼伯爵罗伯特、佛兰德斯伯爵罗伯特,他们在第一个阵列当中。在第二个阵列当中的是公爵戈德弗里,亲自率领着德意志人和洛林人。他们之后,是勒普伊主教、伯爵雷蒙德率领的加斯科涅人、普罗旺斯人在行军。伯爵雷蒙德本人驻守城防,在城里。博希蒙德的阵列在最后,指挥娴熟。③

修士罗伯特记载得更为细致一些,基本也是相同的排序:

> 在城里的时候,六个阵列都形成了,出城的顺序都定好了。首个阵列是韦尔芒杜瓦的休、佛兰德斯公爵。第二阵列,是公爵戈德弗里的。第三阵列,是诺曼底的罗伯特的。第四阵列,是勒普伊主教的,带着圣救世主之矛,圣吉尔伯爵的大部分军力都与他在一起,伯爵本人留在后方卫戍城市。第五个,是坦克雷德的队伍,第六个,是博希蒙德及其善战之士,还有那些被迫卖掉了自己马匹的人们。④

---

① Robert The Monk,*Robert The Monk's History of The First Crusade*,p.131.

② Albert of Aachen,*Historia Ierosolimitana*,p.270.

③ Edward Peters,*The Chronicle of Fulcher of Chartres and Other Source Materials*,p.80.

④ Robert The Monk,*Robert The Monk's History of The First Crusade*,p.167.

就拉尔夫的记载来看,兵种的搭配也已经被考虑进去,细化到作战单位的配置和搭配:

> 他们做好了布置,由谁首先接敌,由谁站在最前排持旗帜,什么人随后跟上。之后,其他所有人按照战斗的顺序组织好,枪兵就位,矛手也就位,弓箭手也到位了。安排定了骑兵、步兵应该位于什么地方,是冲锋还是坚守,还是向前迎战敌军。所有人都被部署在各自的阵列当中,太阳升起,战斗的时候到了。①

所以说,十字军是非常重视诸如每日行军野营,战前阵列布置安排之类的常规作战准备的。贵族议事会在战争期间频繁商议,仔细斟酌各类军务,日后也成为拉丁东方法兰克国家的政治、军事传统。在拉丁东方时期,贵族议事会的军务咨询、商议作用日趋突出,这也是各法兰克国家军事资源匮乏,军力不足的结果。正如约翰·法郎士所论,"十字军国家人员不足的结果就是,一切都要依赖于出色的领导、以及合理的战术"②。十字军必须要做好谋划,合理部署,最大可能地规避风险,减少不必要的损耗,确保有生力量的保存。合理和务实是拉丁东方法兰克人军事风格中必不可少的重要特征。

三、阵型、组织和纪律

正如前文所述,十字军作为西欧封建武装,普遍是重型装备,大规模集团作战是发挥其战斗威力的最佳途径。步兵主要靠阵线和集体防御,骑兵则要通过集群冲锋来实现威力的最大化。在东方的战场上,脱离集群、单独行动、散漫无序是兵家大忌,很快就会被逐个击破。突厥军擅长游击战法,机动灵活,同时得益于娴熟的弓箭技艺,具备超常规的作战半径和战绩力。在经过多次短兵相接并连续受挫后,突厥方已清楚地意识到十字军的武装优势是集团作战和正面的近距离冲突,于是调整策略,基本不再做正面阻截。在双方兵力相差悬殊,且装备明显不利的情况下,突厥军放弃了集结军力于特定战场,通过决战消灭十字军的设想。同时,他们强化扰敌,充分利用自身优势,持续对十字军进行骚扰、突袭、伏击,不断消耗。从进入安纳托利亚高原之后,突厥军在无法正面对抗的情况下,将注意力放到了行军环节

---

① Ralph of Caen, *The Gesta Tancredi of Ralph of Caen*, p.104.

② John France, *Western Warfare in the Age of the Crusades, 1000–1300*, p.226.

上。行军过程中,军队的阵型是较为松散的,并且因为装备状况不同,有人骑乘,有人步行,大量平民家眷随行,造成队伍延伸得很长,也会出现脱节的情况。突厥军会尾随十字军主力,对可能掉队的群体进行突袭或伏击。十字军一旦有人脱离队伍,就很有可能遭遇致命打击。十字军在刚离开尼西亚的时候,将大军分为两个集团行军,结果就被突厥方抓住机会,在多利埃拉姆设伏阻击,博希蒙德的前军险些被围歼。

因此,十字军着力强化了行军的阵型和纪律。时刻保持密集阵型是必要的,既能利用盾牌组成的"盾墙"抵御"箭雨"打击,又能将平民、辎重放置到队伍的中部,在紧凑的队形中形成更有效的掩护。在阿尔伯特的记载中,勒普伊主教阿泰马尔曾多次过问行军事宜,在宣讲中尤其强调阵型、秩序和纪律。他要求十字军,"不要分隔开来,不要鲁莽,不要冒进","要一致行动,共进退"①。在行进过程中,会有专人充当前锋。在主力前方行进,探路并提防敌军伏击。据阿尔伯特记载:

> 这天,选出的是诺曼底伯爵罗伯特,由他率领数千人在大军前方行进,这样做是善战军队的习惯。若有敌人隐匿,他们就会通知基督教军队的将领、首领,能够尽快地武装起来,布置好阵列。②

在即将到达安条克城池的时候,十字军的阵列排布又发生了变化,特别强调了前锋和后卫两个部分,阿泰马尔的讲话中就特别提及了对前后两个行军部的协同保护,

> 目前,我们需要谨慎、有序地行军。我们知道,下午我们打了一仗,疲倦了。马匹也耗尽了气力。于是,戈德弗里、博希蒙德及图尔的雷纳德和阿斯特诺斯的彼得……按照排定的阵列,到前方,成为先锋。佛兰德斯的罗伯特诺曼底伯爵罗伯特及布洛瓦的斯蒂芬、伯爵雷蒙德……去统率、保护最后方的骑步兵阵列。③

从这段文字可以看出,十字军是非常重视军队的前锋和后卫两个位置的,由权贵领袖亲自坐镇统率。这种紧凑队形行军,部署前锋并有后卫殿后

---

① Albert of Aachen, *Historia Ierosolimitana*, p.190.

② Albert of Aachen, *Historia Ierosolimitana*, p.190.

③ Albert of Aachen, *Historia Ierosolimitana*, pp.196-198.

的做法,成为日后拉丁东方法兰克国家军事行动的常规做法和传统。在拉丁东方时期,在重要的军事行动期间,一般都是由宗教骑士团担当前锋和殿后的任务,主要是由圣殿或医院骑士团来承担这项重任。譬如,在第三次十字军战争期间,圣殿骑士团一直在狮心王理查的军中负责殿后。1221 年,第五次十字军战争中,十字军在尼罗河水泛滥的情况下陷入险境,由圣殿骑士团殿后,成功掩护全军撤退。① 1249 年,当路易九世亲率大军抵达埃及,向开罗进军的途中,都是由圣殿骑士团担当先锋。② 宗教骑士团之所以能够担当此项重任,主要是他们常年都秉持、坚守严格的行军纪律。以圣殿骑士团为例,它的团规章程中明文规定,行军途中未经允许严禁骑士脱离阵列,违者予以严惩。能够例外的只有两种情况:为检查马匹及马具的状况所做的短距离冲刺,为救援受突厥人威胁危在旦夕的基督徒。③

　　十字军对组织和纪律的强调贯穿于整个军事战役行动期间,战斗环节更是如此。一般来说,中世纪的西欧封建军事力量最缺乏的元素之一就是纪律。纪律要求的是行动整齐划一,服从命令听指挥。不过,中世纪欧洲的军事风格是奔放的,缺少服从性。以骑士精神为中心,封建武装被灌输的都是对个人英雄主义,个体荣誉,个人军功的极度推崇,这些在一定程度上都是与组织性和纪律性相悖的。封建征召的队伍中很多人是散兵游勇,临时拼凑而成,凝聚力不足,自由散漫,甚至无法无天。因为不是常备军,封建征召的军队很难形成默契,除非像征服者威廉那样,在渡海前集中并整顿了相当长的时间,否则很难做到训练有素,令行禁止。毕竟,"具有高度凝聚力、纪律严明的中古军队,不过是一种偶然发生的情况"④。拜占庭公主安娜对西欧封建武士的粗俗无礼、暴躁、桀骜不驯的性格印象深刻,做了长篇描述,

　　　事实上,凯尔特民族性情复杂。既有独立精神,又有着鲁莽的性格,不用提,根本上是抵制,不愿意去培养训练有素的战斗技巧。在战斗即将开始之时,他们热情迸发,无法抑制。显而易见,不光下层战士如此,上层首领也是如此,都是狂放不羁,不管不顾,直接冲到敌人阵列之中。不过前提是敌人要被击退。然而,若是凑巧,对手纯熟地布下埋伏,有条不紊地迎战,这些人的胆大妄为就完全不见了。一般而言,凯

---

① Helen Nicholson, *The Knights Templar: a New History*, London: Sutton Publishing, 2002, p.71.

② Malcolm Barber, *The New Knighthood: a History of the Temple*, Cambridge: Cambridge University Press, 1994, p.148.

③ R.C.Smail, *Crusading Warfare, 1097–1193*, p.129.

④ John France, *Western Warfare in the Age of the Crusades, 1000–1300*, p.135.

尔特人骑兵的正面冲锋是不可抵挡的,但在冲锋之后,盔甲沉重,及暴躁鲁莽的天性,使得他们很容易就会被击败。①

　　起初,东方战场上的各种挑衅、反复的试探性攻击,对十字军是非常有效的。在骑士的荣誉感,对个人勇武的自信,及傲慢的心态等方面综合作用下,西方封建武士很少能在挑衅面前应对自若,控制住自己情绪。他们经常是失去理智,脱离队伍擅自行动。多利拉埃姆之战中,一个傲慢不受控制,甚至曾坐在皇帝宝座上的法兰克骑士,"愚蠢地乘着马从人群中冲了出来……在他的人当中,有40人被杀,他本人也受了重伤"。② 福尔彻也提到,在会战中,默伦的杰拉德不听指挥,擅自出击,结果中箭身亡,"鲁莽冲动是不会有什么好处的。他若能克制些,会活得更久"③。

　　同样地,在经过了一段时间的战斗磨砺后,十字军逐渐产生了凝聚力,具备了较强的克制力,能够较为冷静地对待东方的战斗风格。在战斗中,十字军优先地是要维持阵型的稳固,阵线不散乱,严禁盲目出击。文献记载,"基督教首领们早有预料,明令禁止年轻人集火攻心地冲上前去战斗,以免因为少数人的莽撞扰乱了全军秩序"④。在战斗进程中,十字军也会时刻提防,即便倾向于保守,也不会冒险突进,不过度追击,以免落入伏击圈。十字军在船桥的激战后,没有追出去多远,而是刻意与城墙保持距离,以防受到城中卫戍突袭。⑤ 据记载,安条克围城期间,曾有一队突厥人在十字军营地附近挑衅:

　　　　突厥人就在桥那里,在河流的岸边骑着马来回奔驰着,做出挑衅状。他们射出箭矢,想着挑唆全军来追逐自己。中计的话,他们的同伴就会从城里一涌而出,就如他们经常做的那样,扰乱之后,造成惨痛牺牲。不过,信者们已然是经常经历着这样的诡计,不做鲁莽的追击。
　　　　随后,十字军也派出一部分骑兵,在英格罗兰德的率领下,出营地与突厥骑兵周旋,相互挑衅、示威,最后,在做了多次冲锋后,上帝保佑,英格罗兰德获得了胜利的荣耀、赞誉。一个突厥人冲锋的时候比其他人更为突出,更加莽撞,被他击败了……英格罗兰德将他摔下了马,用

①　　Anna Comnena, *The Alexiad of Anna Comnena*, p.349.
②　　Anna Comnena, *The Alexiad of Anna Comnena*, p.341.
③　　Edward Peters, *The Chronicle of Fulcher of Chartres and Other Source Materials*, p.172.
④　　Ralph of Caen, *The Gesta Tancredi of Ralph of Caen*, p.48.
⑤　　Albert of Aachen, *Historia Ierosolimitana*, p.194.

矛刺死了他。马上,其他突厥人都因为此人的死被震撼,逃走了,他同其他同伴们一起追击这些突厥人。不过,因为城里的突厥人经常设伏,所以他并没有跑出多远,没离开桥太远就停了下来,不再追击了。①

十字军与传统西欧封建军事武装较为显著的区别之一,就是相对较强的纪律和组织,以及在战场上表现出的较为罕见的克制力。一方面,这是因为他们长期一起行军作战,产生了凝聚力,经过了较为成熟的军事磨合。更为重要的,这也是他们适应东方战场环境,在与东方对手的战斗中生存下来,并取得胜利的必备素质。这样的自律和默契既非短期内能磨练出的,也不全然是主观努力的结果,而是自然发生的,逐渐成形。在拉丁东方,法兰克国家始终是处于各敌对势力的包围之中,军事资源少且难于补充,非常宝贵,若在战术层面不能保持最大程度的谨慎、理智、耐心的话,根本不可能维持生存。宗教骑士团在战术执行力及恪守纪律上做得尤其突出。乃至于,他们有时会被新近到达东方的十字军误解,被斥责为软弱畏敌。譬如,在1250 年 2 月,路易九世远征埃及,圣殿骑士团和医院骑士团作为先锋率先渡过一处浅滩到对岸,同行的还有路易九世的兄弟,阿图瓦伯爵罗伯特、索尔兹伯里伯爵威廉。先锋即刻发起攻势,并追击到一处名为曼苏拉(Man-surah)的城镇。圣殿骑士团的大团长提议不要过多追击,城镇里可能有伏击。伯爵罗伯特呵斥圣殿骑士团懦弱、贪生怕死,甚至于,怒斥他们与穆斯林勾结,破坏对埃及的征服。结果,在亢奋的情绪下,所有人一起冲了进去,随即被包围,受到伏击,伤亡惨重。最后,伯爵威廉战死,伯爵罗伯特慌不择路,涉水途中被盔甲所累,溺死。总共死亡近 500 名骑士,其中圣殿骑士团的骑士占了 280 人。全军只有一名医院骑士、两名圣殿骑士幸存。② 由此可见,很多时候,对既有战术的执行力,自我的克制和约束,冷静理智的心态,往往会成为左右战争结局的关键。

四、新战术的采纳和使用

第一次十字军战争期间,十字军在经过了较长时间的战事冲突后,逐渐适应了东方的战场环境和战术风格。此时,他们不仅能够主动克制情绪,耐心、审慎地对待战斗当中的每个细节,还常常会因地制宜,采用更为灵活的战术方式应敌。从骑士精神的角度看,西方封建武装是不习惯于,或者说不

---

① Albert of Aachen, *Historia Ierosolimitana*, pp.214–216.
② Malcolm Barber, *The New Knighthood: a History of the Temple*, pp.149–150.

属于埋伏、诱敌深入的。正如他们的武器及作战理念所决定的,他们善于近战格斗,正面冲突,认为这才是最合理、光明磊落的战斗形式。因此,在中世纪的西欧社会当中,基本都是同样类型展开的封建战争,双方布阵,然后对峙,接战,厮杀,分出胜负。但是,在到达东地中海地区之后,战争的形态截然不同了。从尼西亚到安条克是战事最为激烈、焦灼、惨烈的一个时期,期间塞尔柱突厥方对十字军进行了不计其数的零星骚扰,尾随偷袭,侧面突击,以及各种的伏击。同时,突厥方意识到双方实力存在明显的差距,除了少数几次会战之外,基本不会大规模集结,也很少会长时间地停留在战场上,给法兰克人留下反击的机会。

　　起初,在尼西亚战役期间,以及穿越安纳托利亚高原的途中,从文献史料的记载来看,十字军并没有太多战术上的变化,仍然是较为传统的西欧作战方式。但在到达安条克之后,在围城战期间,十字军的战术发生了明显变化,开始较为频繁、主动地采用伏击、偷袭的战斗方式。这说明,十字军确实在丰富自身战术,寻找更为效率的对敌方法。另一方面,这也反映了十字军因人员减损导致实力衰减,人数优势不复存在后,必须着眼于客观现实,做出更为合理的选择。在长期的消耗、拉锯战之中,十字军不得不寻求变化,在这种"零敲碎打"的持续冲突中寻求平衡。

　　十字军有意识地于小规模的冲突当中尝试伏击战术,并取得了战果。坦克雷德攻打塔尔苏斯城的时候,就借鉴了突厥方的战术,利用少数骑兵诱导城内卫戍出城。他派出的骑兵在城外劫掠放牧的羊群,"按照事前指示的那样",在突厥人出城后假装逃走,由坦克雷德及其部队"从隐蔽的地方发起进攻",打了胜仗。① 之后,在安条克,坦克雷德再次使用了类似的战术。他防守南门的时候,在南门附近设伏,准备打击偷偷出门搜集草料的市民。突厥人起初很谨慎,经常派人出城试探,但他蛰伏了两天都没有行动。直到第三天,突厥人以为安全了,许多人出城,于是坦克雷德趁机出击,"从隐身之处冲了出来",将他们全部歼灭。②

　　同时,十字军也在利用小规模的伏击、偷袭来反制突厥方的同类战术。富尔彻对此有过评价,"突厥人埋伏法兰克人,却被埋伏中的法兰克人打败了"③。阿尔伯特详述了一个典型战例。在经历了无数受到伏击伤亡的事件后,如前所述,休和他的儿子英格兰德,带领数人组成的家族武装于夜

① Ralph of Caen, *The Gesta Tancredi of Ralph of Caen*, p.58.

② Ralph of Caen, *The Gesta Tancredi of Ralph of Caen*, pp.76-77.

③ Edward Peters, *The Chronicle of Fulcher of Chartres and Other Source Materials*, p.72.

间潜伏到山谷当中。拂晓的时候，他们派出一名步兵来到原野间，佯装平民在野外寻找食物，引诱突厥人袭击。不久，几个突厥人果真出现了，冲了过去，"从埋伏着的基督徒身旁经过"。在诱敌的人躲到山里，这几个突厥人原路折返的时候，他们从伏击的地方冲出来，打了对手一个措手不及，全部消灭。① 安条克之战后期，在十字军被科布哈总督的联军围困在城内期间，突厥方在斩杀了十字军的著名骑士巴讷维尔的罗杰之后，再次来到城墙前挑衅，射箭、投矛，气势很盛。不过，坦克雷德却暗中带着 10 名部下，躲在了双层城墙之间，按兵不动，观察局势。正当城前的突厥人松懈了，下马休息的时候，坦克雷德带着人突然冲出来，出其不意，杀死了六名突厥人。②

　　除了常规的小型冲突外，十字军在较大规模的战斗中也会适时采用伏击战术。在攻打坚固壁垒，久攻不克的时候，他们也会选择引诱守军出击的办法。安条克城北的哈里姆城堡是叙利亚北部的一座重要据点，一直在牵制着围城的十字军营地，阿尔伯特记载到，"其中全是伏击我们的异教徒，突厥人"。十字军首领随后集结兵力，准备拿下这座重镇，以免后顾之忧。他们派出 1000 名士兵佯装攻城，博希蒙德、佛兰德斯的罗伯特则带领主力部队潜伏在山谷当中。随后，哈里姆城堡里的卫戍果然被引诱出来，追到了山谷当中，陷入伏击，被全部消灭，哈里姆随即陷落。③ 之后，在围城期间，十字军在城北建造了马莱盖德城堡，由各首领轮流值守。当雷蒙德负责驻守的时候，故意安排了一些战士在城堡外隐蔽起来。黎明时，200 名突厥人从城里出来，准备破坏城堡，

　　　　这些突厥人在这座刚刚建造好的城堡旁边进行破坏，没有什么成效。这时，伯爵雷蒙德埋伏着的军队疾驰而至，支援卫戍同伴。他们发起了猛攻，那些突厥人害怕拖到天亮，匆忙向位于高处的城门逃回，被打败了。④

　　十字军最典型的一次伏击莫过于对阿勒颇一战。这场战斗发生的前夕，十字军正处于艰难境地，腹背受敌，兵力捉襟见肘。在贵族议事会召开后，首领们做了反复商议，最终决定主动出击，将全军的骑兵集结起来前去迎敌，尽早击溃对手，夺回主动权。十字军骑兵部队经过船桥，在奥龙特斯河附近的一座湖水旁埋伏了起来，"于晚间离开营地，在河水和湖水之间设

①　Albert of Aachen, *Historia Ierosolimitana*, pp.212-214.

②　Albert of Aachen, *Historia Ierosolimitana*, pp.294-296.

③　Robert The Monk, *Robert The Monk's History of The First Crusade*, pp.122-123.

④　Albert of Aachen, *Historia Ierosolimitana*, pp.224-226.

下了埋伏,等待敌人到来"①。翌日凌晨,十字军同样是利用一部骑兵,将阿勒颇的部队引诱到设伏地点,立刻发动冲锋,击败了对手。② 这次战斗是第一次十字军战争期间较为少见的,十字军方面以少胜多的典型战例。在这场战斗当中,十字军提前谋划,贵族议事会反复商讨,精心部署,并挑选了最有利的设伏地点和地形,做出了明智的选择,以破晓骑兵突袭的方式速战速决,尽量减少损失,不给城内守军过多反应的机会。并且,在战斗期间,十字军还赶上了有利的气候条件,正好在下雨,影响了对手的视线和弓箭的使用,"突厥人弓箭的弦因雨水变软了,变得脆弱,不能使用。这样的状况下,突厥人受到了严重妨碍,给信者提供了胜利的机会"③。

对阿勒颇的一战,充分展现了十字军对东方战场局势的全新认识和适应。他们不再是被动应对,而是抓住战机,主动出击,利用一切可能的资源和机会创造胜利的条件,灵活而娴熟地使用了伏击突袭的战术,最终达到以少胜多,以最小损失换取最大胜利的结果。这场战斗也给十字军阵营带来了巨大的鼓舞,使得全军上下都重新获得了取得战争胜利的信心。布洛瓦的斯蒂芬在给妻子的信中特意提到,自己人是以"上帝赐予神力而战"④。里布蒙的安塞尔姆也在写给兰斯大主教的信件中动情地陈述了这次战斗:

> 安条克的统治者一直因自身的安危而不安,派使者到阿勒颇国王处,赠与他大量财宝。最终,阿勒颇国王带着自己全部的军队前来。在他即将到达的时候,王公们自营地动身,上帝在当天恩宠我们,以 700 名骑士及少量的步兵击败了阿勒颇的军队,他们的国王总共带领了 1 万 2000 名突厥人,杀戮甚重。⑤

五、骑步兵混编作战

骑兵是中世纪最为重要的武装力量和作战单元。即便是到了 13 世纪,西欧社会也普遍相信,100 名骑士是可以与 1000 名步兵相抵的。⑥ 骑兵之

---

① Robert The Monk, *Robert The Monk's History of The First Crusade*, p.130.
② Steven Runciman, *A History of the Crusades Vol.I: The First Crusade and the Foundations of the Kingdom of Jerusalem*, p.226.
③ Albert of Aachen, *Historia Ierosolimitana*, p.236.
④ Edward Peters, *The Chronicle of Fulcher of Chartres and Other Source Materials*, p.288.
⑤ Edward Peters, *The Chronicle of Fulcher of Chartres and Other Source Materials*, p.290.
⑥ Philippe Contamine, *War in the Middle Ages*, trans. Michael Jones, London: Blackwell, 1985, p.67.

所以能够占据中世纪中期及晚期的战场主导地位，主要是优势突出、特色鲜明。骑兵不仅具有最强的机动能力，同时还具备极强的攻击力。骑兵群体的攻击力主要体现在他们的集群冲锋上。在冷兵器时代的战场上，一旦西欧封建重装骑兵成功发起冲锋，几乎是不可阻挡的。在开阔平缓的战场环境下，骑兵依仗着战马的高速奔跑及庞大体重，骑兵的重型装备及长矛，在短距离的奔跑后达到极速，对对手形成巨大冲击，可以突破所有常规阵线的防御。战场上，尤其是冷兵器时代，阵型和战线的稳固是获胜的前提，骑兵冲锋能给对方的阵线带来最致命的打击，他们会在转瞬间于阵列中形成突破，打开缺口，形成穿透，继而是破坏瓦解整个布阵。在这个时期的战场上没有任何一支步兵武装在不借助有利地势的情况下，能够真正抵挡住骑兵的正面冲锋。并且，在东方战场上，骑兵的作用更加突出。相比较于西欧，西亚北非具备更多平原和荒野地带，特别适合骑兵的开阔作战。同时，东方穆斯林武装的骑兵数量众多，以弓骑兵为主，对战斗的机动性能要求更高。约翰·法郎士明确指出，"近东地带存在大量空旷地带，在这种特征的普遍性状况下战斗，骑兵的重要性得以凸显"[1]。

　　十字军是重装部队，骑兵更是如此，全部披戴锁子甲、头盔、鸢盾，持长矛。他们的对手突厥骑兵、步兵普遍不着甲，或是穿轻甲、垫甲，很难抵抗西欧封建骑兵的集群冲锋。同样是在对阿勒颇的战斗当中，全骑兵出战的十字军，出其不意地发起了正面冲锋，彻底瓦解了突厥方的阵列，很快就取得了全胜。阿尔伯特记载：

　　　　伯爵雷蒙德挥舞着长矛，亢奋异常，以盾牌挡住胸膛。公爵戈德弗里也是怒发冲冠，情绪高昂。他们两人信心满满地前去战斗。其他700名尚武之士，出其不意，从敌人的中央冲杀过去，将他们的阵线冲垮了，突厥人一片大乱。感谢上帝恩赐，基督徒获得了胜利的桂冠，突厥人被打败了，溃散逃走了。[2]

　　骑兵的集团式冲锋是十字军最重要的战斗手段，可谓杀手锏，是决定胜负的关键。然而，骑兵冲锋相较于其优势而言，其负面的弊端同样是明显而突出的。骑兵的集群冲锋战术是受到各种主客观因素限制的，组织难度大，失败的概率也很高。

---

① John France, *Western Warfare in the Age of the Crusades*, *1000–1300*, p.160.

② Albert of Aachen, *Historia Ierosolimitana*, p.236.

其一,十字军的马匹的灵活性不足,较为笨拙,在驾驭马匹的技术上西欧骑手也较为粗旷,不精细。结果是冲锋需要一个非常大的空间来预备方能完成,且只能进行直线冲锋,完成后很难组织起第二次冲锋。[1]

其二,成功组织一次集团冲锋的前提是非常苛刻的,整个骑兵阵列要形成一个紧密的整体,高度协调,速度统一,且要有严格的组织、纪律。这些都是需要以长时间的训练及磨合为基础的。1191 年阿苏夫之战前夕,一名朝圣者感慨当时负责殿后的医院骑士团骑兵群的密集程度,"他们离得真是太近了,要是扔一颗苹果到他们中间,绝不可能在没有碰到任何人或马身体的情况下落于地上"[2]。但是,中古时代的封建骑兵很少会有这样的军事风貌,整齐划一的阵型,步调统一的作战纪律是罕见的,"这种控制力,在凭着个人主义的道德风貌及大体上是不惯于大规模集群行动的人所组成的队伍当中是很难实现的"[3]。

其三,骑兵集团冲锋能够成功不仅是主体主观能动的结果,同时也受到战场环境、指挥判断、马匹状态、地形及气候状况的综合影响,时机的把握非常关键。

其四,也是非常关键的一点,第一次十字军战争中后期战马严重减损,使得骑兵群体的作战力量下降。十字军的战马在长期的作战过程中受到箭矢伤害、饥饿、瘟疫、水土不服等诸多方面的影响,大量死亡,减损严重,并且很难实现有效补充。在安条克,修士罗伯特记载,"全军当中,能够战斗的马匹不超过 1000 匹"[4]。战马减损直接影响了骑兵的作战能力,很多骑士不得已,被迫使用驮畜作为替代。拉尔夫记载,就在十字军与阿勒颇军队对决的时候,"相当大的一部分人被迫骑乘驴子,替代马匹"[5]。马匹数量严重减少直接导致骑兵战斗力显著下降,造成了两方面的直接后果。一方面,少数的骑兵作战群已经不能主宰整个战场的局面,无论从数量和能力上都不足以作为常规的绝对主力作战单位来使用。另一方面,骑兵冲锋的作战能力仍然是不可或缺的,是十字军最大的战斗杀手锏,于是对这样一个损耗严重,规模缩小到一定程度的作战单元必须要予以充分的保护,骑兵阵列作为一支有生力量是不能缺失的。唯有骑兵才能反制突厥弓骑兵,机动能力的丧失必然导致灾难性的后果。这样一来,诸多困难和负面的因素综合作用,

[1]　Ann Hyland, *The Medieval Warhorse from Byzantium to the Crusades*, p.117.

[2]　Helen Nicholson, *The Knights Templar: a New History*, p.67.

[3]　John France, *Western Warfare in the Age of the Crusades, 1000-1300*, p.160.

[4]　Robert The Monk, *Robert The Monk's History of The First Crusade*, p.128.

[5]　Ralph of Caen, *The Gesta Tancredi of Ralph of Caen*, p.82.

导致了一个共同的结果：骑兵冲锋会成为战场上的胜负手，且真正能够做到的次数和人数都是非常有限的，它是否能够于战场上，在恰当的时机下以合理的方式成功发动，直接决定了整个会战的胜败结局。或是一战成名，或是功亏一篑，几乎全部取决于骑兵冲锋这样一个最有效的进攻手段的成功运用与否。

这样的情况下，单纯依靠骑兵主导战局是不现实的。步兵阵线愈发受到重视，步兵群体对骑兵集群的保护作用日益突出。步兵是一个文献中记载寥寥的群体，但其战场功能从来是不容忽视的。步兵历来是中世纪战场上人数最多，参战最频繁的作战群体。传统上，步兵基本是由下层武装构成的，有矛手、弓箭手、弩兵，作战装备到能力素质是良莠不齐、差距悬殊。大致上，步兵的主体是由农民和市民构成的，与构成骑兵的有产者阶层有着天然隔阂与界限，很少为撰史者重视，很少会有对其中个体的专门描写，笔墨少见，形象模糊。不过，在实战中，步兵阵线的防御作用是不可替代的，他们代表着战场上的韧性。步兵阵线的防御功能首先体现在兵种的合理搭配上。近战方面，矛手持鸢盾组成"盾墙"，组成防御壁垒，抵御箭矢攻击及对手冲锋。远端有弓箭手和弩手输出，可将对手骑兵及整体阵线逼退到有效杀伤射程以外，降低敌军机动能力，削减冲锋效果。另外，步兵若要形成坚固防御，必须要借助稳固阵型、严明纪律、高涨士气、及一定的有利地形和地势。步兵的长矛盾墙密集阵型在有利地势下甚至可以抵挡骑兵的反复冲击，黑斯廷斯战役已充分证明这一点。

不过，步兵毕竟不是战争中的主角，也有着自身的固有缺陷。步兵在战争中守强于攻，机动力低下，对敌的冲击力不足，战斗素养不高，更缺少决定战争胜负的决胜手段，它的缺陷与优点同样突出。步兵攻守上的不平衡决定了他们必须要与骑兵集群相配合才能扬长避短，完全发挥战斗效能。中世纪的封建战争中，以骑士为主体的封建骑兵武装是战场的主宰者，步兵唯有在充分配合、协同骑兵战术的前提下，才能在战场中起到应有的作用和功能。正如约翰·法郎士所言，"尽管发挥效能的步兵可提供大集团的坚固防守，且是不可或缺的，但本质上讲，所有的前提都取决于恰当时机下的，对敌人的关键性骑兵集团冲锋"①。

东方战场上，尤其到了第一次十字军战争中后期，步兵单位实战中的重要性不断提升。一方面，这主要是因为骑兵力量的严重削弱。数量上，马匹的减损使得骑兵在战场上所占的比例越来越小，除非是关键时刻，法兰克人

①　John France, *Western Warfare in the Age of the Crusades*, 1000–1300, p.226.

不会轻易让宝贵的骑兵力量冒险决战。另一方面,骑兵在失去马匹后,反而强化了步兵阵列的战场作用。东方战场与西欧封建战争比较显著的一个区别之处,就是存在大量下马步行作战的贵族骑士,这种特点一直延续到了拉丁东方法兰克国家时期。这也是在战马损失后,骑士被迫改变作战习惯继续作战的客观结果。富尔彻在安条克之战后期提到,"突厥人知晓我们的骑士已然被迫步行作战,变得虚弱,别无他法"①。修士罗伯特同样强调了这一点,"多数马匹都死了,许多显赫的骑士都变成了步行战士"②。

在失去马匹之后,骑士被迫步行作战,加入步兵阵列当中,事实上强化了步兵的作战能力,提升了步兵群的战场地位。贵族、骑士下马之后,武器装备同样精良,加上常年累月的军事训练,军事素质远超一般平民武装。此外,贵族骑士下马后,与普通步兵一同作战,一定程度上会强化全军士气,起到坚定意志的作用。中古早期,乃至11世纪的北欧和英格兰地区,骑兵很多时候都是下马作战的,他们以马匹作为机动工具,战场上步行作战。有时,在战争进入生死攸关,必须求胜的关键时刻,骑士也会下马作战,选择跟步兵并列,表明放弃逃命机会共存亡。这种做法和姿态会大大提升作战士气。

同时期的欧洲,自11世纪中期到14世纪,大部分地方的骑兵与步兵是相互隔离的,两种作战单位之间存在泾渭分明的界限。一般而言,骑兵和步兵会有两个指挥官分别统领,各自组成阵列,排兵布阵,行军作战。直到14世纪中期左右,英国等欧洲主要军事势力才陆续开始实现骑兵下马,骑步兵混合作战,比第一次十字军战争中的混编作战要迟了两个世纪。十字军不会意识到因战马匮乏而被迫做出的调整是欧洲封建军事发展的未来趋势,但这样的作战方式客观上提升了作战效率是不争的事实。骑兵和步兵的混编,紧密配合显著提升军队多兵种间的协同配合能力,弥补不足,扬长避短,形成更强的作战能力。

安条克之战的最后一役,十字军从城内突围而出,与科布哈突厥联军的决战,是这场战争的最后一场,也是最大规模的一场正面决战。在这场决定整个战争走向的关键一役中,法兰克人的骑兵和步兵做到了最大程度的协调、相互配合,协同战术达到顶峰。1098年6月28日,十字军排出了以步兵阵列为主体的作战群,贵族首领们摆正心态,将各种有生力量的战术功能都发挥到了极致。首先,如前所述过的,十字军必须要先从城门突围,从桥

---

① Edward Peters, *The Chronicle of Fulcher of Chartres and Other Source Materials*, p.78.

② Robert The Monk, *Robert The Monk's History of The First Crusade*, p.115.

上通过奥伦特斯河，再进入平原区域展开阵线。突厥联军在桥上布下重兵防御，有 2000 弓骑兵在附近守备。为抢占先机，十字军将全军远程射手全部排在了阵列的突前部，战术意图明确：以绝对优势的远程打击能力击退对手的弓骑兵，夺取过河的唯一通道。随后，在弓箭手和弩手的共同努力下，十字军将突厥弓骑兵击退。

此役的第二个阶段，也就是在双方都布阵在平原上的时候，局面已经向十字军一方倾斜了。安条克平原是一片广阔原野，没有遮蔽，更无法设伏，非常适合骑兵作战，同时因为双方阵线已经摆开，正面对决不可避免，机动的余地有限。在近距离的战斗当中，重装上阵的十字军有着明显优势。在双方正面决战的关键时刻，十字军尤其重视骑步兵间的协同配合，以步兵阵列掩护少数骑兵集群前进，以有效保护骑兵力量不损耗，并在恰当时机下组织集群冲锋，一举击溃对手。在这个过程中，全军形成高度凝聚力，做到了步调高度统一。在博希蒙德一部遭受对手猛烈攻击，戈德弗里、罗伯特率兵增援的时候，公爵主动命令骑兵控制行军速度，避免步兵集群掉队，"他们令骑兵们放缓速度，使得步兵跟了上来"①。最后，在骑兵阵列进入有效攻击距离后，发动了集团冲锋，最终击败了科布哈联军。在这场大战中，尽管史料文献记载的中心仍是贵族和骑兵，浓墨重笔，但步兵却也在细节和字里行间凸显了其价值，获得了正名，"步兵以团体、武器保护骑兵，抵御进攻，让他们免受敌人损害，最终，骑兵们做好了准备，纵马奔驰，发起了关键性的冲锋"②。

骑步兵之间更为紧密的配合协同，骑兵冲锋战术的精细计算和使用，成为了日后拉丁东方的军事传统，被保留了下来并发扬光大，形成法兰克国家军事的主要特征。在拉丁东方，法兰克国家普遍缺乏马匹，很多骑士都习惯下马步行作战，形成装备精良的步兵阵线，并与大量弩手搭配，形成混编阵列。这种复合军队编制相较骑兵单独序列有着明显优势，强调了各兵种之间的搭配和协同，扬长避短，攻守平衡，具有更强阵地战和攻坚战的能力。但在西欧，这种混编的作战方式相较于拉丁东方形成得要更晚。英国直到 14 世纪末以后才逐渐形成了骑兵下马作战，骑步兵混合编队的战斗习惯。但同时法国还在固守过去传统的骑士时代的旧制，骑士单独编队，盲目相信骑兵冲锋。百年战争中，1346 年，爱德华三世在克雷西战役，1415 年亨利五世在阿金库尔战役都曾使用下马骑士与长弓手混编，以少胜多，两次重创法

---

① Albert of Aachen, *Historia Ierosolimitana*, pp.328–330.

② R.C.Smail, *Crusading Warfare*, *1097–1193*, p.120.

军,证明了军事时代的交替。在特殊的地域环境及条件下,拉丁东方的战术搭配比西欧封建军事先行一步,"法兰克人的常规战术是讲究大集群及密集阵列的,相配套的是骑步兵间的配合,这样的战术在圣地达到了新高度"①。第三次十字军战争中,狮心王理查率领的军队于 1191 年 8 月在阿苏夫遭遇萨拉丁部,双方随即爆发会战。狮心王的队伍由东西方封建武装混编,纪律严明,骑兵步兵阵线协同,组成由矛、盾、弩构成的复合防护,阵线坚固异常,不断化解敌人攻势,逐渐削弱敌军实力。关键时刻,狮心王发动骑兵集群冲锋,一举摧毁了敌军防线,取得是役胜利。②

　　十字军战术风格逐渐变化,理论上可能受到拜占庭影响。拜占庭帝国在长期同东方游牧民族、波斯武装、阿拉伯武装的军事斗争中形成了一整套完整的战术策略,严谨的系统。拜占庭长期保有常备军,军事训练充分,军队纪律、组织性明显强于一般西方封建武装,战术素养更高,对突厥方的作战风格更为熟悉。十字军在到达东方后,长时间与拜占庭保持紧密军事同盟关系,帝国的将军和向导随军同行,也可能充当了军事顾问的角色。在拜占庭公主安娜的记载中,明确指出了皇帝的建议对十字军的有益影响。在记述前面提到的那名胆大妄为,曾坐上皇位的骑士鲁莽行径的时候,她批评他"忘记了皇帝的忠告","皇帝的忠告才是明智的"。③ 在多利拉埃姆,他称赞十字军在发动突袭成功后并没有过度追击,并称这是因为他们"想起了皇帝的指示"。④ 当然了,安娜将一切功劳都归功于皇帝个人是有所偏颇的,拜占庭对十字军战术的影响必然是普遍广泛的,是自发的结果。拜占庭军中不仅有久经战阵,与突厥人长期作战的将领,同时还有大量的东方风格,甚至就是来自于突厥方的雇佣兵,这无疑会对十字军形成直接帮助,更为直观了解、体会、熟悉东方的作战风格和战斗情势。因此,尽管出于偏见或其他原因,史料中罕见相关的记载或评价,但无论如何,拜占庭对第一次十字军军事风格的影响的作用是不容忽视的。

　　最后,必须注意的是,对第一次十字军战术风格改变的评价也要保持中肯,坚持适度的原则。第一次十字军的主体毕竟是西欧封建军事武装,尽管在东方激烈的战事当中经历了一系列的变化,做出了战术层面的改变,但这都是有限的,不可能从根本上颠覆其固有的军事理念、价值观念。战争行为

---

① John France, *Western Warfare in the Age of the Crusades*, 1000-1300, p.219.

② Jim Bradbury, Kelly DeVries, *Fighting Techniques of the Medieval World AD 500 to AD 1500: E-quipment, Combat Skills and Tactics*. New York: Thomas Dunne Books, 2005, pp.22-23.

③ Anna Comnena, *The Alexiad of Anna Comnena*, p.341.

④ Anna Comnena, *The Alexiad of Anna Comnena*, p.342.

本身也是阶级地位的一种体现和反映。作为有产者,土地的保有者,社会财富和权力的占有者,贵族和乡绅骑士必定要坚持骑兵为主导的作战原则,将自身设计到战争的中心位置上。步兵阵列的地位在此时不可能超越骑兵,只能起到辅助的作用,起到防御的功能。对武器持有者的阶级观念在兵种的评价上更为突出。即便迫于形势,在个别情况下骑士集团会放弃所谓的尊严,让步兵或弓箭手排在自己身前,但这并不能改变一贯以来的传统观念和阶级次序。总之,十字军即便是在东方战场上,在适应迥异战争环境的过程中,其战争风格被迫做出了一定的,甚至可以说相当剧烈的改变,但是,它西欧封建军队的战争风格本身并没有因此发生变革,而只是被调整。①

第二节 攻克城池和筑垒

中世纪战争当中,对有城墙的城市和堡垒的围困、攻坚是主要军事环节。中古时代的攻城机械跟古典时代的机械在制作原理和工艺上区别并不大,有很强的延续性,但在一些具体的工艺和技术上有所改进和提升。围绕着这些攻城的器械,形成了若干种攻城的思路和办法,虽然产生了一定的效果,但这些技术层面的手段效果终究是有限的。在攻城乏术,且必须拿下城池的情况下,战术层面的攻心战经常会发挥出奇效。

一、围城攻坚的主要武器和手段

首先,中世纪最为常见的攻城器械是塔楼。自中世纪早期起,攻城塔楼就已经被广泛地应用在各种战争当中,十字军时期也大量使用。攻城塔楼一般都是木制,一般分作二到三层,建造的高度要高于城墙,形成高低差,占据战术高点。因为运输困难,并且制作较为繁琐,所以攻城塔楼全部都是现场制作,就地取材,在附近寻找林地,或用携带的木材加工制作。攻城塔的上层一般都会布置弓箭手或投矛手,便于攻坚。修士罗伯特记载了塔楼的优势,"在城墙周围建造起高耸的攻城塔。上面的人能够看到下方城墙上的人。这些木制的攻城塔楼与石制的塔楼正对着"②。

因为建筑庞大,攻城塔楼难以长距离推进,但是要置于城墙前至少要能移动一段距离,因此一般都装有两组及以上的木轮,由人或者是驮畜运到城前。也有一部分塔楼是依靠堆土形成的斜坡安置到指定位置的。塔楼本身

---

① John France, *Western Warfare in the Age of the Crusades*, *1000—1300*, p.232.
② Robert The Monk, *Robert The Monk's History of The First Crusade*, p.104.

虽然是木材制成的,但为了防火,会在外表覆盖上皮革,并有专门的人在塔楼内持水桶准备灭火。攻城塔楼主要是利用高低差形成战术优势,居高临下观察敌情,并随时对城内守军进行骚扰,在攻城时候抵靠在城墙上,用宽厚的木板搭在城墙上,塔内的士兵随即登上城墙,占领城墙和塔楼。在尼西亚及耶路撒冷,十字军都曾经部署过大量的攻城塔楼。

然后,是专门用来攻打城门的攻城器械,即攻城槌。攻城槌的主体部分就是一段圆木,前端包有铁,阿尔伯特记载,"攻城槌包着铁"[1]。攻城槌最早就是由数人持着去撞击城门,达到破门而入的效果。在攻打城市的过程中,攻城槌是最常见的攻城武器,譬如在尼西亚城,"人潮涌动,战吼声此起彼伏,用包着铁的攻城槌反复地撞击着城墙"[2],安娜也记载,尼西亚城市被围攻,"城墙周围都是攻城槌"[3]。攻城槌一般会被安装在一辆四轮推车上,以铁链或绳索悬挂在支架上,继而变成了攻城车。在向城门推进的时候,攻城车势必要受到猛烈的攻击,所以通常都会在上面加上斜顶,并在表面包上动物皮革,抵挡箭矢、石头及火焰的攻击。史料中,阿尔伯特曾有一段对于攻城车的详细记述:

> 　　首领决定用木材建造一架攻城车。攻城车是支架结构的,其连接的材料是铁制的,相互连接起来。它被马、牛及骆驼的皮革覆盖,为的是不被突厥人掷出的燃烧着沥青和硫磺的混合物点燃。披甲的战士们将造好的攻城车一直运到了桥的中部,正对着城门,由伯爵雷蒙德来负责保管这架攻城车。[4]

攻城槌经常会成为复合型攻城武器的一部分。它会被设计到攻城塔当中,安置在底层。这样一来,下层的人利用攻城槌撞击城门,同时上层的弓箭手攻打城墙上的守军,进行掩护。

弩炮、投石车、抛石机这三种攻城用的机械在中世纪的战争中也是常见的,但在史料中的记载则较为模糊,史家著者们对战争机械的熟悉程度有限,并且理解也有所不同,使用的词汇也过于随意,所以很难被明确区分。只能在此对当时可能使用过的器械做一概述。

弩炮,*Balista*,也就是一种做工庞大的弩车,同样是古典时代就已经出

① Albert of Aachen, *Historia Ierosolimitana*, p.110.

② Albert of Aachen, *Historia Ierosolimitana*, p.116.

③ Anna Comnena, *The Alexiad of Anna Comnena*, p.335.

④ Albert of Aachen, *Historia Ierosolimitana*, p.202.

现并在战争中使用了。弩炮是架在一辆车上,带轮,上面安装一张大型的机械弓,通过巨大的张力来提供动能。同时,有的弩炮是以扭力发动的,也就是通过将绳索缠紧提供动能,威力更大。到了 11 世纪的时候,弩炮上会配有一个绞盘。弩车发射的武器一般为大型尺寸的方簇箭。弩炮对城墙的伤害是有限的,它的主要杀伤对象是城池中的卫戍。在中世纪中期以后,弩炮的尺寸越来越大,向着大型化的方向发展。这种大型弩炮使用的是韧性更好的复合弓,尺寸能够达到 1.6 至 2 米长,全部为扭力式样,用绞盘或齿轮来绞紧绳索,一般拉满弓弦需要的扭力为 2800 磅,也就是 1300 公斤。发射用的方簇箭尺寸能达到 50 至 80 厘米,重量约为 0.5 公斤。① 弩炮同时也能用于城堡防御,东方的城墙上经常会设计出一个专门的平台部署弩炮,对攻城者进行打击。

投石机(*mangonel*)主要是对城墙和筑垒发动攻击的攻城器械,凭借扭力提供动能,因此,也被称作扭力投石机。投石机的底座是一辆四轮推车,核心部件是一个可以前后摆动的臂杆,杆的顶端有用来盛放投射物的凹槽。臂杆的前方,也就是车体的前端位置会有一根横梁。投石机就是靠着扭力绞紧绳索,将臂杆拉到与车体平行,完全倒下的状态后,瞬间释放臂杆,依靠较大动能向前摆动,与横梁碰撞,顺势将上端凹槽内的投射物击发出去。在东方,突厥人所使用的投石机顶部凹槽的角度是可以调节的,以便于调整弹道,最远射程能够达到 110 米。② 投石机古典时代就已经出现并被普遍使用,但在中古时代却很少被明确提及,记载较为罕见,它最早的绘图手稿出现在 14 世纪。③ 不过,按照史料中的记载,第一次十字军战争时期投石机应该就已经较为普遍地被使用了,尽管记载的内容较为含糊,缺少细节佐证。围攻尼西亚城的时候,据阿尔伯特记载,"王公们着手准备一种能够抛掷、发射石头的机械"④,"有两座塔楼被一种人们通称为投石机,能够发射石头的石弩破坏了"⑤,据在安条克的记载,他也提到部署了三架投石机。⑥

抛石机比投石机的体型更为庞大,相应的,威力也更大,同样在文献中记载的也是模糊不清,难以辨别。抛石机运用的是杠杆原理,核心部件是一

① Kelly DeVries, Robert D.Smith, *Medieval Weapons:An Illustrated History of Their Impact*, p.138.

② David Nicolle, *Arms and Armour of the Crusading Era, 1050-1350:Western Europe and the Crusader States*, p.197.

③ Jim Bradbury, *The Medieval Siege*, p.256.

④ Albert of Aachen, *Historia Ierosolimitana*, p.110.

⑤ Albert of Aachen, *Historia Ierosolimitana*, p.112.

⑥ Albert of Aachen, *Historia Ierosolimitana*, p.204.

个枢轴型结构。抛石机被架在一座大型基座上,上有两个支柱,支柱中间是一根横梁样式的木头充当轴枢,从中间穿过一根很长的杠杆,按照现代测量,较短一端和较长一端的尺寸比例大约为1∶5。① 在杠杆较长一端系有吊兜,抛射物盛放在里面。中古早期的抛石机全部用人力牵引,也就是依靠人力拉拽绳索,将远端的抛射物发射出去。这种人力的抛石机一般被称为牵引式抛石机。与上述的其他机械不同,抛石机并非是来自于古典时代的希腊罗马,而是产生自中国,从古代的中国流传到的西方。在公元前数个世纪,中国已经在使用抛石机,并自7世纪流传到了西亚北非,被称为"长发"机械。② 大约在9世纪的时候,抛石机应该已经进入到欧洲。但是史料文献的记载中它常常会与投石机混淆在一起,难以辨认。大致来讲,如果是投射的物体较为庞大,如人的尸体或者牛,一般就是抛石机作用的。

　　抛石机的技术仍在改进。因为人力牵引的动能有限,于是逐渐就转向了机械动力,以配重的方式来提供动能。所谓配重,就是在力臂一端配上重物,石头、铅块、铁皆可,利用绞盘将绳索扭紧,将抛射物一端的杠杆拉到基座处,用挂钩固定。发射时,释放抛射端,配重端瞬间下沉,带动抛射端前置,产生大量动能和作用力,实现抛射。这种新式的抛石机被称为配重式抛石机。现代的实验表明,配重式抛石机的威力相当可观,以抛射15公斤实心球为标准,一吨配重,设置成70°仰角,抛射距离能达到120米,极限距离是180米。③ 抛石机是中世纪最为强力的机械装置,是冷兵器时代对城墙及堡垒最有效的破坏性工具。配重式抛石机何时产生没有明确的证据,现存最早的手稿出现在13世纪。现代研究普遍认为,配重式抛石机应出现于12世纪左右。第一次十字军战争期间主要使用的应该还是牵引式抛石机。

　　在冷兵器时代,除了依靠塔楼、悬梯、抓钩等工具攀爬城墙、进入城池外,想要直接破城而入的物理办法唯有破拆城墙。除了投石机、抛石机之外,其他人力很难撼动石制高墙,最为有效的办法是间接破坏,也就是通过工具挖掘地面,形成通道,破坏地基。具体的操作流程大同小异,基本都是先期用十字镐、铁锹等铁制工具在城墙远端位置挖洞,在地下形成坑道,一直延伸到城墙、塔楼下方的地基位置,挖空的坑道用木桩支撑,避免作业期间坍塌。最后,在将坑道挖到城墙、塔楼地基的位置并将其下的土石掏空后,用柴草、树枝、及各种可燃物填满坑道,放火引燃。在火焰将坑道内的木

---

① John France, *Western Warfare in the Age of the Crusades, 1000–1300*, p.119.

② Jim Bradbury, *The Medieval Siege*, p.254.

③ Jim Bradbury, *The Medieval Siege*, p.268.

桩支撑烧毁后，坑道就会垮塌，导致城墙及塔楼随之垮塌。挖掘坑道的做法早在古代亚述时期就已经普遍使用，在攻打没有护城河防护的城墙时还是具有一定效果的。中世纪的战争中也常见坑道工兵身影。在英国 13 世纪的有关军事战争的文献档案卷宗中，经常会提到坑道工兵及其他工程人员，或是开辟道路，架设桥梁，或是挖掘坑道，破坏城墙塔楼。但这样的做法有一个明显的缺点，就是速度迟缓，且容易被发觉并被反制，如何保护作业人员的安全也是其中的难点。十字军在尼西亚围城期间，使用了遮棚及斜面作为掩护。这些遮盖顶棚同样是被包上了动物的皮革，并装有木轮，可移动。阿尔伯特将这样的一个装置称为"狐狸"。

　　埃斯克的亨利，及强有力的斯瓦比亚伯爵哈曼，自己出资，用橡木做横梁，制作了一架名为"狐狸"的器械。在遮棚周围，安装了牢固的栅栏，可承受突厥人的猛烈攻势，不管是近战武器，还是各种形式的投矛。人待在里面，不会受到什么损伤，并向城市突击。终于，"狐狸"被造好了，工艺精湛，最后一颗钉子都被仔细地钉上了。这两位王公的大约 20 名披甲战士受着"狐狸"的保护。[1]

此后，阿尔伯特详细记载了对尼西亚城的一次成功的破坏工作，十字军在一位来自意大利北部伦巴底匠人的协助下，打通了坑道，毁坏了该城的一座塔楼。

　　此人获得准许后，着手准备他的发明，将斜墙拼接在一起，以树枝条变成梢，捆绑在斜面上。有它作保护，他和施工者都能免受突厥人自上而下投出的矛的伤害。在这个防护遮蓬建起来后，身穿锁子甲，持着盾牌的基督徒集合在器械的周围，将它推过了堑壕，拖拽过去。在上方的所有突厥人的对抗、阻挠中，将它放置到了城墙旁边，紧挨着城墙。这位名匠人，跟其他工匠待在这架器械之下，安全无忧，信者的队伍撤回去了，基本是毫发无损……他们一刻不停，使用鹤嘴锄及其他尖锐的铁制工具，在塔楼的地基下掘土，最终，地基下的洞里被架上了横梁、立柱，及其他数量相当庞大的橡木。在取土出来后，城墙会被这些支柱支撑着，在人们施工的时候不会突然垮塌。这位名匠人看到洞的宽度和长度都已经非常可观的时候，军中的所有人，无论尊卑贵贱，都去收集

　　① Albert of Aachen, *Historia Ierosolimitana*, p.112.

能点火的材料,细树枝、根茎、枯枝、干燥芦苇、亚麻和其他可燃物,将它们都填充到洞里,堆到了立柱、横梁及优良的木材中间。木柴堆满了整个洞。然后,施工者引燃了火,大风助长下,火势迅速蔓延,不可遏制,并产生了巨大的响声,越烧越旺,将洞中的立柱、横梁及其他所有的木材都付之一炬。在木材都变成灰烬之后,地基没有了支撑。午夜时分,这座古代时期的塔楼瞬间就径直倒塌了下去。①

这件事情引发了史家著者们的关注,拉尔夫记载,"伯爵雷蒙德挖城墙的基部,破坏了其根基,严重动摇了地基,引发了剧烈的震荡"②。拜占庭公主安娜则记载了一个较为奇特的机械装置。

圣吉尔着手于委派给自己的事情。他建造一座木制塔楼,圆形,内外都包裹着兽皮,里面放满了编在一起,相互缠绕着的枝条。在完成加固的工作后,他将木塔运到了冈塔斯塔(Gonatas Tower)。这台器械当中有战士,击打着城墙,同时还有坑道工兵,用铁器破坏底部城墙。战士同城墙上的卫戍交战,保护坑道兵不受伤,持续作业。工兵将石头撬出,填充进去原木。在他们挖掘到快要从下面通过城墙,有微弱光在前方出现的时候,就点燃木材,化成了一片灰烬,塔向前倾覆了。③

安娜描述的应该是一种复合型的攻城器械,类似于攻城塔楼。它的上层有弓箭手掩护,底层有攻城槌攻打城墙,同时还有坑道工兵在破坏地基,挖掘坑道,同样是以燃烧木材的方式实现了塔楼的垮塌。综合上述几位著者的记载,可见,围困尼西亚城的时候确实有过一次较为成功的挖掘地道并破坏塔楼、城墙的事例。

综上所述,中世纪时代主要的攻城用器械和手段基本限于这几类。几乎所有的攻城器械和手段都是来源于古典时代,或者说,农本时代冷兵器战争自伊始就没有太多的改变。其中的一些变化和改变也仅是改良和一定程度的完善,没有质的飞跃。抛石机虽然不是来自于希腊罗马时代,但也是起源于同时期的古代中国,经过波斯流传到西方。抛石机从牵引型向配重型的发展,也有可能是东方世界改进的结果。不难看出,中世纪在机械设计和

---

① Albert of Aachen, *Historia Ierosolimitana*, pp.122-124.

② Ralph of Caen, *The Gesta Tancredi of Ralph of Caen*, p.40.

③ Anna Comnena, *The Alexiad of Anna Comnena*, p.335.

制造上是一个保守而缺乏进步的时期。勒高夫论，"中古时代，在机械应用领域尤其缺乏实质发展。当时使用的机械差不多全部都是被希腊时代的学者记载过的，特别是在亚历山大时期反复对其运转的科学原理做出过概述"①，并论，"中古时代的西方在技术发展的积极方面，是对古典时代已知，但仍是罕见、稀有工具、机械、技术的推广传播，而不是革新"②。农本社会对科学技术的态度本身就是保守的，社会对技术的抑制来源于封建自给自足的机制与体系。

二、攻城乏术及卫戍方的反制

整体而言，中世纪的战争当中，攻城是一件非常困难的事情。在东方的攻城战当中，防御方是占据显著优势的，他们多数可以凭借坚固城防，石头制成的壁垒御敌于城墙之外。另一方面，攻城器械本质上仍然是原始的，其弹射能力，投射物本身的破坏力都较为有限，人力牵引的抛石机对石制的东方城池无法构成实质威胁。十字军刚到东方，气势旺盛，在击溃了罗姆突厥的援军后更是想要一鼓作气拿下尼西亚这座要塞。他们利用周围的茂密林地建造了相当数量的攻城器械，在一段时间内对尼西亚城组织了一系列的攻势。史料中，阿尔伯特记载，"有的王公在准备能够抛射石头的机械，用来毁坏城墙、塔楼，有的人在制造头部包铁的攻城槌，制造各种机械装置"③；富尔彻记载，"勇士们制造各种机械，有攻城槌、遮棚、木头制成的塔楼、及投石机。弓弩拉紧箭矢，掷出石头。我们全力以赴，敌我双方在战斗中彼此攻伐。我们不断地持着机械，向这座城市勇猛地冲杀过去……"④显然，十字军是希望通过强攻的手段短时间内就将这座城市攻陷，强行破城而入。

但是，攻城机械的进攻效果不佳，对城市壁垒的破坏有限。阿尔伯特后续记载到，"这么多王公们将成堆的木头、攻城器械堆放到尼西亚城墙附近，有些产生了效果，但有些没有起到任何效果"⑤。富尔彻坦承，"城墙坚固，阻拦在面前，进攻无效"⑥。伯爵雷蒙德为了攻打这座城市，制造了数台投石机，在投入了大量人力物力之后，还是没能撼动城防。

① Jacques Le Goff, *Medieval Civilization*: *400-1500*, p.201.

② Jacques Le Goff, *Medieval Civilization*: *400-1500*, p.195.

③ Albert of Aachen, *Historia Ierosolimitana*, p.110.

④ Edward Peters, *The Chronicle of Fulcher of Chartres and Other Source Materials*, p.64.

⑤ Albert of Aachen, *Historia Ierosolimitana*, p.112.

⑥ Edward Peters, *The Chronicle of Fulcher of Chartres and Other Source Materials*, p.64.

　　这座古代建造起来的石头城防坚不可摧,尽管每日都在进攻,但
是,甚至于连一块石头都难以撼动。最终,又增设了更多投射的器械,
凭着它们,城墙在受到猛烈的打击后,一些地方出现了裂缝,结构松动,
受损,有石头掉落了下来。①

　　并且,攻城器械本身也并不是一种完全可靠的攻城器具,因为做工粗
糙、赶工仓促等方面的原因,往往会出现问题,不能持久发挥作用。上述过
的那座名为"狐狸"的遮棚,因为受力不均,在城墙旁边的摆放位置不当,以
及容纳人数过多,结构松动,"下陷了……它的横梁、立柱及所有附着在其
上的结构材料都崩塌了,顷刻间就压死了躲在其中的人们"②。于是,在经
过了相当一段时间内的猛烈攻势后,十字军在动用大量人力物力的情况下,
依旧没能动摇城防的根基,即便是造成了一定程度的损害,但这种局部的损
失过于微小,甚至赶不上城市卫戍及市民修复城防的速度,阿尔伯特对此做
出了非常详细的记录。首先,十字军经过不懈努力,竭尽全力地打开了一个
缺口,

　　　　在看到裂缝后,永生上帝的军队集结起来,用柳条编成的遮板掩护
着,穿过壕沟,勇敢地跨了过去。他们攻击城墙,奋力用钩状鹤嘴锹穿
透城墙上高耸着的那座塔楼。突厥人在塔楼里侧堆满了石头,填满了
它,为的是令它变得更加坚固。即便外边的围墙被高卢人损毁,侵入
了,里面堆积着为数众多的石头还能阻拦住他们。在这边,永生上帝的
子民们更加愤怒了,因自己人受到的杀戮群情激愤,用尖锐的铁器凿穿
了塔楼。终于,他们全力以赴地打开了一个缺口。这样的话,再将缺口
扩大,两个人能同时进入,就可以逐步地将其中的那堆石头拆散,打通
一条路径前往敌人所在之处。不过,他们并未能成功。③

　　这样的一次攻势持续了整整一个白天的时间,但在过了一夜之后,这个
缺口就被堵上了。

　　　　最后,夕阳西下,基督徒疲惫不堪,猛烈的攻击停顿了下来,恢复了

---

①　Albert of Aachen, *Historia Ierosolimitana*, pp.112-114.

②　Albert of Aachen, *Historia Ierosolimitana*, p.112.

③　Albert of Aachen, *Historia Ierosolimitana*, p.114.

平静。突厥人担忧这座破损的塔楼，趁着夜深人静之际，在里侧又堆积了大量石头。于是，第二天就不可能再有通道了……翌日早晨，太阳升起后，上帝的子民行动起来，武装好，想着再度进攻，将那个缺口扩大。不过，他们看到了，也知道了，在他们的面前，是被重新堆砌上的石头，就在新近的缺口处。①

于是，这次的攻势以失败而告终，"所有攻城器械、投石机、人所付出的努力和攻击，对城墙都没能造成任何的损坏，全部的努力、勇气都是白费"。随后，在围困安条克城市的初期，十字军也曾经尝试着攻城，但是在缺少木材原料的情况下他们无法做出足够数量的攻城器械。仅有的三架投石机对城墙没有造成任何威胁，更无法攻破城门。很快，十字军就放弃攻城的打算，进入围城对峙阶段。

即便十字军武装精良，人数众多，除了这些大型城池外，时常在面对坚固的小型城市或城堡的时候也会显得手足无措，无计可施。譬如，在攻克安条克城，进入叙利亚南部地区后，十字军进入的黎波里地界，为了敲诈当地埃米尔，雷蒙德曾竭力围攻一座名为阿尔恰的边界城市，结果居然从2月围困到5月，用了3个月都没能攻克，只得含恨而走，放弃了围城。事实上，在面对坚固的，精心构筑的牢固城防的时候，中古时代的这些攻城器械都是不可靠的，很难奏效。甚至一直发展到中世纪晚期的火器时代，大炮对于城墙的破坏力也是非常有限的。

攻城武器本身效能有限，质量不佳，城市的防御者也对攻城方造成麻烦，想方设法地化解他们的攻势。在东方，守城方最有效的防守武器是希腊火。希腊火古典时代就已经存在，并非由希腊人所发明，而是来源于叙利亚地区，但长期为希腊人所保有。安娜专门就希腊火做过形象而细致的描述：

> 每艘船的船首部位都装着狮子、各种陆上动物样子的头像；它们是青铜或者铁制成的，口张开。表面有一层金箔，看起来很是威吓。这些装饰头像的口中有条管子，希腊火从其中喷射出来，喷出火焰。②

从文献记载中看，突厥人此时应该已经掌握了希腊火的制作和使用方法。在尼西亚，阿尔伯特注意到，突厥人使用了一种特殊的混合可燃物，并

---

① Albert of Aachen, *Historia Ierosolimitana*, p.118.

② Anna Comnena, *The Alexiad of Anna Comnena*, p.360.

提到了其中可能包含的元素。

> 突厥人混合着油脂、油、沥青、亚麻,将猛烈燃烧着的火把一起混着,从城墙上倾泻下去,将攻城槌上的木头、柳条的构架付之一炬。①

希腊火能够持久燃烧,并且不会被水扑灭,可覆盖于海面上。因为当时几乎所有的大型器械、船只都是木制的,希腊火对它们具有极强的破坏力。至于希腊火的具体配方,因为长期以来都是被拜占庭人及东方各国严密保守,至今没有定论,但一般认为,其中应该是包含有多种可燃物、易燃物,应该有硫磺、柏油、树胶、及其他材料。②

此外,突厥方在守城、防御战当中善于使用火焰武器。除了倾倒在城墙下之外,他们还会以容器随身携带,"将装有火的罐子投到了地面上"③。时常他们会在攻城方推进的过程中,出其不备地发动突袭,在混乱中烧毁攻城器械,"突厥人猛然奔向攻城车,赶走它的守卫们,向它投掷火焰、沾有沥青的火把和热硫磺,将它化为了一团灰烬"④。在风向合适的情况下,恰当地使用火焰可有效阻碍对方行动路径,形成屏障。在安条克的平原上,科布哈的突厥联军就有使用火焰的战术。拉尔夫记载,大风助长了火势,对十字军造成了诸多妨害:

> 波斯人打不过我们,就使用火焰自救……试图制造烟雾、黑暗,让基督教徒们看不清,如同黑夜一般。突厥人烧着了芦苇、莎草和枝条,及其他在东风之下能够顺利燃烧的东西。东风肆虐,将蓟、灌木丛和鼠李产生的黑烟送了来,向着对面的大军涌去。看啊,遮天蔽日一般,本来的阳光灿烂变成漆黑一片。强者被削弱,弱者受到了助益。⑤

希腊火功效果显著,不仅在日后的拉丁东方被广泛使用,还被带回到了西欧。1151 年,安茹的杰弗里五世在蒙特勒伊贝莱(Montreuil-Bellay)围城期间就曾使用类似于希腊火一样的武器。他把各种易燃材料封在了铁罐

---

①　Albert of Aachen, *Historia Ierosolimitana*, p.116.

②　Kelly DeVries and Robert D. Smith, *Medieval Weapons: An Illustrated History of Their Impact (Weapons and Warfare)*, p.139.

③　Albert of Aachen, *Historia Ierosolimitana*, p.326.

④　Albert of Aachen, *Historia Ierosolimitana*, p.204.

⑤　Ralph of Caen, *The Gesta Tancredi of Ralph of Caen*, p.109.

里,点燃后投掷到城市里,烧毁了一些木头制成的防御物及部分的房屋。①

三、内部通敌与偷袭安条克城

根本上讲,中世纪的技术水平和攻守双方的不平衡,是不易于强攻城市并短期内速取的。在第一次十字军战争期间,除了耶路撒冷城是强攻得手的,没有一座重镇是短时间内攻坚下来的。但是,在特殊情况下,若是必须要立刻夺取城池,最好的办法是攻心为上。安条克城的陷落就是这种内部瓦解的典型案例。

安条克城,叙利亚北部门户,自古典时代以来就是战略重镇。安条克城的城墙坚固,拥有大量塔楼,地理位置优越,拥有地利。在中古时代,直到第一次十字军之前,这座城市从来没有被外敌攻破过城池,却于 7 世纪阿拉伯扩张、10 世纪拜占庭收复及 1085 年塞尔柱突厥入侵时三次陷落过,全部都是内外勾结、通敌的结果。安条克城内有大量的东方基督徒及希腊居民,这种情况下,内外达成一致,相互勾结的可能性是很大的。安条克城的统治者亚吉·西扬素来不信任自己城内的基督教市民,在获悉十字军即将到来之后,他就紧急采取措施,驱逐城内的部分基督徒市民。② 伊本·阿西尔对此做过如下的记载:

> 当统治者亚吉·西扬得知他们到来之后,因城内的基督徒而感到了忧虑。他把穆斯林的居民们派出城外,挖掘壕沟。翌日,他又将基督徒派出去挖掘壕沟,其中并没有穆斯林。这些基督徒在城外劳动整整一天,到了晚上想要回城的时候被阻拦在了外面……于是,这些人被阻拦住,留宿在法兰克人的营地当中。③

安条克城的突厥统治者做出这样的反应并不令人意外。如前所述,他掌握的军力有限,卫戍也不过千人的规模,而城内的居民半数以上都是希腊人和东方基督徒。一旦战事进入焦灼阶段,这些城内的异教徒就会成为最大的不安全隐患。所以,亚吉·西扬认识到了这样的隐患,并适时地做出了

---

① Jim Bradbury, *The Medieval Siege*, p.298.

② Ibn Al-Qalanisi, *The Damascus Chronicle of the Crusades: Extracted and Translated from the Chronicle of Ibn Al-Qalanisi*, trans. H.A.R Gibb, London: Luzac & Company, 1967, p.42.

③ Ibn al-Athir, *The chronicle of Ibnal-Athīr for the crusading period from al-Kāmil fī'l-ta'rīkh. Part.1, The years 491–541/1097–1146: the coming of the Franks and the Muslim response*, edd. And trans. Andtrans. D.S.Richards, Aldershot: Ashgate, 2006, p.14.

行动。不过,即便如此,安条克城在连绵不断的冲突,无止境的漫长围困当中,内部压力陡增,封锁愈发严密,城市内补给紧张,并陷入了愈发混乱的紧张局面。不仅是基督徒,即便是突厥人也有可能出于趋利避害的心理,倒戈投降。城外的十字军必定也认清了形势:在无法攻克城墙的情况下,想要拿下城市,唯有从内部寻求机会,获得支持。文献中,阿尔伯特特别记载了一次这样的尝试。当时,雷蒙德于上文提及的那次伏击当中俘虏了一名年轻的突厥贵族。

> 第二天,基督教王公获悉,此人出身突厥贵族,他的被俘令家人悲伤不已。于是,王公们命人将他押送到城墙前,他的亲属正受国王亚吉·西扬的命令在塔楼当中负责卫戍。王公们想要试试看能不能寻求到机会,让他们因怜悯之情而动摇,为赎回此人而将自己看管的卫城交出来,并暗中让基督徒进城。他们断然拒绝了,但想用大量的金钱赎回他的性命。不过,基督徒不要钱或者其他什么东西,只想要这座城市和它的塔楼。他们清楚,这个年轻人的父母地位高贵。他的亲属心软了,和基督徒进行着秘密会谈。①

不过,这次的交易并没有产生结果。亚吉·西扬知道了此事,将此人的亲属从城内驱逐了。但这件事情说明,城市是存在着内外建立通道,与某个家族或个体达成出卖城池协议的可能。随后形势急转直下,十字军对城市形成合围,并击败了阿勒颇的援军。1098 年的 5 月,紧张的情绪和形势终于转化为剧烈的矛盾冲突,城内的各方势力之间出现了裂痕,并被城外的十字军寻觅到了机会。这次机会至关重要,十字军抢在科布哈联军即将赶到之前夺取了安条克城。但是,在细节上,各种文献和史料并没有达成一致,出入很大,有必要于此处对各种记载做一比对,以得出较为客观的结论。

首先可以明确的是此人的名字,是皮乌斯(Pirus),或者弗鲁兹(Firouz),他是上层有产者,负责安条克城市的一座塔楼的卫戍。博希蒙德最早与他取得了联系,并在合适的时机下与他达成一致,通过他所看守的塔楼进城,并打开了城门。至于其出身是突厥人还是亚美尼亚人,以及为何降城,各种记载中说法不一。其中,有的是明显不符合史实的,应是记载者本人的臆断或者猜测。富尔彻的记载就严重失实,按照他的说法,此人是突厥人,因受到上帝的三次显圣而受感化,主动要求降城,是基督耶稣命令他,

①　Albert of Aachen, *Historia Ierosolimitana*, p.226.

"将城市归还与基督徒们"①。富尔彻当时并不在安条克,而是随着鲍德温一起去了埃德萨,很可能并不知道具体的情况。他承认,"我,富尔彻,离开了大军,跟随公爵戈德弗里的兄弟,伯爵鲍德温向左边前进了"②。修士罗伯特的记载也是非常可疑的。他认为此人是突厥人,在安条克的一次短暂的休战中间,他与博希蒙德之间建立起了友谊,两人在一起进行了长篇、严肃的关于天国下凡的白衣圣徒军队之事的探讨。博希蒙德及随军的教士说服了他,令此人真心信了基督,于是后来,在开战后,给博希蒙德送去了信件:

> 我已经明白,您是一位高贵的人,并是一名虔诚的基督徒。我和我的家族一并托付与您的信仰。我会为您做任何事情,如您所愿。我会将由我把守的三座安条克的塔楼交给您,会为您、您的人打开城门。③

显然,罗伯特是将宗教信仰布道与历史记载混淆在了一起,掺杂了自己的意愿在其中。罗伯特将显圣、天国白衣军队与安条克的命运设计在了一起,并于最终战杜撰了"神兵天降"的场景相互呼应。富尔彻和罗伯特的阐述都偏向宗教阐释和布道宣传,而非事实理性的分析。

同时,阿尔伯特的记载也存疑。他也认为此人是突厥人,动机是挽救被俘儿子的性命:

> 据说,在反复的战斗、冲突中,这名突厥人的儿子被俘虏了,意外中,落到博希蒙德手中。他的父亲为了赎回儿子,成了博希蒙德的臣下。最终,他选择了儿子的性命而非全体居民的安危,背叛了国王亚吉·西扬。为了救回自己的儿子,他同博希蒙德达成协议,让基督虔诚的军队进到城里。若城市被占领了,就要让与博希蒙德。④

阿尔伯特记载的问题在于与前述过的交涉事件的雷同。前后两次事件的前因后果非常相似,都是冲突中有青年贵族被俘,然后与其城内负责塔楼卫戍的亲属交涉。这样的重复是值得怀疑和审慎对待的。阿尔伯特在记载中特别强调自己的"一手"性质,由亲历者口述等等,但他毕竟没有本人亲

---

① Edward Peters, *The Chronicle of Fulcher of Chartres and Other Source Materials*, p.75.
② Edward Peters, *The Chronicle of Fulcher of Chartres and Other Source Materials*, p.69.
③ Robert The Monk, *Robert The Monk's History of The First Crusade*, p.143.
④ Albert of Aachen, *Historia Ierosolimitana*, p.272.

身参加这场战争,记载的主要来源是亲历战事的一线战士,这样就不免会产生局限。首先,这些亲历者的层次和阶级应普遍不高,估计无法准确掌握上层权贵决策的前因后果,尤其是这种涉及秘密交涉的机要事件。其次,阿尔伯特所接触到的十字军战士主要来自于法国北部、德意志地区,其记载和论述的主要也是偏重于戈德弗里集团,博希蒙德为首的诺曼集团主导着这次的安条克夺城事宜,他未能清楚了解其中的真实细节,做出误判也是情有可原的。因此,总体来讲,阿尔伯特即便主观上没有曲解此事的意愿,但他的记载应该也是有偏差的,并不可信。

相比之下,两位东方基督教史家的记载则更为简单扼要。拜占庭公主安娜对此事仅是做了寥寥几笔的记载。她提到,此人是亚美尼亚人,在守卫塔楼的时候与城下的博希蒙德发生了接触,被他"已然臭名昭著的巧舌雌黄"所说服,答应将城池交予他。① 亚美尼亚编年史家马太的记载则更为简单,没有提及民族及宗教信仰,仅是说明了此人主动联系的博希蒙德及其他法兰克人首领,让他们前来占据这座城市。这两位史家的记载尽管有一定的合理性,但因为过于简短,缺乏关键细节,所以帮助并不算大。

相比上述史料记载,基督教史家中的拉尔夫的记载是较为可信的,完整连贯,且符合基本的逻辑。拉尔夫明确此人是一名改宗了伊斯兰教的亚美尼亚人,是"富有的亚美尼亚人,摒弃了基督的信仰,追随了异教的谬误"②。依照他的记载,因为安条克城内补给愈发困难,食物短缺严重,亚吉·西扬命令富裕家庭将家中储藏的一半谷物充公。这个亚美尼亚人多次受到压榨盘剥,上诉无人问津,愤恨不满。同时,拉尔夫还特意提到,此人的不满可能更多的是来自于以往的积怨,突厥人一直在提防他们,对他们并不信任,并故意隔离。为避免里应外合,有机会相互勾结,亚美尼亚人全部被安排在了远离十字军的靠山一侧的塔楼上卫戍。于是,此人就用绳子从城墙上爬了下来,前往十字军的营地,见到了博希蒙德,达成了降城的协议。③

拉尔夫记载的合理性及较高的可信度主要来自于他的出身和背景。拉尔夫出生于卡昂,他的神学导师是后来成为耶路撒冷宗主教的阿尔努夫,因此,他是完全有机会接触到上层教俗贵族的,并可能从这个群体中获得较为真实的幕后信息。另外,更为重要的,他虽然没有亲自参加第一次十字军,但在博希蒙德从安条克返回欧洲后,他成为了博希蒙德的随军教士。后来,

①　Anna Comnena, *The Alexiad of Anna Comnena*, pp.342-343.

②　Ralph of Caen, *The Gesta Tancredi of Ralph of Caen*, p.87.

③　Ralph of Caen, *The Gesta Tancredi of Ralph of Caen*, pp.87-88.

拉尔夫前往巴勒斯坦,又成为当时的安条克公爵坦克雷德的随军教士。可以说,拉尔夫与诺曼集团的上层关系非常亲密,他写作的目的就是为了歌颂坦克雷德在东方的功绩。拉尔夫长期在安条克生活,并是坦克雷德的教士和顾问,当然很有可能掌握其他人无法准确得知的信息和资料。因为,至少在安条克降城这件事情上,拉尔夫的记载是有理由被信任的,并且经得起推敲。

并且,若是对史料进行横向对比的话,拉尔夫记载的可靠性就可进一步得到印证。在东方穆斯林编年史家的记载中,在相关事件的描述上双方有一定的契合度。伊本·喀拉尼西在记述中提及,此人是盔甲匠人,"名叫弗鲁兹,是亚美尼亚人"①。

> 在亚吉·西扬的侍人当中,有一些是制作盔甲的安条克本地人,他们参与到一个对此城的阴谋当中,同法兰克人做了交易,将城市交给他们。这么做,是因为之前他们受到了亚吉·西扬的不公平对待,被充公没收了财产。他们寻觅到了一个能够占据此城的一座临近杰贝拉的棱堡的机会,将它出卖给法兰克人,趁夜将他们引入城中。②

伊本·阿西尔对此事也有所记载,尽管较为简略:

> 安条克城被围困了许久,法兰克人同守卫塔楼的一个人联系上了。此人是一名盔甲匠人,名为鲁兹巴赫(Ruzbah),法兰克人赠给他金钱和土地。他管辖着一座临近山谷的塔楼,上面有一个能够俯瞰山谷的窗口。在同这个邪恶的盔甲匠人达成交易后,他们到了窗下,打开它,从这里进了城。③

基本上看,两名穆斯林编年史家的记载是较为统一的,即,此人是名盔甲匠人,亚美尼亚人,是一座临近山区的塔楼的卫戍,并有一定的社会地位和财富,他因为财产被查没并受到迫害而怨恨于亚吉·西扬,于是寻求报复,因此去勾结城外的十字军,并借此获取利益。从主线条及大致前因后果的阐述上,与拉尔夫的记载是接近的。拉尔夫的记载在关键性内容上与穆

---

① Ibn Al-Qalanisi, *The Damascus Chronicle of the Crusades*, p.45.

② Ibn Al-Qalanisi, *The Damascus Chronicle of the Crusades*, p.43.

③ Ibn al-Athir, *The chronicle of Ibn al-Athīr for the crusading period from al-Kāmil fi'l-ta'rīkh. Part. 1*, pp.14-15.

斯林史家的记述相互映衬，自然具有更强的真实性与可信性。这样的辨别真伪对史料的抽丝剥茧，去伪存真是必要的，既是为了尽可能地还原真实，同时更证明了文献记载史事横向对比、研讨、并与史家相关时代背景相结合，得出客观结论的重要价值。

再坚固的堡垒也无法抵御内部瓦解，看似固若金汤、征服无望的安条克城就这样被秘密出卖给博希蒙德为首的诺曼集团。博希蒙德主导了对城内亚美尼亚人的策反，长期策划，密谋数月，终于在时机成熟后实行。这个计策进行得非常顺利，十字军趁着夜色爬上城墙，进入塔楼，并打开了一座城门。随着城外的主力大军潮水般涌入，安条克城很快就陷落了，只有卫城孤悬于山顶上，未被攻占。

安条克攻防战充分说明，中世纪的攻城机械及手段对大型城防的破坏力非常有限，很难在短期内破城而入。上兵伐谋，即便坚固的城池也无法抵御来自内部的阴谋叛乱、离心离德，攻城战，克敌制胜的关键是攻心。与其说是攻城，不如说是攻伐人心，寻求支援。此时的攻城攻坚，技术层面的较量只是一个方面，更为重要的则是在意志力和思维上的比拼。

第五章　信息传递与情报攻心战

战斗胜负的天平也并非完全取决于战场厮杀和战术对弈,战场内外有其他足以改变战局的丰富元素。信息和情报无疑是其中重要的、不能忽略的组成部分。对信息和情报的掌握和传递,以及进一步的控制素来是战争中的重要环节,堪称是没有硝烟的战斗和博弈。对峙、冲突的双方,谁能够更好地掌握和使用各种有益信息,制造信息不对称,屏蔽并有意将信息和情报为己所用,或是威吓,或是误导,都会对敌形成优势。信息和情报战同样残酷,是对敌方的攻心和威慑。信息对战争的影响有时是间接的,有时是直接的,或是默默无声中逐渐积累,形成变化,或是在关键时刻扭转局面,打破平衡。因此,即便在史料文献当中,这部分的内容多分散于细节当中,且不为时人及史家所关注,却是不容忽视且值得发掘的要素。

第一节　指令信息与军队管理指挥

军队的管理和指挥是需要信息支持的。信息准确方能实时掌握战场动向,方便决策,命令的上传下达通畅才能实现号令统一,步调协调一致。然而,在农本时代,信息获取的水平有限,军队受制于当时原始的生产力技术水平,信息的掌握及处理能力十分有限。譬如,行军过程中军队基本是靠向导、经验前进,至多是粗略的手绘图纸,精度很低,方位感模糊。因为没有现代化的定位工具及联系、通信手段,在中世纪的西欧经常会出现敌对双方在一片较大区域当中互相寻找数星期仍未发现彼此,最终不了了之的情况。很多时候,交战的双方是在摸索中偶然遭遇的。在战斗当中,信息的传达和处理手段也是非常简单的。辨识度和区分度是一个很大的难题。在 11 世纪,西欧封建军队尚未在战场上使用盾徽和纹章,锁子甲外也不套罩袍,除旗帜外,很难再有明显区分的特征。甚至于,在战斗开始后,除了掌旗官之外,很多人都无法分辨出本方军事指挥。黑斯廷斯之战,因战斗过程激烈且焦灼,一度有传言公爵威廉已经战死,全军陷入混乱。这时,威廉不得已摘下头盔,在阵前来回奔驰,露出面容,大喊自己还活着,不要惊慌。第一次十字军战争中也发生过类似的场景。史料记载,多利拉埃姆之战中,诺曼伯爵罗伯特为了激励同伴们继续战斗、坚守阵地,同样"摘下头盔,露出头,高喊诺曼底"①。一定程度上,这都印证了战场上指挥困难,信息传递困难,甚至难于互相辨识的客观现实。

一、信使与信息的传递

当然,即便简单、较为原始,十字军时期的封建军队还是有信息、指令传达的办法和手段的。总体而言,它的信息指令系统是建立在封建军事体系上的,是封建体系的附属组成。信息和指令的传递功能主要由传令官及信使承担。他们在不同的队伍、营地及区域间穿梭往来,转达各种信息或指令。紧急情况下,所有人都可承担这样的功能。平民十字军在小亚被罗姆突厥击败后,幸存的朝圣者躲到废弃城堡中,当时就是一名希腊人被委任了信使的重要责任,逃到君士坦丁堡求援:

> 这时,一名忠诚的希腊基督徒担当信使,连夜乘船渡过了大海,去见彼得,将危险的形势,及其他人的灾祸、毁灭都告诉了他。②

但在正常情况下,传令官及信使并非是随意设置和挑选的,需要具备一定的身份和财力。物质财富是必需的,因为他们毕竟是需要自己准备马匹的,下层平民没有最基本的财产,无法作为骑手在营地及各个队伍之间骑行穿梭。与财富相称的,他们还必须要有一定的社会身份,具备一定的影响力,可能是乡绅扈从、骑士甚至是贵族。在封建社会的环境当中,阶级身份决定、垄断了几乎一切社会职业和功能的区分。既然贵族阶层是军队的权力、指挥中枢,大土地保有者是不可能听从无产平民传达的信息指示的。在军事进行过程中,军中的首领时常会指派随行的高级贵族去向自己想要下达命令和指示的人群转达信息。③ 所以,传令官和信使并非是任何人和群体都可以担当的职责,一般来说,有产者及享有相当社会地位的骑士和贵族方能胜任。在战争进行到关键时刻,传令官可能会起到关键性作用。譬如,尼西亚之战初期,十字军尚未汇合,驻扎在城下的主力部队就向雷蒙德派去了信使,要求他尽快从君士坦丁堡赶来:

> 公爵戈德弗里、博希蒙德及佛兰德斯伯爵罗伯特等全部在场者,当

① Ralph of Caen, *The Gesta Tancredi of Ralph of Caen*, p.46.
② Albert of Aachen, *Historia Ierosolimitana*, p.42.
③ Jim Bradbury, Kelly DeVries, *Fighting Techniques of the Medieval World AD 500 to AD 1500: Equipment, Combat Skills and Tactics*, p.157.

晚就向伯爵雷蒙德派去了信使。他若是想要加入对突厥人的战斗,并救援同伴们,就要比预想的更早出发……雷蒙德认出了这么多王公所派出的这位信使,知道了苏莱曼即将发动进攻,于是没有多做停留,趁着夜色就出发了。①

这次信息沟通当中值得关注的一个细节,是雷蒙德认出了信使,明确了信使本身具有一定社会地位和声望的必要性。之后,在多利拉埃姆,博希蒙德率领的前军遭遇突厥部突袭,陷入了困局,急需救援。此时,博希蒙德马上向主力部队派去信使,要求驰援,"一名信使马不停蹄地从崇山峻岭间穿行而过,终于到了公爵的营地当中,沮丧悲伤"。②

按照拉尔夫的记载,信使疾驰而去,去告知紧急情况,尽快把后面的大军带过来支援。③ 修士罗伯特也有相似的记载,开战之前,博希蒙德就将信使派出,骑着快马引后面的人过来参战。④

不仅在多利拉埃姆,在安条克,信使同样在关键时刻发挥作用。十字军同科布哈联军决战时,博希蒙德被突厥一部包围,"身处必死险境",信使急忙前往戈德弗里处,随后引来了德意志部驰援,成功解围。⑤

二、传令官与军队指挥

除了信使外,军中还会常设传令官,负责传达军令,一般由权贵的内府骑士担任这个军职。行军途中,传令官负责传达作息、扎营、集结、拔营的军令。在贵族议事会达成一致,做出决议后,也是由传令官传达到全军上下。战斗准备时,由传令官通知全军集结、列阵的各种部署和命令。传令官所传达的是强制性的命令,并是逐个通知,要求确实落实到每个人。文献中记载,在戈德弗里同匈牙利国王商议后,由传令官向"各家族、帐篷通知",勿要劫掠、破坏,要保证秩序安宁并交易公平,"违者处死"⑥。

传令官一般在文献中也较为罕见,是一个容易被忽略的角色。在博希蒙德、雷蒙德遇袭后,公爵戈德弗里急忙调动军队准备作战,展现了传令官的作用。

---

① Albert of Aachen, *Historia Ierosolimitana*, pp.104–106.
② Albert of Aachen, *Historia Ierosolimitana*, p.132.
③ Ralph of Caen, *The Gesta Tancredi of Ralph of Caen*, p.47.
④ Robert The Monk, *Robert The Monk's History of The First Crusade*, p.108.
⑤ Albert of Aachen, *Historia Ierosolimitana*, p.328.
⑥ Albert of Aachen, *Historia Ierosolimitana*, p.68.

　　闻听此事,公爵派出了多名传令官,让他们到各个帐篷去告知这个非常残酷的消息,通知所有人做好准备,应对敌情。信者们都陷入到恐慌和忧愁之中,立刻从帐篷里集合起来,将鳞状铁甲套上,把旗帜固定在矛上,快速地给马套上马鞍和缰绳,令马匹进入战斗状态。他们布好阵线,很快就布置妥当,向着桥及城门的出口处行进。①

　　历经军事洗礼,十字军形成了较强的默契,传令官富有经验,高效传达、有条不紊地落实命令,无疑强化了军队的组织和协调配合能力。

第二节　信息传递的几种手段

　　除了设定专门的传递命令、消息的传令官和信使外,十字军还有更为具体、简明的传达信息的工具、手段及方式。当然,受到时代的局限,他们所能采用的手段同样是有限的,基本是局限于视听所及的范围之内。

一、声音与军乐器

　　首先,声音是重要的信息传递的途径。十字军当中,就如古代直至近现代的军队一样,存在着各种发出军事信号的乐器,主要是喇叭及号角。这种简单的乐器在战场上作用显著,不可替代。军队经常是依靠喇叭和号角集结并武装,准备战斗的。这种方法简单直接,在君士坦丁堡城下,戈德弗里准备集结军队的时候就有细节呈现:

　　　　公爵立即命令吹响喇叭,将所有人都武装起来,让他们都回到君士坦丁堡的城前,再次在那里扎营。依照公爵命令,号手发出信号,令所有人全部出动,武装起来。②

　　在多利拉埃姆,戈德弗里也是以号角声为令,召集军队,“命令全军吹响号角,召集所有的同伴,拿起武器,持着旗帜,立即前去救援”③。十字军在安条克也曾约定以号角为令,召唤同伴进城支援,在成功入城后,“以号角发出雷鸣响声,召唤戈德弗里、罗伯特与其他贵族尽快进城,前来支援。

---

①　Albert of Aachen, *Historia Ierosolimitana*, p.240.

②　Albert of Aachen, *Historia Ierosolimitana*, p.78.

③　Albert of Aachen, *Historia Ierosolimitana*, p.132.

因为秘密地知晓所有事宜,在听到这安排好的信号后,他们带领大军冲杀过去"①。声音的传递简单而方便,是最便利的发出信号、交互信息的手段。

二、掌旗官与旗帜

除去声音之外,战争中视觉信息的传递也是一种重要途径。醒目的颜色往往能够鲜明地辨别敌我,这也是欧洲骑士偏爱颜色艳丽的盾牌彩绘的原因之一。科布哈在到达安条克城之后,与卫城内的突厥守军约定,监视城内十字军的动向,里应外合,随时通知。所以,在十字军准备出城的时候,卫城内的突厥人就发出了信号,在长矛上绑上了一块尺寸很大的黑布,置于卫城顶上,以便于科布哈的军队做好迎敌准备。② 同时,阳光反射也是释放信号的便捷途径。坦克雷德曾在塔尔苏斯使用镜子反射光线,指示在山谷中设伏的军队发起进攻,"一面镜子将信号发出后,藏于山谷中的重装者们从隐蔽的地方涌了出来"③。

除去上述过的视听觉表达手段外,这里尤其要强调旗帜的实际指挥作用。旗帜不仅是装饰品,它在战争中有着重要的功能和作用。其一,从阶级层面来说,旗帜是贵族阶层地位和身份的象征,代表着各个家族的荣誉。旗帜的颜色鲜明,做工精致,具有很强的辨识度,阿尔伯特就曾专门描述过军旗,"以金色装饰,以紫色印染,尽显尊贵"④。坦克雷德的兄弟约翰战死沙场,坦克雷德在逃走之前,"将矛上系的精致旗帜留在了自己兄弟的身旁"⑤,以表明尊贵的身份。

其二,旗帜还是区分不同军事集团、阵列的标识物,在行军作战中能够起到较好的辨别敌我的作用。拉尔夫曾记载过一个细节,科布哈看到十字军出城,于是叫来俘虏,辨别"这些旗帜都是谁的,有何象征",法兰克俘虏为他一一指明了都是哪些权贵的旗帜:有罗伯特、戈德弗里、休、雷蒙德、坦克雷德和博希蒙德的旗帜。⑥ 并且,旗帜能够方便地引导军队进行集结、列阵、进攻及撤退。权贵都有自己的掌旗官,内府骑士、封臣的军事武装自觉地聚拢在他周围,并树立起各自的家族旗帜,形成一个庞大而醒目的群体性标识。掌旗官在军队当中的重要性是毋庸置疑的,他们英勇善战,被权贵所

① Albert of Aachen, *Historia Ierosolimitana*, p.280.

② Albert of Aachen, *Historia Ierosolimitana*, p.324.

③ Ralph of Caen, *The Gesta Tancredi of Ralph of Caen*, p.58.

④ Albert of Aachen, *Historia Ierosolimitana*, p.198.

⑤ Albert of Aachen, *Historia Ierosolimitana*, p.130.

⑥ Ralph of Caen, *The Gesta Tancredi of Ralph of Caen*, p.107.

信任,始终持着旗帜立于阵线最前列,引导军队冲锋陷阵。掌旗官是为数不多的能在战争中被史家关注并记载下姓名的军职,一方面证明了它的重要作用,另一方面也凸显了这个军职高贵的社会地位。阿尔伯特记载,巴内维尔的罗格、勒普赛特的埃弗拉德两人是军功卓著的骑士,在最前方持掌旗帜,统率骑兵。[1] 并且,掌旗官不是单纯的武官职位,也担负贵族家族仪式性事务,时常也由能够识文断字、读写的内府副官担任。譬如,第一次十字军战争的主要记载者、编年史家阿吉利耶斯的雷蒙德(Raymond of Aguilers),他本人就是勒普伊主教阿泰马尔的掌旗官。[2]

掌旗官身兼重任,他的旗帜既是统领军队、号令全军的标识,同时也是军事贵族的荣耀、骑士精神的象征,意义重大。所以,掌旗官拥有较高的声望和名誉,一般都勇敢好战,身先士卒,是战场上为人瞩目的焦点。掌旗官虽然身份荣耀,却也是战场上受到威胁最大的军职,因为始终处于阵线最前方,且要持着最醒目的旗帜,时常会成为被攻击的对象。在安条克,勒普伊主教的一名掌旗官就死在了突厥人对十字军大本营的突袭当中。[3] 正是因为旗帜有如此重要的价值和作用,不仅象征贵族骑士的家族荣誉和精神,还是全军重要的指挥标识,它是轻易不能被夺走、丢失的。现代战场也是一样,夺旗象征意义非凡,对士气的打击和损耗是巨大的,任何军队都不会坐视本方的旗帜被敌方夺走。在战场上,许多人舍生忘死也要坚守战旗,这既是战术需要,更是勇气和精神的具现。安条克最后一战,休的掌旗官战死,一位名为贝莱姆的威廉(William of Belesme)的骑士挺身而出,杀出一条血路,夺回旗帜,并重新矗立起来。[4]

其三,旗帜的数量一般与军队的规模成正比,既能凸显军威,有的时候还能起到迷惑对手的作用。因为旗帜都是有所专属的,每面旗帜代表着一个家族或支系,有多少旗帜基本就会有多少贵族武装参与到这场战斗当中来。所以在中古战场上经常看到的是重装骑士带着不同颜色、形状的旗帜,气势浩荡地列阵而出,形成视觉冲击和震慑。阿尔伯特就记载,在安条克最后一战当中,十字军一共携带了1000面各种式样和装饰的旗帜,凸显了战斗规模之庞大。[5] 并且,旗帜与军队规模相匹配是当时战争中的常识,所以有的时候,十字军也会刻意地多携带旗帜,以蒙蔽对手,造成错觉,影响战场

[1]   Albert of Aachen, *Historia Ierosolimitana*, p.190.

[2]   John France, *Victory in the East: a Military History of the First Crusade*, p.283.

[3]   Robert The Monk, *Robert The Monk's History of The First Crusade*, p.126.

[4]   Robert The Monk, *Robert The Monk's History of The First Crusade*, p.171.

[5]   Albert of Aachen, *Historia Ierosolimitana*, p.322.

的决策和判断。安娜记载,在尼西亚的时候,皇帝曾命令将领率领一支规模较小的舰队去封锁尼西亚城西边的湖面,特意给了他很多的旗帜,"看上去要比真实的人数多出许多"①。拉尔夫也做出过类似记载,在坦克雷德于山谷设伏时,700名骑兵带上大量旗帜,专门用来迷惑对手,"每支矛上都绑着旗子,伪装成山中藏着与旗帜一样多数量的军队"②。

三、旗帜与权力象征

旗帜还是权力的象征,是宣称权的重要标志物。将旗帜竖立在城墙或塔楼上,象征着旗帜所有者对该地方的占有权。旗帜既代表着胜利,更代表着权力诉求。坦克雷德在塔尔苏斯的时候,就曾经威胁突厥人卫戍将自己的旗帜挂在城头,代表诺曼人对这座城市的所有权。鲍德温赶到之后对此大为不满,强迫突厥人易帜,"将鲍德温的旗帜插到了塔楼的顶端"③。鲍德温抢占了该城,易帜本身意味着权力的更迭,更引发了双方的系列冲突。④ 在安条克城,博希蒙德精心谋划了各种策略,打算将这座城市据为己有。于是,刚一进城,他就将自己的旗帜悬挂于城墙之上,表明了自己对这座城市的所有权:

> 天一破晓,博希蒙德的血色旗帜立于城市靠近山的一侧,正是降城之地的城墙上,在阳光的映衬下,闪现着淡红色光辉。这面旗帜令所有人都知道了,这座无法征服的城市,受上帝的恩泽、保佑,被投降给了博希蒙德及所有基督教信者的手中,被占领了。⑤

旗帜在权力意义层面还有臣服、附庸、受保护的功能。接受谁的旗帜就表明成为谁的附庸,进入哪个贵族集团或家族的封建体系内,这是严肃且敏感的政治标记。在安条克城,关于旗帜的接纳与否的问题曾引发一场严重的风波,并显露出十字军内部两个集团势力间的不和与较量。安条克城的卫城始终没有被攻陷,但在城市陷落,科布哈被击败后,卫城内的突厥人为了自保,决定向博希蒙德投降,希望得到他的庇护,得到他的旗帜悬挂在卫城上。当时正在城中的雷蒙德想要趁机抢占先机,占据卫城,于是将自己的旗帜送了过去,但被突厥人退回,最终还是挂上了博希蒙德的旗帜。

---

① Anna Comnena, *The Alexiad of Anna Comnena*, p.336.
② Ralph of Caen, *The Gesta Tancredi of Ralph of Caen*, p.82.
③ Albert of Aachen, *Historia Ierosolimitana*, p.146.
④ Albert of Aachen, *Historia Ierosolimitana*, p.152.
⑤ Albert of Aachen, *Historia Ierosolimitana*, p.282.

　　（突厥首领）请求将一面旗帜交予自己,以作保护的明证。圣吉尔
伯爵正留在城中监守这座卫城,就将自己的旗帜给了他。突厥人感激
不尽,将它固定在了卫城上。不过,正在附近站立着的几个伦巴底人告
诉了他,这不是这座城市的拥有者博希蒙德的旗帜。于是,他将雷蒙德
的旗帜还了回去,要求得到博希蒙德的。博希蒙德将自己的旗帜送了
过去。①

　　此次事件虽然在史料文献中只有这样简短的一段描述,但隐含的内容
是丰富的。雷蒙德想要趁机偷梁换柱,以自己的旗帜顶替,目的是明确的,
就是要抢占先机,宣布对这座卫城的所有权,以求日后在安条克城的归属上
争得话语权。突厥卫戍拒绝接受雷蒙德的旗帜并退回,证明安条克城在事
实上已经被博希蒙德为首的诺曼集团占领,他们不可能在这样重要的宣称
权上冒险。此次易帜事件深层次地表现了十字军两个集团派系之间的不
和,并预示着日后双方的冲突走向。事实上也是如此,不久之后,在安条克
城的归属上,雷蒙德和博希蒙德各执一词,争执不下,关系愈发紧张。博希
蒙德为了防止雷蒙德反复,甚至放弃了继续南下进兵,半路折返,确保安条
克不落入旁人之手。

　　总之,十字军同其他中世纪的军队一样,军事指挥高度依赖于信息的上
下传达。传令官和信使作为指挥系统的一部分,同样是由有产者骑士、乡绅
扈从担任的,并在战争当中起着虽常规,却不可缺少的命令转达、落实作用。
在这个时期,信息主要是以声音、视觉的手段来传达的,既有乐器和响器,也
有自然光的利用等。整体来看,旗帜在信息传递中是一种重要的媒介手段,
它不仅有高度的象征意义,同时更是实际作战指挥的关键凭依。此外,旗帜
深层次凸显了权力和占有的意识,是宣称权和依附关系的一种合理表达。
在 11 世纪,西欧封建贵族还没有产生纹章,旗帜的标识和象征作用更加不
可替代。随着 12 世纪以后西欧逐渐形成纹章传统和制度,旗帜对权力的象
征意义更加突出,成为身份、地位的主要标志物。

第三节　攻心战与克敌制胜

　　战争中,并非只有正面对决一种击败对手的办法,在战场对决交锋外,
还存在其他各种手段。很多时候,攻心战会起到意想不到的良好效果,会在

---

① 　Robert The Monk,*Robert The Monk's History of The First Crusade*,p.174.

短期内瓦解敌方士气,震慑对手,直接影响战局演变。第一次十字军战争漫长艰难,尤其在安条克战役期间,双方经历了艰苦的拉锯战,在这个过程中,双方斗智斗勇,有着大量心理博弈,时常是残酷的。攻心战的共同特点是,保证己方士气高涨及利益不受损失,同时,尽可能打击敌方士气,动摇对方军心,瓦解敌人。其中,既有信息的搜集和获取,又有虚假信息的故意传播和散布,更有对信息的刻意封锁和保护。不对称是信息战、攻心战的主要特征。

一、攻心为上:威慑和阻滞

攻心战的主要目的是致对手心理崩溃,失去继续作战的勇气和信心,造成战术决策失误。不论采取何种手段,令对方心理防线崩溃瓦解,达到威吓及阻滞的效果,都算是达到了心理的预期成果。这是一场没有硝烟的战争,非同寻常,却时常表现得极端且暴戾。其中,较为常见的手段就是散布谣言了。在扰乱视听上,谣言的效果是可观的。这些不准确或者故意歪曲、无中生有的信息在被散播出去之后,很快就广泛为人所知了。有时谣言也并非是错误信息,其中掺杂着各种真假不一的信息,但基本都是经过夸大、加工的传言。谣言时常会对军队产生困扰,尤其是在军情紧张,战事焦灼的时期。在史料中,拉尔夫评价谣言,"传闻如往常一样扩散开来,使得本已糟糕的情势变得更加糟糕"①。

有时候,谣言和传闻并非是主观创造的结果,是自然发生的。十字军进入小亚后,在尼西亚战役、多利拉埃姆之战两次击败了罗姆突厥及其联军。于是,法兰克人在安纳托利亚高原声威大震,传言四起,散布各地。这样的氛围对十字军的军事进程是有益的,所到之处基本没有遭遇抵抗,突厥卫戍大部分都闻风而逃了。以阿塔城为例,大兵压境的传言在十字军还未到达之前就已在本地传得沸沸扬扬,"法兰克人即将到来的消息不胫而走,整个敌方都被震撼了",突厥守军怯战不出,城内的亚美尼亚人趁势暴动,"向基督教兄弟打开了城门"②。不过,多数情况下,谣言传言的虚假信息会产生误导,形成错误的判断。譬如,十字军行军到科辛侬的时候,有传言说突厥人已经放弃了安条克城。伯爵雷蒙德大喜过望,不经过贵族议事会就直接派出 500 名骑兵,"想在没有人察觉的时候就占领了安条克的卫城"③。当

①　Ralph of Caen, *The Gesta Tancredi of Ralph of Caen*, p.81.

②　Albert of Aachen, *Historia Ierosolimitana*, pp.182–184.

③　Robert The Monk, *Robert The Monk's History of The First Crusade*, p.118.

然,这是一则纯粹的谣言或误传,但雷蒙德的举动暴露了他本人占据安条克城的野心,使得他同博希蒙德之间的利益冲突公开化。这次因谣言而起的事件隐含着政治隐患,并最早暴露了雷蒙德的野心。

安条克之战漫长艰难,期间各种谣言四起。尤其在摩苏尔总督科布哈率领联军驰援安条克的途中,各种传闻、谣言充斥在十字军的营地当中。据记载,“叙利亚、亚美尼亚的细作散布科布哈及其千万大军逼近的传言,传入到基督教军队当中。有的人不信,有的人信以为真,去叨扰公爵,让他提前准备”①。虽然科布哈的逼近确实是事实,但在久攻不克,腹背受敌的形势下,对这支来势汹汹的突厥大军的夸张渲染、肆意传播重挫了十字军的士气,情绪走向了负面化。阿尔伯特记载,军队失控了,人们心理崩溃了,甚至于,军中的主要首领,贵族议事会的主持者,布洛瓦的斯蒂芬带领自己的4000随众一起逃走了。军心涣散,首领们“受到异教徒即将到来的传言的困扰,这样的烦扰变得日益严重”②。

斯蒂芬的逃走引发了连锁反应。在撤走后,他与拜占庭皇帝在菲洛迈利姆相遇,在双方汇合后皇帝率军返回了君士坦丁堡。按照安娜的记载,斯蒂芬说了谎话,“发誓说,法兰克人已经被完全打败了”。同时还有乔里约桑苏丹(Chorosan)率军拦截拜占庭军队的传言,随即皇帝做出谨慎判断,率军折返。③ 这当然可能是托辞,但在当时的危急形势和气氛下,败局之象四处蔓延,阿列克修斯做出这样的决策无可厚非。不过,这进一步加重了原本就已紧张的情绪。获悉拜占庭援军原路返回后,法兰克人一方陷入混乱和绝望,“朝圣者内心悲痛异常,勇气不在”④。虽然科布哈大军未至,但已然透过各种传闻谣言威慑全军上下。若非博希蒙德事先已在密谋降城,这可能就成为压倒法兰克人的最后一根稻草。

此外,相对于谣言传言这种间接或无意识的攻心形式,对敌方造成震慑的办法还有更加主动、直接乃至暴力的形式。军队会采取威慑的方式对敌造成恐吓,动摇对手的军心,瓦解其士气。同时,这种直接,甚至可算残酷的做法有助于鼓舞军队本身的士气,张扬勇武,释放胜利的信息。

其一,是利用声音声响。在东方战场上,突厥方特别擅长制造战场上的声势,神出鬼没的伏击、突袭,配合地震天摇般的巨大声势,对十字军形成了极强的威慑和震撼。突厥军队在战斗的时候会携带大量响器和乐器,如喇

①　Albert of Aachen, *Historia Ierosolimitana*, p.266.

②　Albert of Aachen, *Historia Ierosolimitana*, pp.266—268.

③　Anna Comnena, *The Alexiad of Anna Comnena*, p.349.

④　Albert of Aachen, *Historia Ierosolimitana*, p.312.

叭、号角、钹和定音鼓等。① 在史料中,突厥人制造的巨大声响和噪音给史家留下了深刻印象。阿尔伯特记载,突厥军队有两个主要特征,"箭雨,还有喇叭的轰鸣之声"②。阿尔伯特评价,突厥人有着"独一无二、无人可以匹敌的嘶喊声"③,"突然而至的大喊声中,攻击徘徊于各处的基督徒"④,"突厥人用号角发出巨大而刺耳的尖锐响声,像他们惯常的那样,嘶喊咆哮"⑤。

其二,就是挑衅对手。在整个战争期间,这样的做法具有一定的普遍性,双方不同程度都有所使用。譬如,在安条克,突厥卫戍将城内基督徒驱逐出城后,废弃了城中的东正教教堂,将圣彼得大教堂变成了马厩。⑥ 法兰克人则是毁坏城外墓地,⑦用石材修建城堡。⑧ 突厥卫戍将城内东正教宗主教禁锢起来后,曾经多次地将他用绳索悬挂在城头。阿尔伯特对此事做了详细记载:

> 安条克宗主教是一名极虔诚的基督徒。突厥人被基督徒围困在城里的时候,经常当着所有人的面活生生地用绳索将他挂在城墙外,折磨基督徒。他们一直给他带着镣铐,伤害他的双脚。基督徒恢复他的教座,体面、谦恭、虔诚地恢复他安条克教会首席的权力。⑨

二、信息的限制和保留

战争中,除去军队指挥所需的指令信息的上传下达,对敌的威慑之外,还有一个重要的信息保护及限制环节需要特别注意。战局变化瞬息万变,稍有闪失或差错形势就会急转直下,无法挽回。因此,军事指挥层在各种信息的处理上总是采取一种审慎的态度。有时,为了避免形势恶化,领导层会刻意对信息进行保留和保护,做出一定的限制性措施,达到不对称的效果,以尽可能地将不利的因素最小化。这种情况在安条克之战期间,尤其是战

---

① Ian Heath, *Armies and enemies of the crusades, 1096—1291: Organization, tactics, dress and weapons*, p.95.

② Albert of Aachen, *Historia Ierosolimitana*, p.172.

③ Albert of Aachen, *Historia Ierosolimitana*, p.40.

④ Albert of Aachen, *Historia Ierosolimitana*, p.292.

⑤ Albert of Aachen, *Historia Ierosolimitana*, p.298.

⑥ Steven Runciman, *A History of the Crusades Vol.I: The First Crusade and the Foundations of the Kingdom of Jerusalem*, pp.214—215.

⑦ Robert The Monk, *Robert The Monk's History of The First Crusade*, p.134.

⑧ Robert The Monk, *Robert The Monk's History of The First Crusade*, p.138.

⑨ Albert of Aachen, *Historia Ierosolimitana*, p.338.

役中后期凸显出来,堪称典型。

如上所述,科布哈联军率军来袭,法兰克人面临着腹背受敌的危险形势,营地里谣言四起,各种传闻不断。在巨大的压力下,军队的主要领袖之一布洛瓦的斯蒂芬逃走了,且拜占庭皇帝阿列克修斯亲率的援军也半路折返君士坦丁堡。此时的十字军可谓风雨飘摇,心理承受的压力已经到了极限。于是,十字军贵族议事会首先决定派人去探查虚实。结果是敌情属实,确有一支突厥军队正在赶来。贵族领导层迅速做出决定,封锁消息,保证军心不动摇,维护基本的稳定情绪。阿尔伯特记载:

> 侦查的人们都回来了,他们亲眼看到,并亲口证言,科布哈来了。这些探查者们将敌人的全部军备,以至于每人的情况,悉数向公爵、其他的贵族们做了秘密的汇报。这么做是为了不要惊吓到其他人,因为他们在长时间的围城当中食物严重匮乏,受尽折磨,听到这些就会绝望,放弃抵抗,在渐渐夜深人静之时就逃走了。①

在之后的战争过程中,对信息的封锁变得更为必要。在十字军偷取安条克城后,随即被科布哈的突厥联军围困在了城中。此时战局每况愈下,外无援军,城内的补给几乎耗尽,很多贵族都动摇了,想要一走了之。当时,很多人成了所谓的"悬绳者",趁夜从城墙上悬绳逃走。在贵族议事会当中,戈德弗里、佛兰德斯的罗伯特、博希蒙德秘密地进行着协商,劝导贵族不要逃走,维护团结,"低微下层全然不知情"②。反之,若是不做刻意的掩饰,任凭上层贵族中的不坚定者们表达罢兵不战、一走了之的意愿而不作干涉,军心就会彻底瓦解,全军哗变,后果不堪设想。所以,十字军领导层这种谨慎、秘密的处理方式是合理的。

最后,当十字军欲与科布哈出城决战之前,试探性地派出隐修士彼得出城谈判。谈判的结果并不理想,科布哈的态度非常坚决且恶劣,并展示了准备好了的大量铁锁镣铐。回城后,全军上下蜂拥而至,都想知道结果。按照阿尔伯特的记载,彼得为了维护士气,有选择地交代了不成功的结果,其他细节和对话在戈德弗里的授意下,都刻意保留了,"告诫他不要对其他人透露获悉的任何事情,以免大家害怕、畏难,不再战斗,并逃走"③。

---

① Albert of Aachen, *Historia Ierosolimitana*, p.268.

② Albert of Aachen, *Historia Ierosolimitana*, p.308.

③ Albert of Aachen, *Historia Ierosolimitana*, p.320.

三、侦察、渗透和反间

战争若想要取得胜利,必须做到知己知彼。交战双方除了战场上的交锋外,在情报侦察上也是不遗余力的。十字军不仅能做到主动探查敌情,还会灵活而谨慎地使用各种手段进行反制,并有意地控制情报信息不外流、保密。这样的细节在文献记载中较为琐碎且隐晦,需要仔细梳理整理,方能予以展现。

对敌侦察是中世纪战争的一种普遍行为。在对战场控制能力极为有限,战争情势瞬息万变,难于掌控的基本前提下,交战双方都在不遗余力地派出探子、前卫去探查敌情,寻觅战机。譬如,在1066年威廉登陆英格兰前夕,交战双方都事先做了布置,以密探和细作相互渗透。英格兰方面,哈罗德向诺曼底派出过探子,而在威廉一方,同样也在对面积极收买各种知情人或向导,获取有益情报。在全面细致地展现了黑斯廷斯之战全景,及威廉征服英格兰全过程的贝叶挂毯上就描绘有侦查渗透的细节:公爵威廉派出的侦查人员在前线打探敌情,探查敌军动向。① 第一次十字军战争期间,因为战场环境陌生,深入敌境随时可能陷入伏击,所以法兰克人更重视情报探查工作。同样的,在封建战争中,重要而有意义的军职都是由有产者所垄断的,即便是探查敌情的任务也需要由高贵者来完成。他们一般都配有马匹,具有一定的身份,受贵族任命或委托,为上层所接受。阿尔伯特曾专门记下了去探察科布哈突厥军情的人员的名称,"他们是内勒的德罗戈,旺德伊的科莱姆巴德(Clarembald of Vendeuil)、法国人伊沃、来自图勒的雷纳德","是显赫且谨慎的人"②。大体上,所记的这些人都是骑士或以上身份,多是乡绅或领主。

按照富尔彻的记载,十字军在多利拉埃姆的时候,就曾因提前侦获敌情而获得了宝贵的备战时间。博希蒙德提前一个晚上就知道了突厥人在前方山谷布阵,于是提前扎营,进行防御,并在翌日清晨再次派出人去侦察敌情,

> 在行进了两天后,有人通报,突厥人在前方即将通过的平原上埋伏,准备战斗……我们获悉此事后,没有丧失掉勇气。当夜,我们的探子于远处发现他们人马众多,就立即回来预警。于是当天晚上,我们就在营地安排卫戍,对周围进行警戒。清晨,7月朔日,我们武装起来,两

① John France, *Western Warfare in the Age of the Crusades, 1000–1300*, p.140.

② Albert of Aachen, *Historia Ierosolimitana*, p.268.

翼展开,保民官、百夫长合理地指挥着步兵及百人队,号角警戒,旗帜飘扬,在战斗阵型下前进……当天白天的第二个小时,看啊,他们的先锋正在向我们的探子逼近中! 得知此事后,我们在一处沼泽旁扎营,卸下辎重,以更好地做战斗的准备。①

　　在对阿勒颇的关键一役中,十字军同样做了充足的战前准备,派出了探子探查敌情。按照阿尔伯特的记载,十字军当时派出的是两名骑兵,都是有一定身份的人物,一人是改宗了的突厥人,另外一人则是前面多次提及的多梅达特的沃尔特,"提防着,清晨刚刚破晓,就看到了前来救援安条克的无以计数的异教徒们……远远地发现了敌人后,他们准备好返回,疾驰而走,回到了700名同伴的身边"②。拉尔夫同样有类似的记述,不过更为简单明了,"这支微少的队伍前去同15000人战斗了,他们靠着自己的探子得知了敌情"③。罗伯特同样提及了有探子提前侦察敌情的细节。④ 此后,科布哈军队到来前,十字军同样派出骑兵前往探查虚实。这些侦察骑兵广泛地分散到了阿塔城、埃德萨、叙利亚北部的各个通道隘口处,掌握了科布哈方的军事动向,提前七天就将敌情告知给了军队领导层,掌握了主动。⑤ 由此可见,在第一次十字军战争中,每逢重要军事战役,在战斗发起前,十字军总会对敌情进行详细而周密地侦察,以探取敌情,做好准备。探查敌情显然是重要的军事习惯,而非偶然为之的结果。对敌情的准确掌握、提前预警,也成为了十字军始终能够在战斗中掌握主动,百战不殆的重要原因。

　　侦察敌情的过程中,合理有效利用高低差,占据制高点是一个重要的技巧。在信息技术手段原始的时代,开阔的视野更有利于观察敌情,广泛地收集敌方信息及动态。于是,交战双方都在有意地去寻找、占据、争夺制高点。科布哈率领联军到达安条克平原,第一时间就与山顶上卫城里的突厥守军取得了联系,以这座卫城为侦察的据点,随时观察城内十字军的动向,"经由山梁上的卫城,他可以看到城内所发生的一切事情。因此,他可以做好准备,能够集中,可以抵抗。高卢人无法对这些提前做好准备的人造成什么损失"⑥。拉尔夫记载,十字军在城内始终处于卫城中突厥守军的监视之下,

---

　　① Edward Peters, *The Chronicle of Fulcher of Chartres and Other Source Materials*, p.65.

　　② Albert of Aachen, *Historia Ierosolimitana*, p.234.

　　③ Ralph of Caen, *The Gesta Tancredi of Ralph of Caen*, p.82.

　　④ Edward Peters, *The Chronicle of Fulcher of Chartres and Other Source Materials*, p.130.

　　⑤ Albert of Aachen, *Historia Ierosolimitana*, p.268.

　　⑥ Albert of Aachen, *Historia Ierosolimitana*, p.324.

"突厥人从岩壁的高点之上向下俯视着,看着低处,众目睽睽之下,一切都是尽揽无余。他们知道谁在睡觉,哪里有人守卫,哪里防御薄弱,是如何布防的"①。

同时,突厥方也在采取种种手段进行渗透,试图掌握十字军的动向和内部情报。阿尔伯特曾记载,罗姆突厥基利什·阿尔斯兰派出过两名突厥人探查十字军的情况,"伪装成基督徒的模样,假装成朝圣者,探听基督军队的军事力量和动向"②。当然,突厥方主要还是收买、胁迫本地基督徒充当细作,协助打探各种信息。阿尔伯特同样记载过,军队里是有细作的,将十字军打算增援阿塔的消息传递给了当地的突厥人,"隐藏身份的探子们看准机会,从军中秘密地溜走了。他们去见了突厥人,将自己听到的、得知的告诉了他们,既有大公教军队逼近,也包含增援的计划"③。安条克之战期间,图勒教堂的执事长带领300人脱离队伍逃走,半路被突厥人截杀,阿尔伯特将之归咎于营地内的一部分东方基督教徒的出卖,"虚情假意,假装兄弟情谊,生活在一起,却是探子"④。阿尔伯特强调,正是军中的叛徒出卖消息给城里的突厥人,才导致4000名前往圣西蒙港的队伍遭受突厥人的伏击。修士罗伯特也有同样的表述,认为亚美尼亚人受到了突厥人的胁迫,不得不将营地里的信息透漏出去:

> 亚美尼亚人在突厥人的要求下跑到他们当中,白天前来拜访,妻儿被留在了城里。这些都是诡计。即便是亚美尼亚人,他们还是要回去,告诉城里突厥人我们的行动和言词。⑤

西方基督教史家著者会有这种议论和认识并非偶然。他们对于东方的生态环境并不熟悉,也不能理解地中海东岸地区复杂的社会关系、族群关系。在宗教神圣至上的基本观念下,他们对于基督教徒同异教徒之间的交往宽容度认知有限。并且,西方史家们本身就是怀着一定的成见乃至偏见在书写,对希腊人的普遍贬斥和忽略就是典型。他们常常会把东方的各个族群之间的正常交流及互动视作是立场问题,等同于叛教。然而,在整个地中海东岸地区,自7世纪以来的漫长岁月内,大部分时间都是多种宗教势力

---

① Ralph of Caen, *The Gesta Tancredi of Ralph of Caen*, p.100.

② Albert of Aachen, *Historia Ierosolimitana*, p.102.

③ Albert of Aachen, *Historia Ierosolimitana*, p.186.

④ Albert of Aachen, *Historia Ierosolimitana*, pp.220–222.

⑤ Robert The Monk, *Robert The Monk's History of The First Crusade*, p.121.

混杂在一起的。即便叙利亚以北及小亚地区的人口是以基督徒为主,但这些地域长期以来基本处于东正教拜占庭及伊斯兰世界的交替统治下。

不过,尽管西方史家的写作记载有所偏颇,但他们所反映的这些问题也一定是部分存在的。亚美尼亚人、叙利亚的基督徒乃至希腊人当中一定会有一部分人,出于利益考虑会同突厥人相互配合,透漏风声和信息。亚美尼亚人在给基督徒运送食物的同时,也会将粮食贩卖给突厥人。所以,尽管记载有所夸大,或者不实,但也反映出存在内部细作、探子的可能。

因此,十字军方面也在自觉、有意识地反间,并保护信息的安全和秘密。他们在路口和交通要道设置岗哨,安排守卫,"提防对手之诡计"。十字军曾经成功拦截了罗姆突厥人派出的探子,杀死一人,俘获一人,并逼迫俘虏交待了突厥方的突袭计划,提前做好了部署。① 相较于主动拦截和反间,法兰克人更常见的防范措施是主动做好保密工作。首先,他们要重视隐蔽性,避免过早暴露军事意图。随着不断深入敌境,周边地理、人员环境日益复杂,法兰克人稍有不慎就可能陷入险境,更要注意谨慎行军。相比之下,平民十字军在尼西亚的糟糕表现堪称反面典型。平民十字军军纪涣散,组织、纪律性低下,在擅自离开营地向尼西亚进发的过程中,不注意隐蔽行军,过于张扬和喧闹。据记载,当时罗姆突厥基利什·阿尔斯兰也在向法兰克人的营地行军,双方正巧进入同一片森林。远远听到平民十字军的喧闹声之后,突厥方立刻掌握了敌方动向,于是悄悄撤出林地,在平原列阵,以逸待劳。于是,在平民十字军刚刚走出森林就遭遇突厥人的迎头痛击,很快就被全歼。② 其次,在处理关键事务的时候,如策反、突袭等,也应保持必要的隐秘性。十字军犯过类似错误,他们在同城内突厥人交涉赎回被俘青年贵族时,"整个事情做得过于公开化"③,最终败露,以失败告终。

在经历了种种的失败和挫折,并吸收过往种种惨痛教训后,法兰克人有意识地强化了信息管控,强化隐蔽性、机密性。这种变化在安条克战役后期表现得尤为明显。在形势最为危急的时刻,也就是在破袭阿勒颇、科布哈来袭及安条克破城前后,法兰克人表现出高度警惕性,审慎对待一切细节,尽可能减少出现变数的几率。他们注意情报的保护,防范间谍的渗透。在准备突袭阿勒颇援军,主动设伏的作战计划公布后,按照阿尔伯特的记载,公爵戈德弗里专门对全体参战人员做了告诫,特别强调作战纪律,要求务必做

① Albert of Aachen, *Historia Ierosolimitana*, pp.102–104.
② Albert of Aachen, *Historia Ierosolimitana*, pp.38–40.
③ Albert of Aachen, *Historia Ierosolimitana*, p.226.

到秘密，消息不泄露。

　　"我们既然是想要有把握地取胜，并珍爱生命，那么，我所说的这些话绝不能被公诸于众。不要让敌人提前知晓此事，因我们逼近，并要发起攻击而焦虑，就不会受到多少惊吓，也就不会畏战了。"①

　　随后，破袭阿勒颇的整个军事行动都是极为隐秘的，只有贵族首领们知情，带着部队秘密离开，且没有惊动城内的突厥卫戍。最后，如前所述过的，突袭取得奇效，达到了出其不意的效果，彻底击溃了强敌。

　　此后，博希蒙德夺城的过程则更加隐蔽、细致和周密。因为此次降城事宜直接关系全军的生死存亡，几位直接的参与者在商议、处置、执行的过程中行事极为慎重，堪称小心谨慎。阿尔伯特记载，博希蒙德在贵族议事会的商议结束后，又单独将主要权贵，也就是全军的核心领袖们聚集在一处，有戈德弗里、伯爵雷蒙德、佛兰德斯的罗伯特，"于秘密地方，将隐藏在心里的事情都说给他们"②。然后，在场的人举手宣誓，"不说出这些事，默默隐瞒起来，不让他人知晓"③。拉尔夫印证了这样的说法，他记载，博希蒙德秘密谋划这项计划已经很久了，他最早告知了勒普伊主教阿泰马尔，阿泰马尔承诺"不做张扬，尽力保密"，将领袖们集合起来商议。④ 在上层商议定了计划，并准备执行的时候，首领们同样做了精心安排，声东击西。阿尔伯特记载，十字军佯装派出军队，去伏击摩苏尔联军，向着山谷进发，以麻痹敌人，放松警惕。行军的过程中，军队特别强调纪律和隐蔽，戈德弗里命令，"不得喧哗，如有违反者，处以死刑"，并且始终没有告诉队伍上下真正的目的，隐藏在山谷当中，静待夜晚的到来。⑤ 修士罗伯特记载，十字军佯装要远行，使用了障眼法，"他们行军离开外出，穿过了山谷，就像去劫掠撒拉森人的土地一样。傍晚时，他们回来了，安静至极"⑥。

　　在到达安条克城下后，约定的双方接头，以提前商议的暗号为令。阿尔伯特记载，双方是以戒指作为信物的。⑦ 拉尔夫记载的是，双方以投掷石块为信号，一块是一切顺利，两块是危险，情况有变。在获得了安全的信息后，博希蒙德才派人爬上城墙。⑧ 整个计划从策划、商议、决定到执行，都尽可

---

① Albert of Aachen, *Historia Ierosolimitana*, p.234.

② Albert of Aachen, *Historia Ierosolimitana*, p.270.

③ Albert of Aachen, *Historia Ierosolimitana*, p.272.

④ Ralph of Caen, *The Gesta Tancredi of Ralph of Caen*, p.89.

⑤ Albert of Aachen, *Historia Ierosolimitana*, pp.272–274.

⑥ Robert The Monk, *Robert The Monk's History of The First Crusade*, p.144.

⑦ Albert of Aachen, *Historia Ierosolimitana*, p.274.

⑧ Ralph of Caen, *The Gesta Tancredi of Ralph of Caen*, p.91.

能地做到秘密无声,只有少数核心领导者知情。最终的执行效果达到了高度保密的预期结果,甚至到了城破的一刻,多数人都还被蒙在鼓里,对此事一无所知。阿尔伯特记载,当城内号角声响起,声音震天时,营地里的人还以为是城内突厥人为迎接科布哈发出的欢呼声,"根本不知道此城已经被投降到高卢人手中,已被占领"①。通过比照拉尔夫的记载可发现,这次降城的知悉范围非常小,诺曼集团的主要青年将领坦克雷德因身在另外一个作战区域执行任务,都未受通知参与其中。当时,他正在南门外监视道路,在俘虏了一名从城中逃出的突厥人后方才知道了实情。② 显然,这次对信息的严密封锁限制是有意义的,军事安全得到了保证,最大程度确保了取得胜利的几率。

综合来看,围绕着信息的传达、释放、获取、封锁、保护,交战双方在战场上斗智斗勇,展开了一系列专门的军事行动,动员了充分的资源,使用了所能使用的能力和手段。在第一次十字军战争中,围绕着信息情报的斗争确实真实存在,且是战争不可或缺的重要构成的一部分。忽略情报信息的一方往往会落于下风,甚至会导致最终失利。安条克城的陷落从战术角度上讲,是降城导致的,城内突厥卫戍未能掌握信息,没有及时反制,最终功亏一篑,失去内外夹击合围的绝佳战机,战局也随之扭转。

由此可见,克敌制胜的办法和手段不仅局限于战斗和战术,或是攻坚对垒,攻心制胜的策略也是重要的,不容小觑。事实上,攻心战对封建战争尤为奏效。中古时代的军队职业化水平很低,体制机制存在众多的缺陷,军队组织松散,士气不稳,易于涣散,抗压能力不足。即便优秀统帅坐镇指挥,封建军队的实际作战效率也是有限的,以近代以来专业化军队的标准衡量的话,可谓差距悬殊。这种情况下,中古的封建军队很容易在长期焦灼的对峙中土崩瓦解。攻心伐谋在微妙的战局中显得尤为关键。在长期的消耗战当中,如何保持士气,维系军心不动摇,确保一心对敌,维持争取战争胜利的积极心态,都是军事领袖必要考虑的。

第一次十字军战争中,从安条克战役来看,法兰克人对情报信息的重视程度提高到了新的高度,愈发谨慎、缜密。一方面,这显示出战争磨砺下军事经验的提升。另一方面,它也是情势使然,在被动局面下不得已做出的改变。如前所述,十字军的战力在东方持续衰减,人力和马匹的战损难以弥补,有生力量,尤其是骑兵力量损耗严重。安条克战役发展到中后期,法兰

①　Albert of Aachen, *Historia Ierosolimitana*, p.280.

②　Ralph of Caen, *The Gesta Tancredi of Ralph of Caen*, p.94.

克人首次在军力上位于劣势,处于下风。他们接连受到叙利亚北部各主要突厥军事力量夹击,缓冲余地很少,若一次应对不力,都会导致前功尽弃,满盘皆输。可以说,战场环境恶劣残酷,容错率低,是百余年间历次十字军难于在东方有所作为的一个重要原因。

　　第一次十字军此时改变了作战的策略和方式,不仅在战术上更加成熟,学会适应,并发展出新的军事习惯,同时,在各种细节上都要尽可能地做到审时度势,谨慎行动。一次重大的军事决策的失误,一个重要的军事机密的提前泄露,都可能导致功亏一篑。因此,法兰克人变得谨慎,频繁探查战场信息,掌握情报主动权。他们的努力也收获了成果,有了成效,并在战争的关键时刻发挥了效应,并使得战争胜利的天平向己方倾斜。他们所表现出的,对信息情报的高度重视,慎重审慎的态度,也是当时封建军队中较为罕见的,为后世从战术层面上探讨战争胜负原因提供了一个新的,有意义的视角。

第六章 团结对分裂：十字军的 战略优势

战争的胜负有战术层面的战场对决，更有战略层面的运筹帷幄。一般而言，战术是局部性的，短时限的，更多的是战场层面的战斗和冲突。相比战术而言，战略是长远性的规划，是整体性策略，是对全局的运筹帷幄。局部战场的胜负，一场战斗的胜负结果或许取决于战术运用是否得当，但大规模战争往往拥有多个战场，一系列的战事战役，要经历相当长时段的持续冲突或对峙，第一次十字军战争就是典型的多势力间的长期战争。在这个级别的战争中，战略的作用明显高于战术层面。战略决策决定战局走向，在战争实际爆发前就为最终的胜负奠定了基调，在此基础上，战场战术方才发挥作用，实现战略远景意图。

第一次十字军战争的最后结果绝非是单纯的战斗胜利，更是战略布局成功的自然结果。战略层面上，十字军最大的优势就是获得了拜占庭、亚美尼亚人的鼎立支持，形成了一个坚强、稳固的统一阵营。三方在战略层面上实现了高度统一，达成了高度共识。换言之，是相对团结的基督教阵营对分裂崩塌的伊斯兰阵营。这样的布局并非完全是自发有意识作用的产物，却也是各方利益博弈下的必然选择。在此，不再赘述突厥方的分裂和彼此的敌对，专就十字军方的战略优势做一阐述。

第一节 战略共识和统一的基本前提

某种程度上，第一次十字军战争可以算作是宗教战争，存在两个阵营，即基督教阵营和伊斯兰教阵营。基督教阵营主要包括来自西方的封建军事势力，以及地中海东部地区的东正教拜占庭、亚美尼亚人及叙利亚当地的基督徒。从时代背景来看，11世纪末的地中海东部地区，即小亚、西亚北非地带，真正具有军事能力，能够角逐一方势力的只有拜占庭及亚美尼亚人两个基督教势力。第一次十字军战争中，十字军因为孤军深入，形势险恶，必须要寻求所有可能的支援，尽可能地创造更多的胜利条件。从理论上讲，相同信仰是相互支撑、结盟的基础，也是多方势力能够联合到一起的重要条件。尤其是在中世纪这个宗教信仰浓厚，宗教意识形态主导社会发展的时代，大基督教阵营的战略是天然的，从理论层面看是最不存在争议的结盟形式及理由。但是，深入实际分析，意识形态的一致并非是战略统一的根本前提，其背后仍有更深层次的原因。

一、意识形态的非决定性作用

宗教信仰相同是战略统一的一个必要前置条件，但绝非是能够形成统一阵营所必需的唯一要素和根本前提。如前所述过的，伊斯兰世界各派势力之间长期不和，塞尔柱苏丹同罗姆突厥、埃及法蒂玛王朝彼此不和，相互敌对。并且，两河流域及伊朗高原的塞尔柱苏丹国内部也因为兄弟掣肘相互分裂，叙利亚及巴勒斯坦的各地区、城市的埃米尔也事实独立，相互争斗不休。显然，相同的信仰，意识形态的一致并没有解决伊斯兰世界内部彼此间的利益冲突和矛盾问题。

事实上，基督教世界内部各种派别之间的争执、分裂同样存在，同样是一直持续着。地中海世界东西两个区域的基督教信仰差异非常显著，很难实现和睦相处。自基督教早期的尼西亚公会议以来，基督教世界的宗教争论就一直在持续进行着，直到最终演变为 11 世纪中期的罗马天主教会与君士坦丁堡的东正教会之间的大分裂，互相开除教籍，并自此再未复合。除去西欧天主教与东欧希腊东正教间的不和，拜占庭帝国同东方其他基督教派别同样水火难容。拜占庭帝国长期以来奉行宗教高压政策，亚美尼亚人因为居住于小亚腹地，影响广泛，独立性强，首当其冲受到迫害和压制。亚美尼亚教会的教宗长期被扣押在君士坦丁堡，亚美尼亚人聚居地的长官多由东正教出身官员担任。帝国始终都在有意地削弱亚美尼亚人的势力，双方始终是若即若离，从未和解。正是因为宗教信仰上的差异及长期迫害，多数东方基督教派都对拜占庭帝国不满，怀有疏离感，譬如，叙利亚的马龙派和聂斯托里派甚至更愿意在伊斯兰势力的统治下生活：他们至少可以在缴纳人头税之后享有信仰上的自由，但在拜占庭统治下，他们只会受到持续的迫害、压榨和盘剥。

同时，宗教信仰显然也不是相互扶持，共同进退的保障。长期以来，拜占庭帝国持续受到东方伊斯兰诸势力的冲击，反复受到各方游牧民族的侵犯，一直处于军事高压状态。但是，除去西欧同样因为外族入侵而四分五裂，无暇东顾外，再很难找到西欧诸多势力数百年间从未对拜占庭施加援手的合适借口。长期以来，双方在宗教信仰、地域文化上的疏离感，相互间的割裂情绪，直到第一次十字军战争时期也未改变。若将视野延伸到整个中古的 11 到 13 世纪的历史长段限，则会发现，尽管第一次十字军战争中双方有过密切合作,但总体上看,十字军战争一定程度加剧了两大文明间的分裂,并造成了长远的,不可弥合的裂痕和矛盾。1204年,第四次十字军直接攻陷、劫掠了拜占庭帝国的首都君士坦丁堡,一度灭亡了帝国,建立了诸多希腊拉丁王国,将双方之间的矛盾冲突直接推向顶峰。

最后要提到的是,十字军概念在泛化后,也并非仅局限于东方世界,在封建西欧,它同样发展成为了一个发动战争,产生纷争的理由,一个强有力的手段,一个合理、正当的标识,"法国人在法国南部、西西里王国进行殖民,德意志人在普鲁士的拓殖都取得了正式的十字军的称谓……十字军的概念被扩大化,同时退化了"①。

因此,不能简单地认为,宗教信仰的一致性可以解决所有的基本矛盾和立场问题,足以成为双方抛弃彼此成见,团结协作,共同对敌的根本理由。在基督教兄弟赞歌口号的背后,自然还有着更多利益的一致性,以至于能够将多方势力暂时地纠合在一起,实现从形式到实质性的联合。对此,首先要明确这样一个清醒的认识,方能形成更为客观公正的评判。

二、根本利益的一致性

中世纪是农本时代,最宝贵的资源自然是土地,战争多数也是以对土地的占有为核心诉求。土地象征着权力、地位和身份,是封建贵族阶层垄断财富,享有特权的根本。西欧封建社会的封建战争多以土地的争夺为中心展开。小到家族间的血亲复仇、私斗,大到王朝战争,区域冲突,大多都是由土地所有、宣称、继承问题引发的。约翰·法郎士对土地与战争的关系曾做过这样的论断,"这一时期的战争基本都是关乎土地所有权的战争,即,最好也是要受到关于土地所有权的考虑影响的战争。这并不意味着战争全部都是,并仅仅是关乎土地占有的,而仅是意味着,土地占有是一个具有甚大影响力的因素,应一直受到重视"②。

第一次十字军战争也是如此,就所谓基督教阵营而言,参战各方对土地都有着强烈诉求,是最为现实且明确的目标。如前述过的,到了11世纪中期及以后,拜占庭帝国受塞尔柱突厥军事压力越来越大,在土库曼人的夹击下,东方领土不断受到蚕食,日益萎缩,罗姆突厥对小亚的占领使得领土危机达到了极为严重的程度,再不能回避且不应对。在逐渐摆脱了诺曼人对巴尔干半岛的入侵威胁后,科穆宁王朝决心重新收复东方失地,重新夺回小

---

① Jacques Le Goff, *Medieval Civilization*:400-1500, p.65.

② John France, *Western Warfare in the Age of the Crusades*, 1000-1300, p.2.

亚控制权。亚美尼亚人在突厥人的军事压力下逐渐迁移，既面临险境，暴露在突厥与土库曼人蚕食、渗透、侵袭的最前沿，又因为摆脱了拜占庭的控制束缚而迎来了独立建国的机遇期，遂趁机建立了独立小王朝，谋求自立。11世纪后期，亚美尼亚人一直挣扎在生存与独立的裂隙之间，寻求发展的空间和可能。因此，拜占庭帝国和亚美尼亚人无论是从收复失地，还是争取独立建国的角度来看，都表现出对土地占有的高度关注，虽然目的不尽相同，但他们都有着明确的目标：驱逐小亚的突厥人，恢复或扩展领土地域。

十字军东侵的组织、领导者，及主要参与者的动因同样与土地高度相关，是驱策各方势力东进的直接动力。土地是第一次十字军战争西欧各势力的共同目标，"对土地的渴望是激发尚武之人加入十字军的因素"①。首当其冲的是贵族集团，尤其是权贵，他们对占有土地持有最大的野心和欲望。他们之中最为野心勃勃，最为赤裸地表现出占有土地欲望的，是博希蒙德、雷蒙德与戈德弗里。

博希蒙德是十字军中最富有军事才能的领袖之一，早年在其父罗伯特·圭斯卡德对拜占庭的巴尔干战事当中已经独当一面，担当重任。但是，博希蒙德因继承权的障碍在西方很难施展抱负。他的生母是诺曼人阿尔薇达（Alverda），罗伯特·圭斯卡德为了稳固权力，在 1058 年与阿尔薇达离婚，迎娶了伦巴德公主丝凯盖塔（Sikelgaita）。丝凯盖塔为圭斯卡德生下了子嗣，博希蒙德遂丧失了继承阿普利亚公国的可能。在圭斯卡德 1085 年去世后，博希蒙德先后两次反叛他同父异母的兄弟，阿普利亚公爵罗格，及伯父，西西里伯爵罗格，得到了塔兰托、布林迪西、及巴里。不过，偏安一隅的境地无法满足博希蒙德建立庞大公国的野心。于是，十字军成为了博希蒙德实现野心抱负的一个绝佳契机。于是，在克勒芒会议的七个月后，教皇乌尔班二世同博希蒙德会面，双方一拍即合，达成协议。

雷蒙德是所有十字军首领当中最为富有的一位权贵，是图卢兹伯爵及普罗旺斯侯爵。他是最早响应十字军号召的权贵。早在 1095 年夏天，乌尔班二世进入法国南部不久，就与雷蒙德接洽，商谈出兵东方的事宜。雷蒙德对在东方建功立业富有热情，并很快就做出了出征的决定。作为最早响应教皇号召的权贵，并且有教皇代表阿泰马尔同行，雷蒙德理所当然地自认是这场长途征伐的军事领袖。雷蒙德将自己所有的领土都交给儿子继承和管理，自己带着妻子和家眷、大量资财动身，发誓永远不再返回欧洲。

戈德弗里前往东方的动机同样与土地直接相关。他虽然贵为下洛林公

---

① 　John France, *Victory in the East：a Military History of the First Crusade*, p.14.

爵,但他的地位并不稳固,甚至算是岌岌可危。戈德弗里的父亲是布伦伯爵尤斯塔斯二世,但他是次子,在继承权上并无优势,缺少争得土地及爵位的实力。戈德弗里之所以能够获得权势,主要是凭借政治手段斡旋运作的结果。他与德意志国王、神圣罗马帝国皇帝亨利四世交好,结成了亲密联盟。在皇帝的介入下,他从绝嗣的舅父戈德弗里三世那里获得了下洛林公爵领。但是,戈德弗里缺少维护既得利益的绝对实力,自从继承家族领地伊始,就一直处于争斗及混乱的漩涡之中难以自拔。他的对手众多,有那穆尔伯爵阿尔伯特,希尼伯爵阿努尔夫二世,凡尔登主教,及托斯卡纳女伯爵玛蒂尔达。戈德弗里本身是帝国皇帝的拥趸,他的对手们自然多数都是罗马教皇的拥护者。即便在他于1087年成为下洛林公爵后,他的权力也从未真正稳固过。在德意志动荡的政局下,戈德弗里自身难保,十字军恰好为他提供了一个置身事外,彻底摆脱各种争端和危险的良机。于是,他在1096年的夏天决定参加十字军,并将自己大部分领地和权力都抵押变现,或是捐赠给教会。戈德弗里也没有打算再返回欧洲,同样决心在东方谋求新的发展机遇。

　　事实上,上述几位权贵在战争过程中也始终坚持着对开疆拓土的执念。除去在战后因为多方军事压迫被逼无奈,被迫重返意大利的博希蒙德外,戈德弗里和雷蒙德两人的确再未重回欧陆,死在了东方。这3人也在分兵西利西亚,安条克城的归属,耶路撒冷王国的归属上各自产生过不同程度的冲突和矛盾。战后,博希蒙德成为安条克公国公爵,戈德弗里获得耶路撒冷圣墓守护者尊号,雷蒙德尽管长期郁郁不得志,但也为的黎波里伯国的创建奠定了根基。他们率领的大批无封地青年骑士也在东方找到了安身之所。譬如,坦克雷德日后接替舅父博希蒙德成为安条克摄政、公爵,执政10余年,成为早期公国开疆拓土的主要领导者。鲍德温战争进程中就创建了埃德萨伯国,当上了伯爵,并在兄长戈德弗里死后继承耶路撒冷王国,加冕首任国王。对封建贵族阶层而言,至少是其中相当一部分人而言,地中海东岸地区是富有魅力的,是延续军事生涯、赢得转机,保有土地,获得封号的绝佳机会,“对土地、财富、及海外东方的骑士采邑的渴望,是主要的吸引力”①。

　　对土地的渴望和关注,也不仅局限于世俗权贵,这也是第一次十字军的发起者、参与者们达成的普遍共识。对教会而言,不管是罗马教廷的乌尔班二世,还是各地方的大小宗教神职,都在期盼着夺占东方土地的消息,尤其是所谓“光复”主的圣墓及耶路撒冷城。他们希冀着能够将东方的圣地圣

---

　　① Jacques Le Goff, *Medieval Civilization:400-1500*, p.66.

所纳入到基督教世界的版图之内。即便是勒普伊主教阿泰马尔在以耶路撒冷宗主教的名义写给西方教会的信中，也着重突出了攻城掠地的成就，"能令您们诸位欣喜的是，上帝在罗姆、叙利亚获得了胜利，上帝的教会夺取了40座重镇，200座堡垒"①。此外，广大平民大众出于宗教的热情和虔诚，在战争中也日渐迸发出对圣城耶路撒冷的执着，甚至表现出了比贵族更为强烈地夺取这座圣城的决心信念，并成为战争后半段最主要的推进力量。在安条克之战后，十字军长期阻滞在叙利亚北部，贵族彼此间因这座城市的归属长期争执不下，反而是因下层民众群起暴动，方才继续向前进发。贵族们最终是在下层平民群体的裹挟下，被迫继续前进，向耶路撒冷进军。

在攻城略地这个层面，全军上下达成了共识，这种共识在安条克之战胜利后表现得尤为明显。很多本是无欲无求心态来到东方的贵族及各阶层人士，在看到漫长战争已经渐露曙光后，也在强烈希冀着能够继续取得战果，并最终实现前人未曾实现过的伟大功绩，以耶路撒冷征服者为自己赚得名望声誉，流芳千古。R.C.斯梅尔对此做出过恰当的评判。

> "最早回溯到第一次十字军战争的时候，法兰克人就已经聚焦于领土的征服。这不仅是诸如博希蒙德、圣吉尔的雷蒙德这样公开承认要在东方攫取土地的人的意愿，这也是绝大部分随行者，非世俗的虔诚朝圣者们的愿望。他们的愿望，是为了基督教世界去收复圣所，这就包括了对有城墙保护的耶路撒冷城市的武力征服。"②

因此，地中海东岸地区广袤的土地成为了十字军、拜占庭及亚美尼亚人共同关注的对象和目标。即使在利益的分割上存在严重分歧，但在击败塞尔柱突厥人，从伊斯兰世界攫取土地财富的愿望上各方体现出了高度的一致性。这也就在基本面上，使得各方的根本利益至少在最初的阶段实现了一致化。在土地占有上的共识，也就决定了基督教阵营内各方势力的战略方向和意图都是处在一个方向和进程中的。根本利益的一致性决定了各方必须要付出实质努力去维护阵营的团结和稳定，坚持联合的基本面不动摇。于是，基督教阵营的集团战略就在这种默契和一致性下实现并实施了。在此后漫长的三年时间内，拜占庭、亚美尼亚人同十字军联合在一起，从不同层面上对这次战争做出了重要的贡献。

---

① Edward Peters, *The Chronicle of Fulcher of Chartres and Other Source Materials*, p.283.
② R.C.Smail, *Crusading Warfare, 1097–1193*, p.21.

第二节　十字军与拜占庭帝国

一、战略意图的天然统一

如第一章所论述的,11 世纪中期左右,在马其顿王朝被终结后,拜占庭帝国就陷入了内忧外患之中。在动荡之中,塞尔柱突厥人入主中东,建立大塞尔柱苏丹国,并逐渐向小亚渗透。在曼兹科特战役失败后,拜占庭帝国陷入东西两线作战的乱局,并面对着来自意大利诺曼集团入侵的强大压力。科穆宁王朝时期,阿列克修斯一世被迫选择绥靖政策,为了集中精力应对诺曼人对巴尔干腹地的攻势,半推半就地将突厥人引入到小亚中西部地区,并事实承认了罗姆突厥政权。安娜的记载也间接承认了这样的妥协,"然后,皇帝转向了伊利里亚,彻底打败了罗伯特及其子博希蒙德,西部行省被从巨大的灾祸当中解救出来"[1]。

在稳固了巴尔干半岛的政局形势后,皇帝阿列克修斯开始着手收复东部行省失地。但是,对帝国而言,最大的困难是军力羸弱,兵源紧缺。在军区制已经无法发挥实际作用的情况下,帝国高度依赖雇佣兵支援。于是,皇帝阿列克修斯及其前任们曾多次向罗马教皇发出信件,派出使者,要求西方派出援军,抵御突厥人的入侵。佛兰德斯的罗伯特一世就曾在朝圣耶路撒冷之后,于造访君士坦丁堡期间向皇帝承诺派兵支援。之后,他也确实向帝国派去了 500 名骑士。同时,西方教会也积极响应东方的援助号召,教皇格里高利七世最早设想组织军队东进,形成了宗教军队理念,并曾试图付诸实施。但是,因为格里高利七世很快就陷入到同神圣罗马帝国皇帝亨利四世的纷争之中,并被逐出罗马,这个设想未能实现,被迫流产。

随后,教皇乌尔班二世创设十字军运动时,初衷就是支援拜占庭帝国,抵御塞尔柱突厥人的进攻。这样的意图在乌尔班二世的克勒芒会议讲演中被清楚地表达了出来。拉尔夫·约翰尼斯对此做过评价,认为,"乌尔班二世在克勒芒的演讲,尤其是受到拜占庭皇帝寻求支援的吁请激发的"[2]。修士罗伯特曾亲历过克勒芒的讲演全程,他的记载也明确了支援东方基督教兄弟的这一主要意图。

---

① Anna Comnena, *The Alexiad of Anna Comnena*, p.198.

② Ralph-Johannes Lilie, *Byzantium and the Crusader States 1096–1204*, trans. J.C.Morris and Jean E.Riding, Oxford: Clarendon Press, 1993, p.1.

"法国人民,以及翻山而至此处的子民们,上帝选中了你们,为上帝所爱……我要让你们知道的是,是怎样的悲伤原因使得我们造访你们的土地,是信者们怎样的急迫情势使得我们造访此地。耶路撒冷、君士坦丁堡遭遇了麻烦,传来了坏消息。当下最急迫的事情是,一个外来的民族,波斯族,是顽梗悖逆居心不正之辈,向着神心不诚实。① 波斯人侵略了基督徒之地,烧杀劫掠,屠戮百姓,掠走基督子民到其土地,令其余人悲惨死去,毁灭上帝的教堂……如今,希腊人的帝国已被瓜分,广袤的一片土地都已经落入他们的掌中,大到行走两月无法穿越。"②

从第一次十字军发起初始,乌尔班二世就将援助拜占庭帝国设计成这场战争的主要目标。对耶路撒冷的征服倒是其次的,因为实际上,甚至乌尔班二世本人也对这场战争是否能够坚持到最后,能否真正"光复"主的圣墓也没有把握。耶路撒冷更多的是一个口号,象征性的存在,是吸引民众及贵族参与到这场运动中的适宜目标。对拜占庭的支援则是具有巨大的实际价值及功能的。乌尔班二世承接的是格里高利七世的理念,通过这场军事征伐,为拜占庭帝国提供军事援助,弥合天主教与东正教之间的裂痕,重新恢复基督教世界的大一统。在 1054 年双方教会正式分裂后,罗马教廷就一直在寻找合适的契机修复关系。拜占庭帝国主动求援为罗马教会提供了合适的契机。乔纳森对此做了如下评价:"巴勒斯坦的朝圣者遭遇的危险并非是第一次十字军发生的直接原因。相反,是塞尔柱的罗姆突厥基利什·阿尔斯兰一世侵害希腊利益,夺取小亚领土,使得拜占庭的皇帝阿列克修斯一世向西方请求军事支援。"③

从动因角度考虑,在这场战争策划初始,教皇最优先的目的是援助东方基督徒,帮助拜占庭人抵御塞尔柱突厥人在小亚的攻势。次要目标是进一步向圣地进发,有可能的话,收复主的圣墓,占领耶路撒冷圣城。事实上,整个军事进程也基本是在沿着这样的基本思路进行和发展的。直到安条克之战,十字军的战略意图都是帮助拜占庭帝国收复失地,恢复对小亚及叙利亚北部的控制权。直到博希蒙德占据安条克城,法兰克人才与拜占庭解除军事合作,并明确向耶路撒冷进军,建立拉丁东方法兰克人国家。从实际参与者的角度而言,帮助东方基督徒确实也是十字军的一个基本共识。十字军也清楚自身所负担的支援责任和义务。里布蒙的安塞尔姆在信中就曾写

---

① 圣经旧约《诗篇》78:8。

② Robert The Monk, *Robert The Monk's History of The First Crusade*, pp.79—80.

③ Jonathan Riley-Smith, ed., *The Oxford History of the Crusades*, New York: Oxford University Press, 1999, p.218.

到,"愿西方教会,我们的母亲为生下这样的好男儿而欣喜,我们正在为她取得无比光荣的名声,正以惊人之努力支援东方教会"。①

二、军事联盟的缔结

理论层面的思考同现实实施总是存在差异的,第一次十字军更是如此。参与到十字军中的诸多西方封建军事集团同拜占庭之间存在着天然隔阂,很难靠着理想弥合。双方各怀心事,有着各自的顾虑和不安。从拜占庭的角度而言,皇帝阿列克修斯的处境尴尬,矛盾且焦虑。他当然希望帝国能够获得来自西方的军事援助,这符合帝国利益。但是,皇帝期盼的是一支规模可控,由帝国直接控制和指挥的雇佣兵团,持续不断到来的平民十字军及贵族武装数量之大,令阿列克修斯本人深感不安。这些军队目无法纪,纪律散漫,动辄就与当地居民发生冲突,时常骚扰、劫掠乡村,不断地制造各种的麻烦。并且,其中还有昔日帝国的主要对手博希蒙德率领的诺曼集团,他的野心更是令皇帝寝食难安。战后,博希蒙德及安条克公国也确实被证实是帝国最大的安全隐患,成为日后帝国在小亚及叙利亚北部的主要对手。不过,在当下,皇帝也确实需要法兰克人帮助自己实现收复东部失地的计划。他不可能放弃这样一个机遇。除了选择合作,皇帝没有其他更好的选择。同样,西方贵族率领的十字军也没有太多选择的空间。他们长途行军至此,补给严重不足,依赖帝国供应(后文详述)。并且,不管是出于何种目的,他们想要通过小亚地区,进入叙利亚及巴勒斯坦,都必须要同拜占庭帝国合作,突破罗姆突厥及沿途其他突厥势力的阻截。双方在大利益的一致性的前提下,即便再有更多顾虑,也只能选择放下成见,为了实现各自的长远目标而协同配合。关于这种战略上的合作共识,仁辛曼做过如下论述:

"即便皇帝和十字军贵族在最终的权利、及当下征服后的利益分配上有各种各样的争论争执,但是,在对不信者战事的初始阶段双方是没有什么争议的。十字军想要到达耶路撒冷,就必须要先开辟出一条通过小亚的路径。拜占庭的主要策略,则是将突厥人从小亚驱逐出去。从战略上来看,双方是完全一致的。"②

在双方根本利益一致,具有合作意愿的前提下,首要的是如何具体搭建同盟框架。皇帝阿列克修斯选择了最为合理的办法,也就是缔结封建依附

---

① Edward Peters, *The Chronicle of Fulcher of Chartres and Other Source Materials*, p.286.

② Steven Runciman, *A History of the Crusades Vol.1: The First Crusade and the Foundations of the Kingdom of Jerusalem*, p.175.

关系,确立最高宗主权。这种依靠誓约形成的封君封臣关系符合封建时代的基本原则,并且不与教会法相悖。封建制度下,封臣事实上是可以向多人效忠的,封建附庸关系在实践中也经常是多重的。并且,拜占庭帝国是罗马帝国的传承,其君主是皇帝,理论上讲高于西方的各国国王君主,向最高宗主效忠不存在法理及情理上的双重障碍。并且,十字军本身就缺少一个世俗最高领袖和宗主,教皇只是名义上的精神领袖,没有随军来到东方,为军队设置一个最高统帅是合理的。皇帝特别执着于这种正式的依附关系,对帝国及皇帝本人的宣誓效忠是为了确保日后在军事征服胜利后不出现领土纷争,能够顺理成章地将收复的领土归还拜占庭帝国。因此,皇帝明确设置了双方合作的基本条件和形式:所有的贵族都必须要宣誓效忠,誓言中必须要保证:战争取得进展后,要将原本属于帝国的领土归还给帝国。如阿尔伯特所记载,"他们宣誓,做出承诺,除非是由皇帝愿望及赠与的,绝不占据皇帝国度内的方寸之地,也不夺占城堡及城市"①。

拜占庭帝国方面在同盟形式的安排上握有主动权。毕竟,战事发生在东方,没有帝国的补给及引导,十字军几乎是寸步难行,更不用讲军事胜利了。双方在资源上差距悬殊,帝国方面优势明显,十字军方面可以博弈的余地和空间非常有限。另外,十字军是由多地汇聚而来的,抵达君士坦丁堡的时间不一,几支主力集团在到达的时间上有较大间隔。这样一来,就为皇帝逐个突破,有针对性地进行谋划创造了有利条件和空间。在履行结盟程序这个问题上,多数贵族没有经过多少周折就答应了皇帝预设的条件,异议不多。法国国王的弟弟休、两位罗伯特都无条件地同意并照做了,表现出了诚意,态度顺服。这正说明,至少是在上层当中,多数贵族已然是有一个共识的:军队必须要与拜占庭帝国结盟,实现军事联合,与拜占庭保持友好交往是有益且必要的,这没有争议。作为亲历者,富尔彻的记载更具说服力,"所有人都要承认与皇帝的友谊。若无皇帝建议与支持,我们无法完成旅程。随后而至,走着相同路径的人们也是如此"②。

不过,缔结誓约过程中也有意外情况发生。对皇帝做出的规划表现出抵触情绪,乃至不惜诉诸武力的,正是上面提到过的三位主要权贵:戈德弗里、博希蒙德及雷蒙德。在这其中,最先抵达,并且抵抗情绪最大的就是戈德弗里。戈德弗里一到达君士坦丁堡就表现出了不配合、不服从的态度,并以皇帝拘禁休为借口劫掠周边乡村地带。在同皇帝特使谈判接洽的过程

①　Albert of Aachen, *Historia Ierosolimitana*, p.110.
②　Edward Peters, *The Chronicle of Fulcher of Chartres and Other Source Materials*, p.62.

中,戈德弗里多次反复,坚决拒绝服从命令进宫觐见。双方爆发了多次的争执乃至冲突,甚至一度发展为局部战斗。最终,在被皇帝的雇佣兵击败一次后,戈德弗里终于意识到应做出适当妥协。按照阿尔伯特的记载,皇帝阿列克修斯将皇子约翰作为人质,说服戈德弗里进宫觐见,"皇帝将自己挚爱的,名为约翰的儿子交给他作为人质"①。

戈德弗里自然清楚进宫觐见并非是礼仪性的交往,而是要缔结附庸关系,所以一直在这个关键问题上坚决予以抵制。但在意识到这种封建关系不可回避之后,戈德弗里审时度势,也顺应了现实需要,做出了必要的妥协和让步。于是,在进宫后,双方很快就达成了一致,戈德弗里向皇帝宣誓并效忠,阿尔伯特记载:

> 皇帝对公爵讲了这番话:"据说,您是您土地上最为强大的骑士及王公,睿智且诚实。因此,我将收您为我的养子,将我所具有的全部都归属于您之权力。有了您,我的帝国,我的土地能被当下及将来所到来的庞大军队所拯救。"公爵受这番平和、动情的言辞安抚,被诱惑了,成了他的儿子,这是当地的传统。不仅如此,戈德弗里还双手相合,成为皇帝的封臣,当时在场的,及后来的所有贵族都成了皇帝的封臣……皇帝和公爵因完全的信任、纯粹的友谊而结成了牢不可破的关系,将彼此联系在一起。②

当然,这段记载必定有阿尔伯特本人的杜撰成分在其中,譬如缔结誓约的形式基本是西欧的,并还有收为养子的环节。在拜占庭帝国的继承制度当中,收为养子是共治的重要形式,这里提及这个细节无疑是历史的杜撰和想象。但是,这段记载基本反映了两个层面的真实情况:一方面,援助拜占庭帝国收复东部领土是十字军的重要使命和目标;另一方面,贵族普遍承认皇帝提出的结盟形式不可回避,且合理合法。

本质上,戈德弗里与皇帝的冲突相对较为单纯,在化解顾虑和猜忌,认清现实后,双方有可能形成较为牢固的同盟关系。但是,对拜占庭帝国而言,博希蒙德的诺曼集团则是完全不同的博弈对象。博希蒙德是昔日帝国最大的敌人,并担负着前线指挥重任,直接交战多年。双方的敌对关系很难以十字军的名义化解,发生实质性的改变。可以说,博希蒙德是整个十字军

---

① Albert of Aachen, *Historia Ierosolimitana*, p.84.

② Albert of Aachen, *Historia Ierosolimitana*, pp.84-86.

阵营当中皇帝阿列克修斯最忌惮，最提防的一位西方贵族。就博希蒙德而言，他对拜占庭帝国同样心怀敌意，时刻在准备损害帝国利益。据阿尔伯特记载，在博希蒙德还未到达君巴尔干半岛的时候，他就已经向戈德弗里派去了信使，提议公爵撤兵到保加利亚境内的阿德里安堡，在菲利普（Philipooilis）过冬，并于3月初与自己汇合，联军进兵拜占庭。① 这条史料记载的准确性存疑，但至少说明，博希蒙德当时已被公认为对帝国心怀诡诈，具有很强的侵略性。从战后安条克公国同拜占庭在小亚直接兵戎相见，争夺西利西亚，博希蒙德返回欧洲后再度组织对巴尔干攻势，可以清楚看出双方的水火不容，根深蒂固的对立冲突。

　　然而，在到达君士坦丁堡后，博希蒙德一反常态，做出了非常配合顺服的姿态，并没有做出任何公开抵制。他很快就进宫觐见皇帝，并宣誓效忠，"成了皇帝的人，发下誓言效忠，同皇帝达成协议。他承诺，除非是皇帝本人恩赐，不会将王国内的寸土之地据为己有"②。不过，博希蒙德并非是一味顺从，他向皇帝索要帝国东部行省最高军事权，要求受封为大将军（Domestikos）。这意味着，他不仅会成为十字军的最高军事领袖，同时还会获得对帝国东部领土的军事指挥权限。皇帝阿列克修斯当然不会同意如此野心勃勃的方案，巧妙但坚决地拒绝了这一不合理的要求，并以众多赠礼替代。此外，博希蒙德的外甥坦克雷德未经皇帝允许，在博希蒙德的授意之下率领军队直接渡过海峡，没有进宫宣誓效忠。阿列克修斯自然知道博希蒙德这是在逃避宣誓的束缚，并在表示对帝国的不满，"尽管知晓了坦克雷德的胆大妄为之行径……却还是明智地将内心的愤怒隐藏了起来"③。

　　坦克雷德同皇帝之间的冲突并未到此结束，反而愈演愈烈。尼西亚之战后，皇帝在佩列塞姆再次召见了十字军贵族，要求所有贵族必须向他宣誓效忠。坦克雷德再次正面予以明确抵制，并作出了看似匪夷所思、无理取闹的对立行动。他以激烈言辞对皇帝不敬，提出了无理要求，除非皇帝将帐篷盛满黄金赠给自己，否则绝不会发誓效忠。这样的不敬言语冒犯了皇帝及其部下，阿列克修斯的亲戚巴列奥略（Palaeologus）甚至一度与坦克雷德大打出手，扭打在一处。最后，皇帝出面调停，坦克雷德方才被迫宣誓效忠。④ 坦克雷德尽管年轻气盛，但也不过是一名没有爵位的青年骑士，不可能仅凭个人好恶就胆敢公然反抗帝国皇帝。他的种种过激举措必定有博希蒙德的

① Albert of Aachen, *Historia Ierosolimitana*, p.82.

② Albert of Aachen, *Historia Ierosolimitana*, pp.88-90.

③ Albert of Aachen, *Historia Ierosolimitana*, p.90.

④ Anna Comnena, *The Alexiad of Anna Comnena*, pp.340-341.

指示。

最后抵达君士坦丁堡的是雷蒙德。伯爵雷蒙德在三者之中,对与皇帝结盟,并宣誓效忠一事的态度最为暧昧,双方间的矛盾隐藏得更为巧妙。按照拜占庭公主安娜和基督教史家阿尔伯特的记载,雷蒙德在到达君士坦丁堡后,就与皇帝缔结了稳固的同盟关系,结下了真诚的友谊。① 事实远非如表面文字上所描述得这么单纯美好。在所有权贵当中,只有雷蒙德坚决拒绝按照皇帝要求的誓言宣誓效忠。皇帝所要求的誓言当中,有明确的土地所有权的声明及承诺,所有原本归属于帝国东方行省的土地都要归还,不得私自占有。雷蒙德对此项内容予以了坚决的抵制,他到东方来最大的野心和愿望就是开疆拓土、建国立业,这样的誓词意味着法理上断绝了他的封土之路。即便其他王公贵族也在劝导,但他也只是做出了折中的妥协,对誓词做了修改,只承诺尊重皇帝的生命及财产。他提出,除非皇帝亲征,否则不会发誓称臣。② 并且,雷蒙德也是所有贵族当中唯一一个始终没有对皇帝宣誓效忠的贵族。在尼西亚之战结束后,雷蒙德料到皇帝会在佩列塞姆再次提出宣誓的事宜,就故意没有前往,留在了营地里。整个东方战场的一路征程,雷蒙德表现出对攻城掠地、占领战略重镇的强烈意图。所以,至少在战争初期到中期,在安条克之战前后,雷蒙德同皇帝的关系应该也只是维持在表面和谐的程度,内部却是相当紧张的。

作为最富野心的三名权贵,他们的表现并不出人意料。皇帝阿列克修斯提出这样的誓约形式及内容,并赋予其强制性,就是要规避西欧封建贵族战争中损害帝国利益的风险。换言之,双方之间的冲突不和是利益博弈的反映。戈德弗里、博希蒙德、雷蒙德的各种不配合,一定程度表明帝国预设同盟条件和形式的必要性。反过来,即便这种誓约形式给西方封建贵族集团设置了障碍和约束,但他们最终也没有拒绝这一框架,并至少在表面和形式上没有超越它。根本利益的一致决定了他们不会与皇帝在此时对立或决裂。法兰克人对地中海东岸的情况并不熟悉,只有一个较为模糊的远景,甚至没有具体的战术目标。十字军领袖们唯一能确定的就是必须与帝国联手,先突破突厥人的重重阻碍,进入叙利亚地界。帝国方面,皇帝阿列克修斯即便有所忌惮,顾虑重重,但他也同样不可能错失这样的良机去收复东方失地,毕竟小亚是帝国仅剩的东方行省,其重要价值不可替代,任何可能收复这一地区的努力都是必须要予以高度重视、积极促成的。因此,双方从战

---

① Albert of Aachen, *Historia Ierosolimitana*, p.102.

② Ralph-Johannes Lilie, *Byzantium and the Crusader States 1096-1204*, pp.10-11.

略层面上做出了最为理智的选择,表现出了最大程度的克制,形成了统一阵营,实现了方向上的一致。如阿尔伯特记载,戈德弗里在如何对待拜占庭问题上是有底线的,有意在限制冲突规模。戈德弗里拒绝了博希蒙德提出的联兵进犯巴尔干的提议。

> 戈德弗里不是为了获得利益,或者消灭基督徒才离开故土亲人的。他是以基督之名前往耶路撒冷的,并渴望着完成这样的旅程。只要皇帝恢复既往的支持,并保持善意,他就会去合着皇帝的心愿。①

博希蒙德和雷蒙德两人大体也是如此,至少在表面上保持了同皇帝的和睦关系。博希蒙德因为军事力量有限,且无立足之地,并没有表现出明显的敌对情绪和行为。直到建立安条克公国后,博希蒙德自觉羽翼丰满,方才开始表现出对帝国的敌意。雷蒙德的情况则更加特殊,随着形势的变化,他与帝国的关系发生了本质变化。雷蒙德虽然在初期表现出了极大的不顺服和不合作态度,但因为在军事进程中,他在争夺安条克城、军队控制权乃至耶路撒冷王国的各种关键问题上屡次受挫,郁郁不得志。于是,他逐渐转向帝国一派,开始通过与皇帝亲近、结盟来维护自身利益,在东方拓展空间。双方一拍即合,并不断交好,雷蒙德逐渐发展成为帝国最为坚定的盟友。

总之,法兰克人和拜占庭帝国通过宣誓效忠形成封建依附关系,结成军事同盟及合作,在战略上迈出了关键一步。东方史家对这种合作关系也有明确交代,亚美尼亚史家马太记载:

> 皇帝阿列克修斯同法兰克领袖达成合约,形成了联盟。他将他们一起带到了圣索菲亚大教堂,赠予众多金银财宝。作为回应,法兰克人发誓,要将所有从波斯人手中夺回的,原来属于罗马的土地交还给皇帝。同时,若征服的是波斯及阿拉伯人的土地,则归法兰克人所有。约定是誓言确定下来的,并是以十字架、福音书做的宣誓,因此,是永远不能违背的。②

此外,伊斯兰史家同样注意到了这种结盟的关系。但是,因为双方隔阂

---

① Albert of Aachen, *Historia Ierosolimitana*, p.82.

② Matthew of Edessa, *Armenia and the Crusades: Tenth to Twelfth Centuries: The Chronicle of Matthew of Edessa*, trans. A.E. Dostourian, NewYork: University Press of America, 1993, p.165.

较多,距离更远,记载失实的情况更为严重。他们都注意到了拜占庭与法兰克人之间达成了协议及军事合作的关系,但是对这种合作的性质认识并不清晰。在伊斯兰史家的眼中,十字军更像是一支雇佣军,而非单独的军事势力。伊本·喀拉尼西记载,法兰克人是同皇帝本人达成契约关系的,"承诺要将占领的首座城池转交给皇帝"①。伊本·阿西尔也做出了一段过度臆测的记载:

> 到达之后,拜占庭的皇帝拒绝他们从自己的领土上通过。皇帝说道,"若你们不宣誓,将安条克交予我的话,我是不会让你们从此通过,前往伊斯兰土地的。"皇帝的目的是想诱导他们进入伊斯兰之地,料想突厥人会将他们消灭殆尽,因为皇帝已经亲眼见证过突厥人的凶猛及对地方的强大掌控。他们同意了,随后,于 490 年(1096—1097 年)由君士坦丁堡横渡博斯普鲁斯海峡。②

三、从尼西亚到安纳托利亚高原

十字军在渡过博斯普鲁斯海峡后,于尼西亚城下集结,并很快就展开了对这座重镇的攻势。在这场战事当中,拜占庭与十字军在军事行动中做到了紧密配合,直接推动并加速了军事胜利的进程。拜占庭的军队数量有限,起辅助作用,主要依靠十字军在正面战场主战,对罗姆突厥的阵地战就是依靠十字军的武装力量取胜的。皇帝阿列克修斯派出了一支辅助军队,由派曼纽尔·博托米泰率领,主要充当技工和向导。之后,他指派泰提修斯(Tatcius)和提兹塔斯(Tzitas)率 2000 名步兵辅助攻城。③ 安娜着力突出阿列克修斯的功绩,将帝国对围城做出的主要贡献都归功于皇帝。在尼西亚之战过程中,拜占庭的军队主要负责制造攻城机械。安娜声称,这些机械都是由皇帝本人亲自设计制作的,"他制作了各种各样的攻城器械(helepoleis),其中的多数都是由他设计的,非传统的样式,所有人都为之叹服。他将它们交给了伯爵们"④。

拜占庭帝国提供的水面力量直接帮助十字军完成了对尼西亚城市的合围。尼西亚城的地理位置优越,城池设计巧妙,城西侧紧邻湖水,形成天然

① Ibn Al-Qalanisi, *The Damascus Chronicle of the Crusades*, p.43.
② Ibn al-Athir, *The chronicle of Ibn al-Athīr for the crusading period from al-Kāmil fi'l-ta'rīkh. Part.* 1, p.14.
③ Anna Comnena, *The Alexiad of Anna Comnena*, pp.336–337.
④ Anna Comnena, *The Alexiad of Anna Comnena*, p.336.

屏障,围城困难。十字军方面因为不具备水上作战的能力,没有舰船,无法杜绝突厥方从湖上获得给养。十字军首领注意到了这个漏洞,在贵族议事会上长时间商讨此事,得出结论,"除非能用舰船将这片异常宽广的湖水监控、封锁起来,否则敌人是不会罢手被制止住的,城内的食物也就不会变匮乏"①。十字军随即向皇帝提出要求,请求提供一支舰队封锁湖面。皇帝很快就调动了一支小型舰队,到达西瓦托特港口(Civetot)后,被十字军用人力及驮畜从陆地上运到了湖中。对这个过程,基本所有史家都有较为清楚地记录。阿尔伯特记载,这些船是"在做出请求后,从皇帝那里获得的,一部分是皇帝的馈赠……这使得王公们高兴不已"②。富尔彻记载,"我们用牛和绳索从陆地上将这些大帆船从西瓦托特径直拖到了尼西亚城。我们把它们安置到了临近城市的湖中,用它们来看守出口。于是,城中就得不到食物的补给了"③。修士罗伯特记载,"一片广阔的湖水护卫着那座城市。市民由湖上坐船出来,将木材、草料、及其他补给品运送回去。王公们发觉了此事,赶紧派出使者去皇帝那里,请求他将舰船派到西瓦托特"④。当然,对此事记载最为详细和具体的还是拜占庭公主安娜：

> 有人前来报告,罗姆突厥正带领一支强大的军队前来。并且,突厥人有进入城市的途径,他们将必备的食物补给从湖上运了进去,轻而易举。于是,皇帝决定对这座湖施加控制。他命人建造好了水上航行的轻型船只,并于吉奥斯(Kios)下水。曼纽尔·博托米泰(Manuel Boutoumites)指挥着全副武装的战士们上了船。⑤

拜占庭帝国的舰艇支援是非常及时的,起到了预期效果。在湖面的通道被舰船屏蔽了之后,尼西亚城被全面封锁。彻底陷入绝望的突厥卫戍不得不就此放弃抵抗,向帝国投降。在降城环节,帝国占据着主导地位。帝国在战争中一直保持着同尼西亚突厥卫戍的联系,双方有信息交互的渠道。尼西亚城市被包围不久,突厥卫戍就开始同帝国交涉,皇帝派出博托米泰做秘密交涉。不过,这次谈判因为罗姆突厥的驰援无果而终,没有了下文。在湖面封锁完成后,突厥人失去了抵抗的信心,再次寻求条

①　Albert of Aachen, *Historia Ierosolimitana*, p.114.

②　Albert of Aachen, *Historia Ierosolimitana*, p.116.

③　Edward Peters, *The Chronicle of Fulcher of Chartres and Other Source Materials*, p.64.

④　Robert The Monk, *Robert The Monk's History of The First Crusade*, p.104.

⑤　Anna Comnena, *The Alexiad of Anna Comnena*, p.336.

件向帝国降城。尼西亚的突厥守军同帝国之间很快达成了协议。为了换取这座城池,皇帝承诺保证城内突厥人生命及财产安全。阿列克修斯清楚这次降城的重要性,尼西亚城是爱奥尼亚地区的核心,是小亚最重要的城市,夺回这座城市是重新恢复对小亚地区控制权的关键一步。于是,为确保万无一失,顺利接管尼西亚城并避免十字军插手,皇帝阿列克修斯采取了最为谨慎的做法,全面封锁了消息,如安娜所记载的,"凯尔特人在城墙上战斗,除此以外,他们什么也得不到"①。于是,在十字军决定发起总攻的前夕,突厥人宣布投降,帝国旗帜竖立城头,城池直接被帝国卫戍接管。博托米泰遵照皇帝敕令,不允许十字军进城,防止劫掠,每次只允许10名基督徒入城朝圣。②

　　这种私下秘密媾和,单方面屏蔽信息的做法自然引起了争议,引起了法兰克人上下的普遍不满。修士罗伯特怒斥帝国使用的是"诡计"③。不过,尽管情绪不满,失落再所难免,十字军自然也是这次降城的受益者,未必如同教会史家们所书写的那样愤愤不平。十字军是不可能占据尼西亚城的。尼西亚临近君士坦丁堡,帝国势在必得。整个尼西亚战争都发生在小亚西部近海地带,完全处于拜占庭掌控范围内,无论物资补给,还是战斗辅助,全部都由帝国主导掌控。十字军既没有理由,也没有必要违背誓约,冒着与帝国对立的风险争夺尼西亚城的控制权。尼西亚城终究是一座要归还帝国的城池。从军事进程看,十字军为围城已经消耗数周时间,进展迟缓,久攻不下,即便总攻能够成功,也必定要付出惨重代价,得不偿失。所以,即便有所不满,但是在攻城手段匮乏,破城乏术的情况下,能够兵不血刃,以非战斗的方式解决问题对十字军而言也是可以接受的结果。并且,皇帝阿列克修斯为了弥补法兰克贵族的心理落差,主动赠予大量金银财宝,做了物质补偿,减少了抵触情绪。修士罗伯特也承认,帝国对十字军做了补偿,给予资助,"皇帝也不是对自己获得的巨大财富完全视而不见,命令施舍队伍当中的穷人"④。

　　因此,综合来看,拜占庭帝国在尼西亚之战中起到了应有的作用,与十字军做了较为密切和默契的军事配合,充分展现了其诚意,即便在各自的利益上有所保留和牺牲,却也没有突破底线,没有破坏同盟的基本面。编年史家拉尔夫对拜占庭帝国素有成见,但也承认了尼西亚之战中帝国方面做出

①　Anna Comnena, *The Alexiad of Anna Comnena*, p.337.

②　Anna Comnena, *The Alexiad of Anna Comnena*, p.340.

③　Robert The Monk, *Robert The Monk's History of The First Crusade*, p.106.

④　Robert The Monk, *Robert The Monk's History of The First Crusade*, p.106.

的贡献，"这座城市被围攻，最终被迫投降。此战，是高卢人确保得到的它，希腊人提供了支援，是上帝成就了此事"①。至少，从结果上讲，尼西亚之战的胜利基本满足了各方诉求，并坚定了双方继续军事合作的信心，是一个令基督教阵营内各方都可以接受的共赢结局。

在尼西亚之战后，十字军开始向安纳托利亚高原挺进，拜占庭帝国继续保持军事上的跟进和支援。皇帝阿列克修斯主要做了两方面的安排，一方面是直接辅助十字军的军事行动；另一方面，则是海陆并进，趁势收复小亚沿海地区的失地。首先，皇帝阿列克休斯派出了一支队伍随十字军行军，命泰提修斯为指挥将领，是一支辅助性质的，由工匠和向导组成的小型队伍。阿尔伯特在记载中也提及了希腊军队指引方向的作用，"泰提修斯是这支基督教军队的指挥官，他熟悉此地的地形"。在十字军分兵成两个部分行军的时候，泰提修斯及其拜占庭的部队就被分配到了前军当中，应该是为军队指引方向和道路而有意安排的。在跋涉于安纳托利亚的荒漠及高原之中的时候，拜占庭的向导发挥了重要的作用，确保了全军行进在正确的路径上（详见后文另述）。

此外，随十字军行军的这支拜占庭军队的另一个重要的功能，是接受并安置战争中收复的城市及地区，如安娜所记载的，"泰提修斯的职责是既要全面地支援、保护他们，同时，还要将他们所占领的全部城市都接管回来"②。拜占庭与十字军是否能够在战争过程中真正做到战略合作、相互配合，取决于在利益分割上的处置结果。因此，妥当、合理地安排沿途各城市据点的管辖权，是双方战略合作的关键环节。在城市和领土交接上，十字军、拜占庭两方的处置得当，遵循了誓约和协议的精神。十字军途径并收复的小亚地区的全部城市一概顺利移交给拜占庭一方。同时，泰提修斯也做到了审时度势，尽可能在人选的安排上满足双方的心理预期。最典型的一例是对科玛纳城市的处置办法。这座城市的突厥卫戍逃走后，十字军接手了它，城内的市民请求任命新的帝国代理人来掌管该城。泰提修斯指定了一个非常合适的人选，是一位普罗旺斯的骑士，即奥尔普斯（Aulps）的彼得。此人具有双重的身份，他是出身西欧的封建骑士，同时又是拜占庭帝国的雇佣兵，在小亚服役。由彼得担任这座城市的长官既能彰显帝国占有权，又能令法兰克人一方满意，形成双赢。总之，在安条克之战前，双方的合作是有诚意的，并且是有一定默契的，"表明，法兰克人和拜占庭之间是可以合作

---

① Ralph of Caen, *The Gesta Tancredi of Ralph of Caen*, p.39.

② Anna Comnena, *The Alexiad of Anna Comnena*, p.341.

的,并能够共同执行王公与皇帝间达成的协议"①。

　　同时,皇帝阿列克修斯按照计划,利用十字军向小亚腹地进军的有利形势,继续扩大战果,收复失地。他先是妥善地安置了十字军阵中的伤兵及部分人员,雇佣他们去卫戍尼西亚城。然后,阿列克修斯积极组织海上军事力量,海陆相互配合,稳步向前推进。他任命约翰·杜卡斯为陆军统帅,卡斯帕夏(Caspax)指挥海上舰队,对小亚西部沿海地带,也就是爱奥尼亚地区及弗里吉亚展开军事征服。约翰·杜卡斯长驱直入,率先迫使士麦那(Smyrna)的突厥统治者投降,并占领了以弗所。卡斯帕夏同时攻占沿海岛屿及近海地区。约翰·杜卡斯在陆地上的军事进展显著,逐步向内陆进军,依次占领了萨迪斯(Sardis)、菲拉德尔斐亚(Philadelphia)及劳迪西亚(Laodicea)等重镇。到了1097年的冬天,杜卡斯基本上占领了小亚西南全境,并继续向弗里吉亚前进。于是,拜占庭帝国打通了一条从波利柏图斯和菲洛迈利姆正南,一直到阿塔利亚(Attalia)的通道,并沿海岸线继续向东拓展。拜占庭帝国的战略目的非常明确,就是抓住有利战机,依托海军优势,尽可能地收复小亚失地,并打通一条军事通道,同十字军在叙利亚以北的安条克附近地区会师。

　　1098年6月,皇帝阿列克修斯亲征,率军向安条克进发,军锋直抵菲洛迈利姆。尽管皇帝因担心战局恶化半路折返,但这并不能抵消帝国的军事援助和策应作用。拜占庭帝国业已在小亚地区开拓了一条安全通道,并部分驱逐了突厥势力,为在叙利亚北部作战的十字军提供了侧翼支持。这条较为安全、通畅的海陆通道也成为军事补给、运输的生命线。十字军尽管在正面战场上发挥了主体作用,但所有后续支持、通道的顺畅保持都是在拜占庭的努力下实现的。

第三节　十字军与亚美尼亚人

一、小亚的亚美尼亚人

　　在东方,基督教阵营中除了拜占庭帝国外,具有较大影响力和一定自治能力的是亚美尼亚人。如前所述,在11世纪后期,亚美尼亚人在土库曼人和突厥部的军事压力下,被迫逐渐向东南方向迁徙,并在埃德萨、托罗斯山

---

① Steven Runciman, A History of the Crusades Vol. I : The First Crusade and the Foundations of the Kingdom of Jerusalem, p.191.

脉当中建立了独立势力。在十字军到达前夕,一度复兴的亚美尼亚小王朝已经解体,但是亚美尼亚诸方势力仍然在幼发拉底河、托罗斯山区中顽强保持着半独立自治状态。此时,亚美尼亚人的势力分布情况是较为明了的。首先,在小亚东南部到幼发拉底河地区之间,王公托罗斯占据着埃德萨;他的岳父盖布里埃尔(Gabriel)掌控重镇梅利泰内;科嘉·瓦西尔(Kogh Vasil)在幼发拉底河西岸建立了一个小王朝;泰托奥(Thatoul)占据着马拉什城。虽然受到突厥人巨大的军事压力,亚美尼亚人仍顽强地保持着独立状态。他们同时将突厥人的入侵视作一个重新崛起,再次建国的机会。亚美尼亚诸势力在夹缝中竭力寻求着生存的机会。他们一面向拜占庭求援,同时也与周边的突厥和土库曼势力保持着和平的关系,时常妥协。托洛斯山脉当中的亚美尼亚王公们凭借着险峻的地理地形优势保持着更强的独立性。王公阿伊(Oshin)统治着西利西亚门以西一地,据兰普伦(Lampron)城堡;偌本(Roupen)之子康斯坦丁自诩巴格拉提德(Bagratid)王朝古老的亚美尼亚王朝后裔,统治着西利西亚门以东,占据帕特泽佩特(Partzerpert)城堡。总之,亚美尼亚人在小亚东部地区,及幼发拉底河以西地区拥有实际权力和既得利益,并保持着人口上的优势地位。十字军在经过小亚,前往叙利亚的过程中,必须要通过此地,必定要同亚美尼亚人发生接触,并寻求支持。

同时,亚美尼亚人的处境愈发严峻,在多重的挤压下其生存空间愈发狭窄。亚美尼亚人陷入到周边区域剧烈动荡的对峙冲突当中,独木难支。罗姆突厥同达尼什曼德王朝在小亚对峙,时常爆发激烈冲突。同时,在叙利亚北部,安条克、阿勒颇和摩苏尔诸重镇对亚美尼亚聚居地构成更为直接的威胁。军事形势的紧迫程度已经是一触即发,譬如,在1096—1097年间,罗姆突厥就在试图攻取盖布里埃尔城,如马太所言,"这座城市陷入令人恐怖的困境"[1]。若没有十字军的军事介入,罗姆突厥及其他突厥势力很快就会发动攻势,将亚美尼亚小公国各个击破。因此,亚美尼亚人无疑是迫切需要十字军支援的。西欧封建军事武装既能提供强大的军事支持,化解直接的危机,同时又不是完全从属于拜占庭帝国,有可能为重建亚美尼亚王国的愿望带来帮助。

同时,十字军也需要来自于亚美尼亚方面的支持。一方面,小亚东部地区许多城市的主要人口都是亚美尼亚人,他们里应外合、协同配合会大大减少攻占城市的难度。此外,在进入安纳托利亚高原后,十字军已经逐渐远离拜占庭帝国本土,深入敌境,需要有其他友善势力的直接支持。于是,亚美

---

① Matthew of Edessa, *The Chronicle of Matthew of Edessa*, p.163.

尼亚人同十字军自伊始就一拍即合,迅速形成了同盟关系。十字军战争的最终胜负直接影响,甚至决定了双方的命运,所以这种同盟关系是稳固的,是自然发生的结果,并能够延续、切实地发生作用。

二、挺进安纳托利亚高原

军事进程上,自十字军于多利拉埃姆击败罗姆突厥人后,他们就开始远离拜占庭的实际控制区域,向着纵深区域进发。在行军过程中,沿途的亚美尼亚人积极配合和响应,很多城市的突厥卫戍都提前逃走了,或是被城内的亚美尼亚人所征服。于是,十字军在小亚的行军可谓兵不血刃,几乎没有付出代价就夺取了沿途城镇。并且,在行进过程中,十字军受到了当地亚美尼亚人的热情接待,全力的支持。十字军在到达伊康城后,受到当地居民的诚挚接待,就地休整。在获得充分的休息后,他们向赫拉克利亚城行军,城内突厥卫戍闻风而逃,亚美尼亚人开城迎接十字军入城。之后的各座城市大致也是同样的情况,修士罗伯特对此有过记载:

> 此地聚居众多突厥人。不过,在看到远方法兰克人飘扬着的旗帜后,突厥人就像是逃出陷阱的小鹿,或是被箭矢射中的母鹿一般,立刻就逃走了。赞美上帝,我们的人未受阻挡就进了城,并在此地待了四天。①

在经过这段路程之后,十字军面临着行军路线的选择问题。赫拉克利亚城以东的地方与托罗斯山脉相交汇。昔日罗马人建造的道路由此向东南延伸,经过西利西亚门(Cilician Gates)进入西利西亚境内,途径塔尔苏斯、亚达那、及亚历山大勒塔,最终到达安条克城。这条道路是从小亚前往叙利亚的通常路径,朝圣者一般选择这条道路。不过,虽然此条路径是条捷径,可以节省行军时间,但道路较为狭窄,群山环绕,不利于大部队集体行军。如果不走这条路径,还可以选择另一条行军路线。第二种路线是从安纳托利亚高原通行,走凯撒里亚,经过卡帕多西亚,通过科辛侬(Goksun),穿越反托罗斯山脉,也可以进入安条克平原。这条路线的优点是行军地势整体较为平缓,且通过的是亚美尼亚人聚居区域,较为安全。缺点也存在,就是因为北上绕道,行军路程较长,会耽误时间,增加消耗和负担。

在行军路径的选择上,十字军做出了较为明智和谨慎的判断。大军不

---

① Robert The Monk, *Robert The Monk's History of The First Crusade*, p.115.

可能在狭窄地带行军,必定要选择地势较为平缓的卡帕多西亚地区。并且,联合高原地带的亚美尼亚王公是必要的,阻力更少,且能获得更多支援。但是,放弃西利西亚也是不明智的,这意味着会失去与当地亚美尼亚部汇合的机会,并且会在进入叙利亚北部后,于侧翼及背后留下隐患。此外,西利西亚是从君士坦丁堡到安条克海上通道的重要联结部,分布着几个重要的航运补给中转站和港口,战略价值很高,不可轻易放弃。于是,十字军做出了分兵的决定。主力部队选择绕道卡帕多西亚,与亚美尼亚地方势力汇合,按照最稳妥的路线行进。同时,分出一支精兵,进入西利西亚地区,与塔尔苏斯山区中的亚美尼亚人取得联系,打通沿海通道。军中的两名主要青年将领,诺曼集团的坦克雷德及德意志集团的鲍德温担当此任,分别带领一支小部队进军。为提升作战效率,没有家眷及平民随行。兵分两路既能保证大军安全,同时又能与西利西亚地区亚美尼亚人建立关系,实现侧翼包抄,保证沿海地带的安全,并在战略上对叙利亚北部门户安条克形成合围。基督教史家拉尔夫对这个决定做出高度评价,虽言语夸张,但其判断是基本准确的:

> 这一决定令突厥人愤恨,令希腊人欣喜,受到亚美尼亚人的全力支持,是全世界的奇迹。此时,突厥人是统治者,希腊人服从,亚美尼亚人则身陷困境,凭借着山地维持着自由。①

事实证明,这次分兵确实起到了应有的效果。十字军主力部队向东北方向行军,迅速与当地的亚美尼亚贵族建立起友好合作的关系。他们先是以皇帝的名义,将沿途收复的若干个村庄都转交给了亚美尼亚的贵族希米恩(Symeon)。② 之后,十字军抵达战略重镇凯撒里亚。同样的,城内亚美尼亚人积极响应,主动地打开了城门,"城中的居民自动就投降了,对基督徒做了相当友好的接待"③。此后,当十字军抵达沿途城市科马纳的时候,该城正在受到达尼什曼德部的围困。在十字军到达前,突厥人就闻讯退去了,于是十字军顺利地解除了围城,"市民们立即兴高采烈地跑来迎接,热情款待"④。在科辛侬,十字军受到了同样的礼遇。此后,如前所述,雷蒙德在听

---

① Ralph of Caen, *The Gesta Tancredi of Ralph of Caen*, p.57.

② *Steven Runciman, A History of the Crusades Vol.I: The First Crusade and the Foundations of the Kingdom of Jerusalem*, p.191.

③ Robert The Monk, *Robert The Monk's History of The First Crusade*, p.117.

④ Robert The Monk, *Robert The Monk's History of The First Crusade*, p.117.

到安条克城的卫戍已经逃走的谣言后,派出了500名骑兵前往查看。这些骑兵的统领是罗艾科斯的彼得(Peter of Roaix)。他们在到达安条克之后发现消息有误,于是原路折返,其中一部分骑兵去了洛基亚山谷(Rugia),获得了亚美尼亚人的支持,夺取那里的鲁萨城(Roussa),进行征伐,"支配了许多的城堡"[1]。最后,十字军抵达了重镇马什拉,同泰托奥结盟,并将这座城市委派与他支配。阿尔伯特对此有记载,"得知伟大王公们到达后,突厥人从城市的筑垒当中逃走。多年来,他们欺压这座城市,施加暴力,并不公正地索贡"[2]。修士罗伯特也提到,"居民们满心欢喜,心怀敬意地去迎接他们"[3]。于是,在当地亚美尼亚贵族及居民的配合支持下,十字军主力顺利地从卡帕多西亚经过,穿越安纳托利亚高原,进入叙利亚北部地区。同时,他们还帮助亚美尼亚人恢复了区域自治和独立,稳固了身后的大片区域,为日后在安条克漫长战役的开启打下了良好的基础。

三、分兵西利西亚

另一路,在西利西亚,坦克雷德和鲍德温的军事行动也在按照预期展开。实际上,两人所带领的军队规模非常有限,按照拉尔夫的记载,坦克雷德的人数最少,"穿戴盔甲者100人,仅有200名弓手"[4],鲍德温的军力相对较大,"500名重装骑兵,2000名步兵"[5]。若仅凭着这样的军事力量,他们是很难有所突破的。但是,他们却实现了对西利西亚地区的征服,成功穿越了该地域,这自然与亚美尼亚人的大力支持密不可分。这两人的队伍当中都有亚美尼亚人充当向导,负责与地方社群沟通。阿尔伯特记载,坦克雷德的队伍当中有一名亚美尼亚人同行,并帮助他同塔尔苏斯城内的亚美尼亚市民取得了联系。[6] 鲍德温则早在尼西亚的时候就已经结交了一位名为帕科阿德(Pakrad)的亚美尼亚贵族。[7] 坦克雷德和鲍德温在西利西亚的军事进展顺利,所到之处都受到了当地基督教居民的主动支持。坦克雷德在占领塔尔苏斯之后,抵达亚达那城,正值亚美尼亚王公阿伊围困这座突厥人占据的城市。据拉尔夫记载,之后,阿伊同坦克雷德结盟,并引导十字军前

---

① Robert The Monk, *Robert The Monk's History of The First Crusade*, p.119.

② Albert of Aachen, *Historia Ierosolimitana*, p.182.

③ Robert The Monk, *Robert The Monk's History of The First Crusade*, p.119.

④ Ralph of Caen, *The Gesta Tancredi of Ralph of Caen*, p.56.

⑤ Ralph of Caen, *The Gesta Tancredi of Ralph of Caen*, p.61.

⑥ Albert of Aachen, *Historia Ierosolimitana*, p.146.

⑦ Albert of Aachen, *Historia Ierosolimitana*, p.166.

往马米斯特拉城,

　　此城的统治者阿伊是一位基督徒,是亚美尼亚人。他派出了信使,去召唤侯爵的儿子。在重要的客人到来后,他亲自迎接,清洁道路,伸出自己的右手,表达了自己的诚意,承诺自己的军队和自己都与他们结盟。阿伊献出了马米斯特拉,可看作战利品,近在咫尺,轻易就能征服。坦克雷德收到大量的礼物做回报,这都是他应得的。他播撒了种子,获得了百倍的果实。他们进了城,伴随着全体民众的掌声和歌声。①

　　之后,果然如设想的,征服马米斯特拉城的过程非常顺利。突厥卫戍不敢迎战,弃城而逃,亚美尼亚人将十字军迎到城内。此城的贵族也与十字军结盟,拉尔夫做出了一个颇为夸张且微妙的形容,是“父母一样的统治,子女一般的顺服”②。显然,基督教史家是将十字军摆到了一个救世主般居高临下的位置上,但这或许也是当时十字军心态的反映。随后,坦克雷德取得了重要进展,占领沿海重要港口城市亚历山大塔勒。这座港口随后也成为了叙利亚以北海上贸易运输的重要中继港。之后,坦克雷德完成并实现了在西利西亚的军事使命和目标,通过阿曼山脉,从叙利亚门经过,前往安条克同主力部队汇合。鲍德温比坦克雷德更早离开了西利西亚,早在马拉什就同大部队汇合了。至此,西利西亚的分兵以胜利告终,达到了预期效果。在这次分兵的过程中,两位年轻将领率领的兵力有限,却兵不血刃就占领了沿途主要城市,充分体现了亚美尼亚人在其中起到的关键作用。修士罗伯特在记载当中清楚地指明了双方紧密合作的关系,以及这种战略合作对突厥一方的威慑效果:

　　此时,他们取得了出色进展,突厥人不再纵马驰骋,自闭于城墙坚固壁垒后。法兰克人的大军来到了亚美尼亚之地,极渴望以突厥之血浸透这片大地。这个地方因为法兰克人的到来而陷入了沉寂之中。亚美尼亚人兴高采烈,出来迎接,将法兰克人接到城市和城堡里。③

　　进兵西利西亚的战略意义是深远的。其一,十字军肃清了西利西亚地

①　Ralph of Caen,*The Gesta Tancredi of Ralph of Caen*,p.63.

②　Ralph of Caen,*The Gesta Tancredi of Ralph of Caen*,p.66.

③　Robert The Monk,*Robert The Monk's History of The First Crusade*,p.116.

区的突厥势力,并占领了沿海的港口城市,确保了从小亚到叙利亚北部海上
通道的安全畅通。这样一来,就为日后拜占庭及意大利的舰船源源不断地
将补给、人员运送到叙利亚奠定了基础。其二,十字军进入西利西亚为亚美
尼亚人带来了切实的支援,使得他们能够再度独立,获得了自治权。如仁辛
曼所言,"突厥人在平原上的统治权的崩塌,使得法兰克人能够逐渐地渗透
到村庄和城镇之中,并为西利西亚的小亚美尼亚王国奠基"①。其三,分兵
西利西亚既展示了十字军的军事力量,同时更显示了其诚意,换取了亚美尼
亚人的信任,为日后在安条克的战事中双方深入合作,紧密配合打下良好
基础。

四、鲍德温与埃德萨伯国

随着战事的深入,与亚美尼亚人关系愈发密切,接触愈发频繁,十字军
作为一支强悍的军事力量被亚美尼亚人主动引入幼发拉底河东岸,深度介
入到地区利益冲突当中。十字军在安纳托利亚高原的军事行动给亚美尼亚
王公们留下了深刻的印象,各方都将其视为改变自身地位和状况的契机,主
动寻求这些法兰克人的支持。这其中影响最为深远的当属鲍德温向东进军
的军事选择。

鲍德温完成穿越西利西亚的分兵后,与主力在马拉什汇合。但在他的
妻子于当地病故后,鲍德温再次同主力部队分开行动,离开了马拉什,率领
100 名骑士向东进发。② 阿尔伯特对这次东进冒险做了较为详细和全面的
记载。按照他的记载,鲍德温是受到军中亚美尼亚贵族帕科阿德的邀请方
才东进的,"在一位名为科帕阿德的亚美尼亚斗士的建议下,进入了亚美尼
亚之地……他围困了图柏赛腊城堡"③。仁辛曼对此做过考证,认为科帕阿
德是亚美尼亚贵族科嘉·瓦西尔的兄弟,他邀请鲍德温东进主要是寻求援
助,化解突厥人的威胁。④ 鲍德温进军顺利,"占领众多城市和附近城
堡"⑤,占领了拉沃德拉、图柏赛腊两座重镇。鲍德温于是在幼发拉底河西
岸地方获得盛名,继而又获得了更多亚美尼亚王公贵族的主动交往和结盟,

①　Steven Runciman, *A History of the Crusades Vol. I: The First Crusade and the Foundations of the Kingdom of Jerusalem*, p.202.

②　Matthew of Edessa, *The Chronicle of Matthew of Edessa*, 1993, p.168.

③　Albert of Aachen, *Historia Ierosolimitana*, p.164.

④　Steven Runciman, *A History of the Crusades Vol. I: The First Crusade and the Foundations of the Kingdom of Jerusalem*, p.202.

⑤　Albert of Aachen, *Historia Ierosolimitana*, p.164.

阿尔伯特记载，其中最重要的是费尔（Fer）和尼库苏斯（Nicusus）两名地方贵族。

之后，鲍德温很快被卷入到亚美尼亚各方的利益博弈的漩涡当中。科帕阿德将鲍德温引入该地域，起初双方的关系密切，鲍德温将拉沃德拉城堡委任给他掌管。但同时，科嘉·瓦西尔与当地其他亚美尼亚势力关系紧张，帕科阿德同费尔、尼库苏斯素有矛盾，存在竞争关系。于是，鲍德温同两派亚美尼亚势力的关系发生了微妙的转变。一方面，费尔、尼库苏斯主动拉拢鲍德温，双方关系日趋紧密；另一方面，帕科阿德与鲍德温愈发疏远。帕科阿德引鲍德温东进，本是为了借助他的军队来帮助自己的兄弟科嘉摆脱突厥势力的威胁，并非是想给自己安置一个新的宗主。他显然是错判了法兰克人在东方的目的和野心。因此，很快双方的关系就走向了反面，矛盾激化并爆发了。费尔、尼库苏斯向鲍德温告发，指控帕科阿德阴谋作乱，想要将拉沃德拉城堡据为己有，"背信弃义，奸诈狡猾……自以为能够占据这片土地"①。鲍德温随即逮捕了帕科阿德，并对他进行严刑拷打，逼迫他交出了城堡。

这次事件是西欧军事贵族首次深入地介入到亚美尼亚人之间的对立冲突当中，并以侵害其中一方的利益为代价，优先保护了自己在东方的既得利益。这次局部冲突也为日后亚美尼亚人与十字军关系的变化埋下了伏笔。毕竟，西欧的封建贵族同亚美尼亚人之间是存在着地域和文化差异的，尽管在战略层面上双方有着共同的对手塞尔柱突厥人，但在具体的利益分配上，双方在未来必定会有所冲突。亚美尼亚人在十字军的问题上存在错误判断，基本是将对方当作了一支雇佣兵力量，是暂时来到东方的，并未将其视作是一种可能会在东方扩展势力的政治势力，低估了法兰克人的政治野心。

但是，在战争期间，亚美尼亚人也没有太多选择。他们面临着突厥方面的强大压力，自治权随时可能倾覆，只能孤注一掷，去竭力抓住十字军这样一根"救命稻草"。埃德萨城的统治者托罗斯此时的形势岌岌可危，对外援的需求最为急迫。此前，埃德萨城曾一度失去主权，被突厥人直接掌控，但是在 1094 年，托罗斯趁突厥人内乱重新夺回了这座城市。埃德萨城地处战略要地，周边各方势力都想要抢占该地，拓展势力，强敌环伺，处境艰难。埃德萨城先后遭遇过索克曼（Sokman）、巴杜卡（Balduk）的围攻，继而是阿勒颇的里德万，及安条克的围攻。托罗斯为了挽回局面，甚至一度召来了一名

---

　　①　Albert of Aachen, *Historia Ierosolimitana*, p.166.

突厥人发拉贾(al-Faraj)做共治,却引发了内部的不满,被迫放弃。① 因此,急于寻找强力外援的托罗斯获悉了鲍德温的到来,在权衡利弊后,决定主动邀请他前来结盟。富尔彻作为鲍德温的随军教士,记载了这个细节,

> 鲍德温会成为共治,如父子一般,一生如此。若有意外发生,埃德萨公爵去世了,鲍德温就会以其子的身份继承这座城市及他的全部土地。他是没有儿女的。②

鲍德温立即答应了这个提议,并带领少数骑兵动身前往埃德萨。在途中,他受到亚美尼亚人的帮助,绕开了突厥人的伏击。③ 鲍德温进入埃德萨城后,受到城中市民的热情欢迎,"市民们持着十字架和旗帜,向我们走了过来,非常谦卑地亲吻我们的脚和衣服"④。托罗斯随即兑现了承诺,收鲍德温为养子,成为了城市的共治。鲍德温很快就在埃德萨地区展现了自己的军事能力,率领十字军、亚美尼亚联军围攻萨莫萨塔(Samosata)城堡,虽未能攻陷,但也实现了对这座城堡的封锁,扭转了攻守态势。⑤ 因此,鲍德温迅速获得了当地亚美尼亚贵族和居民的支持,并被他们当作了反对托罗斯的筹码。托罗斯虽然是亚美尼亚人,但是他信仰的是东正教,并倾向于拜占庭帝国,以帝国的地方长官自居。埃德萨地区的亚美尼亚贵族和市民对托罗斯心怀不满,双方积怨已久。托罗斯为了维持自身的独立,也曾经同突厥人做过谈判、妥协和勾结,这更激起了下层民众的不满情绪。阿尔伯特记载:

> 实际上,公爵本人与市民是严重对立的。他想尽办法压迫着他们,肆意地掠夺所有人的金银。要是有人胆敢反抗,他就去怂恿突厥人的敌对和仇视。此人不仅性命堪忧,其葡萄园和种植的庄稼也会被砍伐收割,牲畜被掠夺走。⑥

于是,埃德萨城内各方之间的矛盾激化了,阴谋暴乱出现了。城内的贵

① Matthew of Edessa, *The Chronicle of Matthew of Edessa*, pp.161-163.
② Edward Peters, *The Chronicle of Fulcher of Chartres and Other Source Materials*, p.69.
③ Edward Peters, *The Chronicle of Fulcher of Chartres and Other Source Materials*, p.70.
④ Edward Peters, *The Chronicle of Fulcher of Chartres and Other Source Materials*, p.70.
⑤ Albert of Aachen, *Historia Ierosolimitana*, pp.170-172.
⑥ Albert of Aachen, *Historia Ierosolimitana*, p.172.

族和市民们想利用鲍德温来反对托罗斯，并受到了该地的主要贵族，加尔加尔（Gargar）的康斯坦丁的支持。综合各方记载判断，鲍德温可能确实对这次暴动并不知情，但他是事实上的最大受益人。托罗斯因暴动被杀，鲍德温取而代之。于是，在第一次十字军战争尚处于焦灼状态的时候，鲍德温就已经建立了第一个十字军国家，埃德萨伯国。总体而言，鲍德温的东进并建立埃德萨伯国，稳固了同亚美尼亚人的关系，强化了双方之间的战略合作。即便埋下了利益纷争的远期隐患，但在眼前和当下，鲍德温已然进入了同亚美尼亚人关系的蜜月期。鲍德温本人性格温和，且奉行较为开明的政策。于是，在建立伯国伊始，他就将亚美尼亚人吸纳到统治集团当中。鲍德温本人还同亚美尼亚贵族的女儿联姻，稳固双方关系。双方的这种友好的关系，既表明了十字军同亚美尼亚人联盟的稳固，同时又对十字军战争的军事进程产生了重要的战略作用。

第四节　战略胜利：安条克之战

十字军在叙利亚北部安条克遭遇了整个战争期间最为艰难、漫长的一场战事。安条克之战堪称第一次十字军战争的关键一战，跨越近八个月的时间，历经严酷的寒冬考验。在安条克之战期间，十字军首次遭遇了寡不敌众的危险处境，叙利亚以北全部的突厥军事势力都先后参与到这场战役当中，不仅大马士革、阿勒颇先后派军队支援安条克城，摩苏尔总督科布哈还亲自率领联军驰援。十字军多次遭遇腹背受敌，背水一战的绝境。如前所述，安条克之战的胜利最终也成为了整个战争的转折点，奠定了最后的胜局。在此役之后，十字军在途径叙利亚、巴勒斯坦，直至耶路撒冷，几乎没有遭遇任何有效的抵抗。这样一场关键的大型会战同时又与拜占庭、亚美尼亚两方势力有着直接而密切的联系。首先，这场战役发生在叙利亚北部，与拜占庭帝国的海路联系非常紧密，并能够更为直接地受到亚美尼亚人地方势力的各种帮助和支援。然后，在安条克之战期间，拜占庭、亚美尼亚人同十字军的军事同盟关系是基本稳固的，这种合作的关系一直持续到这场战役的结束。最后，从地理位置看，安条克正处于拜占庭在东方实质影响的边界位置，同时与亚美尼亚势力范围毗邻交错，无疑是这场战役十字军能够取得胜利的重要利好。从战略层面观察，很大程度上，安条克之战的最终胜利是基督教阵营大战略发生作用的结果。

首先，十字军在到达叙利亚北部之前，在拜占庭和亚美尼亚人的帮助下，建立了一个稳固的大后方，杜绝了后患。十字军在安纳托利亚行军的过程中,与沿途的亚美尼亚地方势力建立了广泛联系,肃清了绝大多数的突厥守军,将这些地域的控制权重新恢复到了基督教阵营一方。并且,拜占庭帝国的军队也从海陆两路跟进,逐步攻占了小亚西南沿海地带和大小岛屿,打通了海上和陆上的进军通道,并肃清了突厥海盗。坦克雷德、鲍德温进军西利西亚更是安定了安条克西北地域的政治军事局势。这个过程中,攻占亚勒山大塔勒是富有战略远见的重要举措,它是叙利亚北部最重要的贸易港口之一,仅次于圣西蒙港,日后会成为海上补给运输的重要中转。进兵西利西亚使得拜占庭及西方舰船能够畅通无阻地从海上驶往叙利亚沿海地带。这样一来,在安条克平原北面基本已经形成了一个广阔的战略友好区域:安纳托利亚高原东南部,西利西亚,幼发拉底河以西的亚美尼亚聚居区域。在战略形势上看,形成这样一个较为广阔的辐射面,有助于确保后方大阵营的稳固,如约翰·法郎士所论,"十字军开拓了一个广阔的友方区域,为围城战构成了一个防护性屏障"①。

　　然后,十字军贵族领导层也在主动强化同北方亚美尼亚人之间的直接联系。在1097年末到1098年初,十字军出兵攻陷了安条克城北部的重要据点哈利姆城堡。这样一来,十字军进一步确保了北方的稳固,并将该地域的亚美尼亚势力调动起来,相互呼应,纷纷起事,颠覆突厥人的统治。伊本·喀拉尼西记载,"安条克城周围的城堡、要塞当中的居民们发起叛乱,杀害了卫戍,仅有少数的突厥人幸免于难逃了出来。阿塔城的人也是如此,他们还向法兰克人求援"②。阿塔城是安条克城东北部重镇,战略价值很高,地理位置甚佳,据守安条克、阿勒颇间的交通要道。佛兰德斯的罗伯特立即前往攻城。城内的亚美尼亚居民马上发动叛乱,杀死城内突厥卫戍,将罗伯特迎入城内。③ 阿塔城阻隔了安条克与东部突厥人的关联,强化了战役区域内的封锁态势。在这个过程中,十字军凭借着地方支援和城内基督徒的配合,几乎是兵不血刃地就换取了北部两座重镇的控制权,附带换取了周边大片安定区域,亚美尼亚地方社群在其中可谓发挥着关键性作用。

　　之后,在围城战焦灼的关键时期,十字军方面又迎来了重要利好形势。1098年3月,在亚美尼亚人的支持下,鲍德温建立埃德萨伯国。埃德萨城位于幼发拉底河地区,鲍德温在此地建立势力对整个军事形势可以说是重大利好。埃德萨伯国阻隔了幼发拉底河以东区域的突厥势力同安条克之间

---

①　John France, *Western Warfare in the Age of the Crusades*, 1000–1300, p.206.

②　Ibn Al-Qalanisi, *The Damascus Chronicle of the Crusades*, p.42.

③　Albert of Aachen, *Historia Ierosolimitana*, p.172.

的直接联系,构成了稳固的侧翼屏障。任何来自东北部的军事支援都会受到埃德萨城的阻碍和迟滞。塞尔柱军事支援必定要受到埃德萨的阻截。

很快,埃德萨伯国就显示出了其重要的战略功能。摩苏尔总督科布哈5月集结重兵向安条克进兵,在途径埃德萨城的时候对这座城市发起了围攻。从战略上看,科布哈的做法是谨慎的,无可厚非:若不能拿下埃德萨城,日后在安条克战役中突厥方必定会受到来自侧翼的侵袭、骚扰和损害。该城是一个不容忽视的潜在隐患。不过,科布哈的军事行动迟迟没有取得实质效果,浪费了三个星期的时间也未能攻破城池。科布哈不得不在未取得任何军事成果的情况下拔营继续前进。① 这三周极其宝贵,正为十字军夺取安条克城赢得了至关重要的空间。十字军攻占安条克城与科布哈的联军抵达仅相隔数天。埃德萨伯国阻滞了突厥军事支援的进度,避免了城下的十字军陷入腹背受敌,两面夹击的绝境。前期的布局在战局的关键时刻发挥了应有的作用,彰显了同亚美尼亚人结盟的战略价值。

此役中,拜占庭帝国尽管始终未能形成直接的军事支援,却在海上起着不可替代的作用和功能。经过数年来的经略,拜占庭帝国已经重新取得了对地中海东岸,尤其是北部地方的制海权。沿海地带的主要港口和岛屿都是由拜占庭占据着的。譬如,塞浦路斯岛就是东西横向的海上贸易运输的必经之地,是沿途最重要的中转点。亚历山大塔勒和圣西蒙港则是叙利亚北部最重要的港口。拜占庭的雇佣兵,英国的一支舰队攻占了拉塔基亚港口。这座港口正位于安条克城市的西南方向,随后被诺曼底公爵罗伯特接管。② 至此,叙利亚北部,安条克城西侧的三大主要港口都已经被十字军方面控制。沿海航行的大部分船只都来自于拜占庭帝国方面,负担了绝大部分的运输补给功能。安条克的西部沿海,北部、东北方向,都已经处于十字军及其盟友的控制之下,形成了三面包围的局面。从大环境来看,安条克之战进行到这个时期,胜利的天平已经向十字军方面倾斜了。

最后,还必须要提到的是,十字军方面确实受到了当地基督徒的全力配合与支持,体现了目标的高度一致性。即便各方之间的实际利益各有不同,但他们的眼前目标都是一致的,就是必须打败共同的敌人塞尔柱突厥人。这样一来,基督教阵营体现出了相当的默契和协作性。不仅降城的是亚美尼亚人,城内的基督徒居民也主动响应,打开了城门,将十字军放入了城市,"希腊人、叙利亚人、亚美尼亚人,所有基督教信仰的市民们,都兴高采烈地

---

① Edward Peters, *The Chronicle of Fulcher of Chartres and Other Source Materials*, p.77.

② Ralph of Caen, *The Gesta Tancredi of Ralph of Caen*, p.84.

蜂拥而至,破坏了门闩,打开了城门,将博希蒙德和全部军队都从城门放了进去"①。弃城出逃的亚吉·西扬更是死在了当地的亚美尼亚农夫之手。十字军本是从西方长途远征而至,环境陌生,深入敌境,却团结了一切可能的力量,形成了合力,最大可能地利用周围的各种有利因素和资源,因而化逆境为顺境,变不利为有利。基督教阵营方面,以十字军为中心,基本形成了一个较为稳固的集团。

反观对阵的突厥方面,则是一盘散沙,相互掣肘,彼此对立。十字军的到来并没有改变地中海东岸地区伊斯兰世界内部的相互敌对的基本态势。安条克、阿勒颇、大马士革、摩苏尔互相之间都是各怀心思,相互倾轧,即便是在危机之下不得不相互救助,也缺乏统一行动的协调性,更多的是大意拖慢,相互猜忌,各自为战。结果,大马士革、阿勒颇、摩苏尔三方势力虽然都做出了一定的努力,但却因为步调不统一,令十字军在其中寻找到了战机,被逐个击破。

综上,从战略层面上分析,十字军之所以能够取得安条克之战的胜利,乃至这场战争的最终胜利,也是具有一定的必然性的。他们站在了一个更高的层面上思考和行动,并做到了协同配合,相互支援,形成了稳固的阵营,具有了一定的默契,继而形成了合力。于是,十字军在一片乱局当中,寻觅到了胜机,并掌握了命运。否则,在丧失了绝对力量优势的情况下,若突厥方形成了较好的联合作战局势,十字军几乎不可能在这样困难的形势下获得胜利。在十字军的背后,有着一个庞大的东方基督教群体的支持和配合,战略高度的合作和联盟正是这场战争走向改变的必要先决条件之一。

---

① Albert of Aachen, *Historia Ierosolimitana*, p.282.

第七章　城堡对城堡：从战术到战略

在第一次十字军战争中，法兰克人也逐渐学习了新的经验，以城堡为中心，成功地打造了一套合理的战术策略，并在日后，于拉丁东方时期逐步发展为法兰克国家不可或缺的关键军事策略。

这场战争与西欧封建战争显著区别的一点，是围城战和攻城战占据绝对主体。十字军的主要目标是要开拓前往耶路撒冷的路径，并在沿途尽可能地收复拜占庭帝国的失地，并寻求开疆拓土的一切机遇，建立起自己的一方势力。因此，第一次十字军战争是一次典型的征服战争，是与土地占有紧密相连的。攻坚战、围城战，夺取重要战略据点是不可回避的战略目标。至少在安条克战役之前，十字军一直奉行这样的战略思路。其后，因自身军事力量下降，加之下层民众强烈要求尽快攻占耶路撒冷，才做出调整，采取了类似"绕岛"的战术，将对利凡特沿海地带的军事征服任务留到了战后。

在围城战当中，东方坚固的石制壁垒给攻坚战造成了巨大的困难和阻碍。安条克之战正成为这种攻防双方激烈冲突的顶点。在此役中，十字军受到各种因素的局限，不得不做出了调整，以堡垒对堡垒，采取城堡战术围困城池，并获得了切实成效。其后百年间，拉丁东方逐渐由城堡战术发展出了以城堡为核心的军事战略，持续而广泛地发挥着作用。

第一节　东方的城防和城堡

一、东方的石制城防

第一次十字军在东方的战场上不仅面对着全新的对手，完全陌生的战场环境，其中的各种城市和堡垒的重重设防也给他们留下了不可磨灭的深刻印象。十字军刚刚到达君士坦丁堡，就被这座宏伟的巨大城市所震撼。富尔彻称赞这座城市辉煌壮丽，金碧辉煌，气势磅礴，工艺绝伦。① 然而，在渡过博斯普鲁斯海峡后，这种兴奋之情很快就转变为恐慌和无奈。尼西亚城市的高墙筑垒，令西方远道而来的贵族平民们错愕不已。阿尔伯特记载到：

---

① Edward Peters, *The Chronicle of Fulcher of Chartres and Other Source Materials*, p.62.

　　　　尼西亚城有着防御墙、城墙、还有塔楼,坚固,无法摧毁……王公贵
族们骑马来到尼西亚城,集合在城市周围,其中的一些人,马匹跳跃奔
驰着,心神不安,感叹着它的塔楼,它坚固至极的城防,它那双层的
城墙。①

　　尼西亚城市建成于古典时代,城墙坚固,并在公元四世纪的时候被拜占
庭帝国加固过,据仁辛曼考证,该城的城墙长四英里,据记载有 240 座塔
楼。② 同时,作为东方的大型城市,尼西亚和安条克一样,都修筑着双层城
墙,并有壕沟保护。尼西亚城还占有地理上的优势,西侧紧邻一座名为阿斯
坎尼的湖水,湖面宽度达到了 40 公里。③ 如前所述,这面湖水给十字军的
围城造成了妨碍,最后是在拜占庭皇帝的协助下,从陆上运送船只到湖上方
才实现了对城池的合围。尼西亚城因为城墙坚固,地理条件优势显著,尽管
只与拜占庭帝国都城间隔了一条海峡,同时受到十字军的猛烈进攻,却能够
坚守六个星期。最后,尼西亚城内的突厥卫戍自觉无力回天,主动跟拜占庭
帝国达成协议降城,才算终结了这场战事。

　　除此之外,西利西亚的塔尔苏斯城也是一座城防坚固的城市。按照拉
尔夫的记载,坦克雷德从远处眺望的时候,"感叹塔楼之高,城墙之长,住宅
之高大"④。这座城市十字军同样未能攻打下来,最后只能靠胁迫达成协
议,城内突厥卫戍主动投降作罢。

　　第一次十字军战争过程中,安条克城池的整体防御能力和实际防御效
果无疑是最好的,并充分地体现出封建时代冷兵器面对东方巨型城市时的
无力。阿尔伯特对这座城市做了详细的记述,据他的记载,在全军即将进入
安条克平原的时候,勒普伊主教在对全军的训诫中特别强调了城市坚固的
城防,告诫众人要对即将到来的这场战斗的艰苦程度做好充分思想准备,
"安条克城近在咫尺,城墙坚固异常,不是铁器及抛掷出的石头能够摧毁得
了的。它的城防建筑方法匪夷所思,石料不计其数,由巨石修砌而成"⑤。
此后,阿尔伯特对安条克城做过一番较为细致的陈述和评论,称赞它是"前

　　① Albert of Aachen, *Historia Ierosolimitana*, p.94.
　　② Steven Runciman, *A History of the Crusades Vol.Ⅰ:The First Crusade and the Foundations of the Kingdom of Jerusalem*, pp.177-178.
　　③ John France, *Victory in the East:a Military History of the First Crusade*, p.143.
　　④ Ralph of Caen, *The Gesta Tancredi of Ralph of Caen*, p.58.
　　⑤ Albert of Aachen, *Historia Ierosolimitana*, p.190.

所未闻过的成就，是以众多石头、塔楼建筑而成，塔楼估计有 360 座之
多"①，

> 据人所说，城墙长度有整整两罗马里长，城市宽度为 1.5 罗马里。
> 前述过的那座法尔法河流经城市，环绕城墙及塔楼。城墙与塔楼一起
> 构成城市的防御石磐，一直延伸到山脊上。山上矗立着一座至关重要
> 的卫城，乃城市及所有防御塔楼之枢纽。卫城四周建造了四座塔楼，难
> 于攻打，拱卫中间的这座卫城。前面到的那四位埃米尔，一直以来都是
> 国王亚吉·西扬的保卫者，授名于这几座塔楼。②

此外，阿尔伯特还提到，安条克城同样拥有双层的城墙，并将城市的外
墙称作外堡(*barbicanas*)。③ 这样的特征也得到了拉尔夫的印证。④ 富尔彻
也认为，这样的城池是人力不可征服的，"安条克是座巨城，城墙坚固，地理
位置绝佳，易守难攻。若城内居民有面包的补给，并想着长期防御的话，它
是永远不会被城外的敌人攻克的"⑤。布洛瓦的斯蒂芬信中虽然只是寥寥
数笔，却也客观地申明了这座城池的坚固程度，"我们意识到，安条克是非
常宽广的，它的城防壁垒简直是难以置信，是坚固不可摧毁的"⑥。

历史上的安条克城确实堪称东方的一座巨型要塞。它扼守着叙利亚北
部，是战略要冲重镇，自古兵家必争之地。这座城市坐落于奥龙特斯河畔，
由塞琉古王朝创建，最初的定位就是巨城要塞，扼守关口。古典时代的安条
克城一直保持着中心城市的地位，并在拜占庭帝国早期被大规模地加固过
城墙。不过，随后的数个世纪当中，安条克城经历了地震、波斯人侵、及阿拉
伯征服，几度易主，命运多舛。但是，它的城墙始终是坚固的，并在 10 世纪
被拜占庭帝国再次加固过一次。按照现代以来考古调查的研究，安条克城
至少有 60 座塔楼。⑦ 该城与其他战略要地的城池一样，不仅城防坚固，并
且选址的时候做了精心的设计规划。奥龙特斯河与城市西南侧的城门毗
邻，并有一座跨越河水的桥，因此被称作桥门。城市的西面城墙，尤其是西

---

① Albert of Aachen, *Historia Ierosolimitana*, p.196.

② Albert of Aachen, *Historia Ierosolimitana*, p.200.

③ Albert of Aachen, *Historia Ierosolimitana*, p.204.

④ 他在记载攻占阿塔城堡的时候，提到了外墙的建筑形式，"被称为外堡"。参见 Ralph of Caen, *The Gesta Tancredi of Ralph of Caen*, p.72。

⑤ Edward Peters, *The Chronicle of Fulcher of Chartres and Other Source Materials*, p.71.

⑥ Edward Peters, *The Chronicle of Fulcher of Chartres and Other Source Materials*, p.288.

⑦ John France, *Victory in the East: a Military History of the First Crusade*, p.222.

南部分邻近河畔,之间的空间狭窄,无法容纳军队扎营或布阵。并且,城市的另一侧沿着山脉而建,东部的城墙直接延伸到了山峰上,海拔有 512 米。卫城修建在了山顶上,据险而守,符合东方建造城市的基本特征。城市的南面则有着深深的壕沟、峡谷,也很难靠近。此外,还有一溪流从城中经过,使得城内始终都能够有水源供应,缓解卫生压力,减少瘟疫发生的可能。因此,无论从城防结构还是从地理地势上看,这座城市的防守都极为坚固,很难被缺少攻城器械和手段的十字军攻坚破城。

二、西欧的木制城防

相比东方庞大的城池,高大的城墙,壮观的塔楼防御体系,普遍的石制壁垒,同西方同时期的建筑结构差距明显。这也是很多初次到达东方的西欧封建贵族们惊叹不已的主要原因。早在古典时代,罗马帝国时期的欧洲确实拥有相当数量石头制成的堡垒。但是,随着蛮族入侵及数个世纪的战乱更迭,多数堡垒城池都已经破败不堪,鲜见踪迹。中世纪早期基本已经没有多少石制建筑了,多数城堡防御都是依靠土木构建出来的。欧洲中世纪早期的建筑技术低下,因此堡垒的设计和修筑水平都是非常有限的。早期的很多防御高塔,本质上就是加固过的贵族宅邸。在法国,公元 900 年才出现了最早的城堡。这座城堡原本是布洛瓦伯爵的宅邸,是一座石头建成的厅堂,在经过一场火灾重建之后,被改造成了两层的城堡主塔(donjon)。比它晚上半个世纪的另一座塔楼,955 年在朗热建造的一座堡垒本质上也就是一座石头砌成的高塔而已。[①]

11 世纪的西欧城堡建筑的形式仍相当简单,甚至可以称之为原始。这个时期主要是土堤与外廓式城堡(motte-and-bailey)。顾名思义,这种城堡,从样式上看,就是由垒土与木制塔楼所组成的一种形式简单的土木结构防御建筑。这种堡垒的建造方式较为简单,先是掘土垒起高台,形成一个高大的土堤,并利用掘土的地方做出一圈的壕沟防护。然后,在形成的土堤四周修建起一圈的木制围墙,继而形成一个封闭的城郭,并在土堤的顶端建造一座木制的塔楼,与城郭之间用木桥相连。一般来说,公共设施、生活的建筑都会修筑在平地的城郭里,有粮仓、马厩、磨坊等,领主本人及其侍从居住在土堤上方的塔楼当中。一旦有外敌入侵,城郭同塔楼之间的通道会被断开,方便防御。其实,即使是这样一种形式简单,建筑材料朴素的堡垒样式,也

---

① Jim Bradbury,Kelly DeVries,*Fighting Techniques of the Medieval World AD 500 to AD 1500:Equipment,Combat Skills and Tactics*,p.184.

是古典时代延续下来的产物。直到 11 世纪，土堤与外廓式的城堡才逐渐在西欧推广和普及起来，并随着征服者威廉的军事推进，整个英格兰才兴起了这样的堡垒形式。可见，整个西欧当时的城堡的修建水平及质量都相当堪忧，与同时期东方的大型石制城防存在巨大差距。

11 世纪的西欧城堡普遍存在着两个主要特征。其一，它们基本都是土木结构的，没有用石材做主要原料。勒高夫论述过，"中世纪是一个木材的世界，木材是那个时代普遍的材料"①。西欧普遍缺少修建大型城防建筑所需的石料产地。好的石料是如此珍贵，以至于"坐拥一座石头制成的房子，被视为财富和权力的象征"②。以木材为原料的防御工事的防御性能是有限的。其二，木制堡垒不仅原料不济，且结构也过于简单，设计上存在着天然的缺陷。如前所述，很多堡垒不过是领主宅邸改造而成的，土堤与外廓式的堡垒结构也非常简单，不过是一层围墙，一座塔楼，外面有一圈的壕沟。这样简单的防御体系不可能经得起长期围攻。从根本上讲，城堡修建所带来的巨大开销是限制此时西欧筑垒技术发展的主要原因。修建防御工事是需要人工的，人力消耗很大，日工昂贵。仅举一例，当时在克莱尔（Clare）修建了一座较大的土堤外廓式堡垒，用了将近 8000 个人工日。③ 另外，木材虽然是一种常见原料，但用来修建围墙，尤其是塔楼的优良木材同样是难于获得的。

三、东方城防的主要优势

在大约同时的地中海东岸地区，城堡建筑呈现出另外一番截然不同的景象。东方城堡不仅壁垒坚固，且具备复合式防御特征。这些城堡多数都是古典时代的遗存，并在拜占庭帝国时期受到过很好的维护和加固。正如阿尔伯特所记载，"它们都是用古代时期的石料及工艺建造而成的"④。这些巨型城防普遍都是石材建造而成的。西亚地区存在大量的石灰岩、砂岩、一些地区盛产玄武岩、白垩，特殊地域还有花岗岩和大理石出产。因为石料丰富，采石场众多，城堡建造相比西欧要更为简便，在附近山谷中很容易就能找到并建造起数个采石场，既方便运输，又减少了人工成本。西亚地区以石头为主要的建造原料，也与这个地区缺乏木材林地有关。公元 600 年以

---

① Jacques Le Goff, *Medieval Civilization：400-1500*, p.203.

② Jacques Le Goff, *Medieval Civilization：400-1500*, p.207.

③ John France, *Western Warfare in the Age of the Crusades, 1000-1300*, p.83.

④ Albert of Aachen, *Historia Ierosolimitana*, p.202.

后,西亚北非的林地就已经非常罕见了。① 此外,东方战场上,尤其是攻城战中经常使用各种燃烧物,尤其是希腊火,客观上需要城防具有更强的耐火性,木制结构显然无法满足这样的要求。

从结构上看,地中海东岸的这些大型城防一般都具有更为复杂的防御结构。譬如,它们在城墙外会附有防御墙,形成双层城墙。并且,它们还会有大量塔楼、幕墙,并与防御墙构成环形的防御通道。东方城防还会特别考虑地形地势,依靠险峻的地理条件构筑防御工事。在城中的制高点位置,一般都是山顶处会建造卫城,并在城中保留水源水井,有河流湖泊在一侧做天然掩护。此外,一些大型城市,如耶路撒冷和阿克城,此时已经有了同心城堡的设计结构,存在内城外城之间的间隔,更是令十字军叹为观止。

这些大型复合式的城防结构,与西方同时期的木制的、单层的环形防御工事相比,明显高出多个档次。东方的这些大型城防多数历史悠久,传承自古典时代,并在多个世纪当中一直受到其后的拜占庭帝国、阿拉伯帝国、阿拔斯王朝的精心维护和加固,是数百年来大量财富、人力堆积的结果,并非一日之功。它们是强大中央集权的产物。在长期的混乱动荡当中,西欧普遍缺少强有力的集权控制,更不可能有如此多的物力、财力、精力投入到城防建筑的修筑更新当中。双方在 11 世纪之前在建筑堡垒上的巨大差距,是各自不同发展形势的自然结果。

第二节　安条克之战与城堡战术

虽然东方的巨大城防是十字军难以撼动,几乎无法攻坚的,但他们还是要尽可能地以各种手段和方法夺取这些要塞城市。在中世纪,城堡不仅是一种防御工事,它对战争的走势,地区的控制有着多方面的作用。十字军战争同普遍的封建战争相比,具有夺取土地、地域控制的共通性。有城墙防御的城市及城堡,是其所辐射地域的中心,掌握着地方的控制权。位于重要战略位置的坚固城市和城堡,既是该地区经济、政治及军事活动的中心,同时也是权力所在,控制的中枢。在战争中,若想要长期实际控制某个敌方区域,就必须要夺占该地域的中心城市和重镇。R.C.斯梅尔阐述过,"对一地有效长久的支配,取决于对该地有城防城市和城堡的占有"②。反之,对防守一方而言,即便战局再不利,只要能够确保城防不被攻克,坚壁清野,也能

---

① Jonathan Riley-Smith, *The Oxford History of the Crusades*, p.156.

② R.C.Smail, *Crusading Warfare, 1097–1193*, p.24.

够确保战争不会以彻底的失败而告终，并为日后收复失地留下了希望。

一、消耗战的被动局面

安条克城是叙利亚北部门户，战略位置极为重要，属兵家必争之地。十字军若想要顺利通过叙利亚，向南进发，就必须要攻占安条克城，确保对该片广袤平原的控制权。因此，十字军在相当不利的环境下开始围城。如前所述，安条克之战是第一次十字军战争中最为艰苦而漫长的关键战役，双方陷入了长期的对峙、拉锯和消耗当中，损失都相当严重。在这场战役中，十字军无法得到拜占庭太多有益的军事支援，远离帝国边境。同时，亚美尼亚人尽管主动合作，但在战场上也起不到多少作用。十字军在战局上陷入了一个尴尬的境地，围城消耗无法快速攻下城池，同时，叙利亚北部的多个突厥主要势力都在行动，城内的突厥卫戍也在伺机突围，不断出城杀伤十字军的有生力量。在战术层面陷入被动的情况下，法兰克人不得不转换思路，采取更为大胆和有力的战术措施来应对和反制。他们做出了选择，决定以城堡作为战术的核心运用。十字军方面之所以做出这样的选择，主要还是出于对围城战当中的关键一环，即消耗战的考虑。

在围城战当中，左右最终胜局的关键往往不是几乎实现不了的摧城拔寨，而是对资源的控制能力。在攻坚战失败后，交战双方会陷入到围城战当中，变成长期对峙，战争的焦点也就由战场上的冲突斗争转移到了对峙消耗上。简而言之，谁能够确保资源的获取和维持，维持住士气和秩序，保持效率和组织，就有可能取得优势，并最终胜利。反之，丧失补给资源，或者无法遏制对手获取资源的一方，就会逐渐陷入被动，失去斗志并失败。于是，围城战的对立双方都在努力以食物补给为主的资源获取上付出了各自最大的努力。战争亘古不变的准则之一，是抢占食物，并禁绝对手的供给。[1] 围城战期间，围城方本身就处于不稳定的环境当中，面对的形势更为复杂多变，条件也更为艰苦，若不能阻止、切断城内食物的有效供应，注定是枉费时间，无果而终。不过，因为客观条件的制约，使得十字军无论是在获取食物资源，还是截断城内食物输入通道两方面都没有做到高效充分，未起到应有的效果，并在很长一段时间内都处于被动当中。

首先，十字军自身的补给供应始终受到城内突厥人的骚扰和侵害，且长期得不到改观。在冬季围城中，因为食物稀少，十字军不得不派出以平民为主的大量人力到周边的山区当中寻找、搜集食物。安条克城内的突厥卫戍

---

① 　John France, *Victory in the East：a Military History of the First Crusade*, p.78.

经常性地出城伏击,造成了持续的杀伤。富尔彻对这样随时可能出现的伏击做过深切的描述,"基督徒们没有可以活命的供给了。他们深陷于恐惧之中,走到很远的地方去寻找吃的。在方圆 40、50 罗马里的地方之内,在群山当中,他们经常会被埋伏着的突厥人杀死"①。这种零星骚扰防不胜防,但毕竟不会对主体构成大的损害。但是,补给线的维系同样受到了突厥伏击的严重危害,这是法兰克人无法接受的。十字军的食物补给主要来自于海上,主要港口是圣西蒙港和亚历山大塔勒。围城的主营地到港口的主要补给通道紧邻城市西南侧,更是与桥门交汇。正如前所论述过的,安条克城的西南及南侧正是十字军因为地理环境复杂,并缺少人力而无力围困的部分。城内的突厥卫戍当然清楚这条道路的关键性,集中开展军事打击。阿尔伯特的记载中,反复强调了从这座桥门出城的突厥人对法兰克平民的危害,"突厥人频繁地从这座桥上被调遣出来,对附近的,在山上的,寻找食物、马匹草料的基督耶稣子民们进行着屠杀"②。阿尔伯特强调,这样的杀戮每天都在出现,难以防范,"这样的屠杀、伏击、突袭,每天从上午、到中午和晚上都在发生着。营地里天天都能听到因人死去而发出的痛哭声"③。拉尔夫则明确提及了突厥人对圣西蒙港口到十字军营地之间的这条关键通道造成的威胁,"突厥人在高处俯瞰着通往港口的这条道路,频繁袭击,使得基督徒付出了鲜血。只有在武装随行的情况下,方能从军中前往港口处,或从港口前往军中。即便如此,也并非是每次都能平安无事"④。

反之,安条克城的对外联系管道却一直通畅,食物的供给在很长时间都是相当稳定的。据伊斯兰的史料记载,安条克城内的食物曾一度较为紧张,价格高涨,但随着外部的大量补充,又恢复了常态,"安条克城内,油、盐和其他必需品价格高涨,购买不到。然而,大量食物被偷偷地运到了城中,又便宜了下来"⑤。这样一来,十字军的处境就变得相当危险。本方阵营的补给线持续受到骚扰,庞大的人口基数使得每次物资损失、运输失败的负面影响都变得愈发难以承受。反之,对手一边的补给通道则是始终通畅着。城内的突厥人能够从各个方向获得食物供应,主要是桥门及南门,山区更是毫无设防。两相对比,此消彼长的情势显而易见。因此,十字军若要在这场漫长的消耗战当中占据上风,务必要尽快地对城市实现全面封锁,禁绝对方出

---

①　Edward Peters, *The Chronicle of Fulcher of Chartres and Other Source Materials*, p.72.

②　Albert of Aachen, *Historia Ierosolimitana*, p.202.

③　Albert of Aachen, *Historia Ierosolimitana*, p.212.

④　Ralph of Caen, *The Gesta Tancredi of Ralph of Caen*, p.75.

⑤　Ibn Al-Qalanisi, *The Damascus Chronicle of the Crusades*, p.43.

城和入城的通道。

　　然而,全面封锁城市对十字军而言难度极大,常规手段下几乎不可能实现。其一,安条克城的地理条件特殊,奥龙特斯河和山区成为了两大天然屏障,根本无法部署军队设防。其二,十字军人数有限,很难做到四面设防,各处布点。安条克城的规模很大,面积宽广,法兰克人的军力无法涵盖到每个角落,部署难度大。阿尔伯特就曾提到,军队人数不足,无力封锁住桥门,"军队到此之前已经用完了,它未受封锁。突厥人经常从这座桥上出来,在大庭广众之下带着人突围而出,再带着补给回来"①。其三,从战术层面上考虑,十字军也不应该分散兵力,以人力实现对城市的合围。十字军将全军都集中部署在了安条克城北部和西北部的平原地带上。地形复杂的山区,河道附近的西侧,沟壑丛生的南侧则没有成建制地部署兵力。十字军之所以如此密集地布阵,很可能是出于战争经验做出的谨慎选择。到此时,十字军已经历经数月激战,对突厥方的作战习惯和风格,以及整体实力都有了较为清醒的认识。在战术层面他们稳妥安全的选择是稳扎稳打,集中军队,形成人数和规模上的优势,方可能存续战力。若是贸然分散兵力,蔓延在数公里的城墙之外,很可能会被善于突袭的突厥军队各个击破。事实上,正是得益于集中布阵,十字军才能够成功地化解了城中突厥卫戍的猛烈突围。

　　因此,在严苛的战场环境下,缺少军事支援的十字军不可能冒险将军队分散开来,在各个方向上分别布阵,地理环境和主客观条件都不允许。于是,在经过反复斟酌后,他们将军队全部部署在了城市北部的平原地带上,优先局部封锁。他们首要的是确保自身的安全,确保有生力量的不损失。集中布阵扎营大大减少了被各自击破的危险,虽看似保守却也在关键时刻体现了其价值。另一方面,十字军也确实对城市进行了压迫,造成了切实的军事压力和消耗。安条克城内的突厥卫戍人数较少,不可能贸然突围。但是,如此僵持下去,此消彼长的态势日趋明显,在各方突厥势力逐渐聚集后,十字军势必陷入危局。为此,十字军的贵族领导者们也做出了理智的判断,采用了以城堡为中心的战术扭转颓势。城堡战术的采用不仅改变了这场战役的结局,乃至对日后的拉丁东方法兰克国家军事形成了一系列深远的影响。

二、城堡与战术合围

　　城堡,给人留下的第一印象总是防御性的。其实这是一种片面的理解,

---

　　①　Albert of Aachen, *Historia Ierosolimitana*, *History of the Journey to Jerusalem*, p.202.

城堡本身同时具有侵略性、进攻性的功能。城堡能够占据战略要地,遏制交通,并能够驻扎军队,为进攻提供一个支点,为军队提供坚固壁垒的保护。以进攻为目的修筑城堡的战术在当时的欧洲也不算鲜见,征服者威廉在英格兰的战役中就大量修建各种木制堡垒,加速占领各区域。城堡最大的战略价值就是支点作用,是各种进攻战术最为可靠的发起点。一座筑垒能够对周围地域造成持续性的威胁,既能够正面进攻,也能够侧面牵制。并且,修筑城堡也是一种一劳永逸,节省兵力的高效围城策略。尤其在形成对峙的持续围城当中,城堡的作用特别显著,往往只需要驻守少量兵力就能起到较强的压迫效果。当然,各种城堡筑垒的建筑成本是高昂的,这样的战术势必要耗费巨大的人力、物力、财力,非必要时不会轻易使用。

　　十字军之所以选择城堡战术也是出于多方面考虑的结果。他们迫切需要实现对城市的合围,至少是更为有效、紧迫的威慑,必须要显著降低城内突厥人对补给线的持续侵害,并尽可能地杜绝城外物资向城内持续规模化输送。对安条克这样级别的巨型城市,想要完全封锁城市,并杜绝外部物资的输入是不现实的。反之,只要能够在若干重要通道设置筑垒岗哨加以一定牵制,将成规模、稳定的物资输送通道截断,对城内居民就能形成极大的压迫了。毕竟,安条克城已被围困数月,资源消耗巨大,人口众多,物资供应的不稳定也足以动摇军心,降低士气,造成恐慌和内乱。建筑城堡同时也能弥补兵力的不足,并为驻守的兵力提供壁垒保护,降低遭受偷袭造成减损的风险。于是,十字军在深思熟虑之后,开始着手选择修筑的合适地点。他们首选的是突厥人出入的三条主要通道,即城市西南侧的桥门,南侧的圣乔治门,及东面的山区。阿尔伯特的记载中,指出了这三个方向的威胁,"突厥人频繁地从城门中,从那座桥上出来,伤害基督的子民们。他们还从那座山上的城门出来,那里正是日后城市被出卖的地方"①。

　　法兰克人在围城之初曾尝试过以岗哨监守西南侧、南侧的两个出口。据阿尔伯特记载,他们最早是在城市南侧的一座丘陵上设立了一座简易哨所,由坦克雷德派人驻守,"负责观察、击退从这两座城门出来的突厥人"②。这座岗哨很快就发挥了作用,坦克雷德发现了出城放牧的突厥人,杀死了四人,将牧群带回了营地。③ 这次尝试被证明是有益的,为日后更大规模修筑堡垒打下了基础,阿尔伯特评价,"这两座城门,一座面对着群山,一座正对

---

① 　Albert of Aachen, *Historia Ierosolimitana*, p.208.

② 　Albert of Aachen, *Historia Ierosolimitana*, p.208.

③ 　Albert of Aachen, *Historia Ierosolimitana*, p.208.

着石桥,受坦克雷德监守。基督教军队平静了下来,免于一部分战事的扰乱"①。随后,在 1097 年 11 月中旬之后,突厥人的突袭变得更加频繁和经常,十字军开始密集地受到突袭、伏击。也就在这个时候,十字军上层启动城堡战术。阿尔伯特的记载体现了修筑城堡与遏制突厥人出入城市,以及保护食物补给安全的直接联系:

> 军中领袖困恼不已,突厥人不断从那座城门中出来,频繁设伏,自己的人民在经历着极为悲惨的灾祸,怒火日益高涨。受此激发,他们决定将上述的那座因为险峻山区及崎岖山石而导致无法被封锁的城门封锁上。②

十字军将这座城堡修建在了安条克城市北面的一片岩地上,正位于博希蒙德营地的上方,因为缺少木材,所以是用石材制造的。军队轮流委派贵族在城堡中值守,阻止突厥人从山上袭击营地。阿尔伯特记载,"首领们按照提前约定的时间在这座城堡当中驻守,在岩石之上的哨岗堡垒监视着……阻止突厥人对基督徒的杀戮"③。拉尔夫的记载中也提及了这座城堡,他强调,正是突厥人于山上偷袭、射箭迫使十字军修筑了它,监视山区。④ 修士罗伯特记载也是大致相同:

> 突厥人因城市的城防坚固而非常自信,晚上打开了城门,冲出来,向营地射箭。这期间,他们射中了博希蒙德帐篷前面的一名妇女。于是,营地里布置了更为奏效的岗哨,负责监视突厥人出入的城门。军中的王公首领们决定以自己的资源建造一座城堡,为了在敌人进攻的时候确保自己的安全。突厥人如同蜜蜂回巢,一直从周围涌来。⑤

在北部主营地的形势稳固下来,并能够有效遏制对手的突袭进攻后,围城方开始着手以更为主动积极的手段对安条克防守方形成切实压力。他们的首选就是南侧围城薄弱处,计划在该地建造一座新城堡。阿尔伯特提到,最初设立的监视哨过于简陋,难以真正限制突厥人的频繁出入,"坦克雷德

① Albert of Aachen, *Historia Ierosolimitana*, p.208.

② Albert of Aachen, *Historia Ierosolimitana*, p.224.

③ Albert of Aachen, *Historia Ierosolimitana*, p.224.

④ Ralph of Caen, *The Gesta Tancredi of Ralph of Caen*, p.74.

⑤ Robert The Monk, *Robert The Monk's History of The First Crusade*, p.122.

做不到每次都去御敌,敌人是诡计多端的,经常是在他没有察觉的情况下就从城里出来,冲过桥去"①。因此,在北部的营地修建堡垒起到了一定效果后,贵族议事会就着手在石桥附近地方修建城堡,一劳永逸地将这座桥封锁起来。这样做,既可确保通向圣西蒙港的道路安全,同时也能将城内守军突围输送食物的主要通道封锁住。

次年,也就是1098年3月,在对阿勒颇的战斗胜利后,受到鼓舞的十字军首领们下定了决心,决定趁着形势有利,在石桥前修建城堡。② 十字军修筑完成了这座名为拉马霍梅耶的城堡,并将它委托给雷蒙德监守,于是它又被称作雷蒙德堡。③ 拉尔夫也着重记述了这座城堡。在他的记载当中,这座城堡是伯爵雷蒙德修建的,是建造在一座山顶上,由突厥人的神殿改造而成,"突厥人受到的约束越多,造成的危害就越小。肯定的是,突厥人受到了约束,不再如以往那样到处游荡了"④。修士罗伯特记载,城堡是修建在桥的前方,"挨着一座清真寺"⑤,十字军是用清真寺墓地的石棺加固的城堡,将它交给伯爵雷蒙德管理。⑥ 富尔彻的记载中同样强调了这座城堡的显著效果,"首领们在城前造了城堡,经常从城堡出击,有力地阻截了出城的突厥人。法兰克人由此夺取了他们的牧场,他们无法从城外的亚美尼亚人处获得帮助"⑦。两位战争的亲历者,布洛瓦的斯蒂芬和里布蒙的安塞尔姆同样记载了这座城堡。斯蒂芬在信中解释了修建城堡的动机,就是为了阻止突厥人骚扰通往圣西蒙港的补给线。⑧ 安塞尔姆则更为详细地描述了它的艰苦修建过程。法兰克人动员了所有的人力物力,肩扛人拉,贵族也都参与其中,最终才修建完成:

> 我们的人着手修建城堡,并做了加固,有双重的壕沟,还有坚固异常的围墙,拥有两座塔楼。他们委派圣吉尔伯爵和机械师、弓箭手驻守在其中。哎,我们付出巨大辛劳方才建造出了这座城堡! 军中的一部分人留在东边的前线上履行军役,一部分人留守营地,其余所有人都去那里建造城堡。其中,除了机械师和弓箭手始终在监视着城门外,其余

① Albert of Aachen, *Historia Ierosolimitana*, p.212.

② Albert of Aachen, *Historia Ierosolimitana*, p.238.

③ Albert of Aachen, *Historia Ierosolimitana*, p.246.

④ Ralph of Caen, *The Gesta Tancredi of Ralph of Caen*, p.75.

⑤ Robert The Monk, *Robert The Monk's History of The First Crusade*, p.131.

⑥ Robert The Monk, *Robert The Monk's History of The First Crusade*, p.138.

⑦ Edward Peters, *The Chronicle of Fulcher of Chartres and Other Source Materials*, p.74.

⑧ Edward Peters, *The Chronicle of Fulcher of Chartres and Other Source Materials*, pp.288-289.

人等，包括王公在内，都在一刻不停地搬运石头，去修建起围墙。①

城中的突厥卫戍当然也意识到十字军修建城堡会造成严重不利的后果，也做了应对和激烈的反抗。在北边的城堡建成后，他们曾派出过200名骑兵，想要拆毁其城墙，但受到雷蒙德的伏击而败退。② 后来，当十字军准备建造第二座城堡时，并为此派出博希蒙德、雷蒙德前往港口获取物资时，城内突厥守军孤注一掷，派出为数众多的弓骑兵在必经之处埋伏，并趁队伍满载辎重返回的时候发动突袭。如前所述，这次伏击尽管起初成功了，但是在营地里的十字军化解了城内的反扑，并前来支援后，最终还是失败了。这次突围也是安条克城内突厥人最后且最大的一次反扑，损失惨重。在十字军终于将石桥前的城堡建造起来后，城内的突袭和伏击显著减少了，"自此以后，异教徒内心软弱了，先前那样频繁异常的袭击完全停了下来，伏击沉寂了。突厥人的力量衰弱了下来，当中的许多人陷入到了恐惧当中"③。修士罗伯特对这座城堡做出了很高的评价，将之称为"命运之转折"：

> 它极其有效地限制了城中的那些人，于是，他们再不能从里面出来了。反之，从此，我们的人就能够高枕无忧地去想去的地方了。此后，首领们挑选了最优秀的人员，最快速的马匹。这些人过了河，到了离城市不远的地方，找到了众多可劫掠的对象，有种马、母马、骡子及母骡子、驴、骆驼，有5000头牲畜。他们将这些品种优秀的牲畜全带回营地，令基督徒们喜悦不已。命运转折了，安条克的市民被大大地削弱了，众多的补给归了我们的人，加强了我们，损失补给使得他们变弱了。④

此后，十字军继续巩固战果，在城市的南门，也就是圣乔治门前修筑堡垒。这座城堡位于圣乔治门前的一座山丘山上，是由原来的一座女修道院改建而成的。这座城堡修建完成后，被交付给坦克雷德看管。⑤ 坦克雷德

---

① Edward Peters, *The Chronicle of Fulcher of Chartres and Other Source Materials*, p.291.

② Albert of Aachen, *Historia Ierosolimitana*, pp.224–226.

③ Albert of Aachen, *Historia Ierosolimitana*, p.246.

④ Robert The Monk, *Robert The Monk's History of The First Crusade*, p.138.

⑤ Steven Runciman, *A History of the Crusades Vol.Ⅰ: The First Crusade and the Foundations of the Kingdom of Jerusalem*, p.228.

拦截了众多向城内运送食物的亚美尼亚人,让他们改为十字军运送食物。①
至此,十字军实现了对安条克城的几个关键点的封锁,将城市的主要出入口
和补给通道都封堵上了。

　　总体上看,城堡战术满足了两方面的必要性,一是本方补给线安全的必
要性,二是断绝对方补给的必要性。于是,安条克城内的资源日渐短缺,内
部矛盾激化,随即亚美尼亚人出卖了这座城市。可以说,城堡战术在安条克
之战当中的作用是毋庸置疑的,是整个安条克之战的重要转折。

第三节　拉丁东方的城堡及城堡战略

一、城堡建筑的发展

　　此后,在第一次十字军战争结束后的近 200 年间,城堡的建筑水平在东
西方都有了长足的发展,西方尤其如此。在西欧,城堡的建筑材质由木材转
变为了石材,建筑的结构和设计思路都发生了根本转变,发展得尤其迅速。
西欧封建社会修筑城堡的发展进步是整个欧洲文明 10 到 14 世纪迅速发展
的一个缩影,是期间建筑领域发展浪潮的主要构成。这期间,西欧封建社会
的社会财富积累增加,人口不断增长,对城市建筑、教堂、宅邸的质量要求不
断提升,不再满足于居住层次的功能性要求。社会的有产者,尤其是权贵
们,开始追求建筑的奢华尊贵、壮大宏伟、富丽堂皇。于是,正如勒高夫所
言,建筑行业在这个时期异军突起,成为集中了整个社会资源财富,且最富
活力的产业,"于是,建筑工地是中世纪最早的,也差不多是唯一的工业中
心了"②。

　　城堡的建筑在西欧得到了显著发展。首先,从 12 世纪中期起,西欧修
建城堡逐步转为使用石料。众多石制城墙、塔楼、壁垒应运而生,木制城防
被放弃了。在过了近一个世纪之后,在 13 世纪中期,西欧各地在修筑城堡
的时候基本都在使用砖石材质和结构。建筑的结构、样式相应地改变了。
其一,架构更加复杂化,不再是一种简单的土堤外廊样式。城堡很快就发展
成为复合样式。城墙变得更加坚固宽大,并修建有复数的塔楼,以幕墙相互
间隔。城墙上有通道,并有城齿,为弓箭手射箭留出了空间,13 世纪陆续出
现了设计较为巧妙的射击孔。塔楼的建筑形状也在发生显著的变化,12 世

①　Robert The Monk,*Robert The Monk's History of The First Crusade*,p.138.

②　Jacques Le Goff,*Medieval Civilization：400-1500*,p.56.

纪开始,西欧城堡的塔楼逐步由原本的矩形变为了圆形。圆形塔楼是建筑形式上的重要进步,它没有棱角,受力面积更小,更不容易被攻城机械摧毁。并且,圆形塔楼使得其中的卫戍防御方获得了更为宽广的视角,死角更少,更立于防守及相互配合。当然,圆形塔楼也体现了工艺水平的进步和提升,并如约翰·法郎士所认为的,圆形塔楼的盛行也与节省材料,节约成本有着直接关系。①

其二,在 13 世纪的时候,中世纪城堡中最重要的结构变化,同心城堡开始进入到西欧封建社会。所谓同心城堡的样式,是与单层防御体系相对而言的。城堡的主塔或卫城外增加了一层新的防御墙。这样一来,城堡就分为了内外两层和区域,相互隔离。内部核心区域的防御墙要比最外层的城墙更高,形成高低差,利于内层区域的防御。同心城堡降低了因为某个塔楼,某片城墙被投降或被占领遂导致整座城市沦陷的风险。

拉丁东方法兰克国家的城堡延续了东方传统的建筑风格,大部分由当地建筑师和工人修建。因为此时地中海东岸军事冲突更频繁,这些城堡相比西欧而言,军事功能更为突出,规模要更大,更为坚固,结构也更为复杂。法兰克国家最庞大的城堡有比弗(Belvoir)、马卡比(Marqab)、阿斯利特(Athlit)、克拉科(Crac)及雅各滩(Jacob's Ford)。这些大型城堡的修建成本高昂,耗资惊人,一般的地方领主很难承受,宗教骑士团是少量能够承担这种经济负担的军事组织。以圣殿骑士团在 1260 年到 1266 年间重建的萨法德(Safad)城堡为例,城堡的高昂造价一目了然:

> 最初两年内,建造这座城堡,除去当地赋税之外,圣殿骑士团一共花费了 110 万拜占庭金币。此后,每年需要花费将近 4 万拜占庭金币。日常每天需要为超过 1700 人提供食物,战时每日是 2200 人。要塞需要 50 名骑士、30 名扈从骑兵,都全副武装,配有马匹,还要有 50 名配有武器和马匹的雇佣骑手,300 名弓箭手,820 人去做劳工及其他事务,还有 400 名奴隶。每年,大麦、小麦消耗的量平均下来要超过 1200 匹骡子的运载负荷,这还不包括其他的食物。这也不包括给雇佣兵的佣金,雇佣工人、马匹、装备、武器和其他物资的供应,这些数字难以估算。②

---

① John France, *Western Warfare in the Age of the Crusades*, 1000–1300, p.89.

② Malcolm Barber, Keith Bate, *The Templars selected sources*, Manchester: Manchester University Press, 2002, p.90.

结构上,拉丁东方的大型城堡基本是同心城堡。譬如,1187 年修建的比弗和贝尔蒙特(Belmont),还有 1192 年的达鲁姆城堡(Darum)是拉丁东方营建的较早一批采用同心设计的城堡。13 世纪,拉丁东方的法兰克国家开始修建规模更大的同心城堡,最典型的是克拉科德骑士堡(Crac des Chevaliers)、托尔托萨城堡(Tortosa)。① 并且,城堡的设计结构也比前一个世纪的更为精巧复杂。城墙具备了复合式防御的功能,内侧建造了走廊,顶端是与防御墙共同构筑成的通道。城墙上有堞口、城垛,并布有射击孔。塔楼间形成射击夹角,可相互支援,形成集火。城墙上还建有宽广的平台,用来安置如弩炮、投石机这样的防御机械。城墙上有时候还会加上其他附属装置,如悬挂守望台,在城垛上悬挂屏障,为攻城增设障碍。拉丁东方城堡的城墙具有多重的,上下两层的防御工事。在细节上,拉丁东方城堡的建造设计独特,注重实用。典型的,城堡入口会设计成斜向的,而非正对一方,有的时候通道甚至会被造成弯曲状,出口处会面对着复数塔楼,周围城墙上遍布射击孔。从城门攻入城池的敌人在进城的时候,会遭遇密集交叉火力。城门建造得更为牢固,有升降闸口,城门上方会有射击孔,可倾倒焦油及各种燃烧物。甚至于,塔楼间会建造幕墙,相互间隔,以免一座塔楼沦陷导致全盘皆输。

与同时期西方的城堡相比,拉丁东方的城堡早在 12 世纪起规模就已经相当宏大,并在相当一段时期内保持了设计和结构上的优势。相比于西欧的许多用来观赏享乐的城堡建筑,拉丁东方法兰克国家的城堡军事功能更为突出,不求奢华、浮夸,更讲究实用的防御性,更强调城防的坚固。但从整体上来看,地中海东西两岸的城堡无论从原料、结构还是设计上来看,逐渐在变得日趋一致、统一。这当然是封建时代生产水平基本一致性的前提所导致的,并可能与对古典时代建筑传统的恢复、继承、发扬有关。但一定程度上看,这也是东西方相互交流、影响、作用的结果。客观上,十字军战争期间,拉丁东方强化了东西方之间的交往关系,关联更为紧密,在这样的交流过程中,东方建造的技艺和理念传统逐渐向西方流入、灌输,为西欧建造技术的发展提供了有益的借鉴和影响。

二、"城堡之国"与拉丁东方

在第一次十字军战争成功应用城堡战术之后,拉丁东方法兰克国家开始普遍使用以城堡为中心的战术,并不断普及强化,终于将它从战术层面提

---

① Jonathan Riley-Smith,*The Oxford History of the Crusades*,p.168.

升到了国家的战略高度。以至于，在攻击和防御两端，城堡都是拉丁东方军事行动的核心，起到中流砥柱的支点作用。城堡之所以在拉丁东方的军事战略中具有如此重要的位置，是多方面的原因共同作用的结果。

首先，拉丁东方本身在军事力量上的绝对劣势是城堡能够成为战略核心的根本原因。拉丁东方自伊始起军事力量就是有限的，甚至可以算作捉襟见肘。第一次十字军战争期间，西欧封建军事武装在安条克之战期间军队规模就已大幅缩减，已被摩苏尔突厥联军压制。在占领耶路撒冷城后，十字军人数已经衰减到之前一半不到。在文献当中，按照阿尔伯特的记载，十字军与法蒂玛埃及在阿什克伦对战的时候，是"两万基督徒对阵 30 万异教徒"①。围困阿什克伦期间，公爵戈德弗里只有 2000 名骑步兵。② 此后，在第一次十字军战争结束后，大量武装人员返回欧洲，只有少数人留在了拉丁东方。以耶路撒冷拉丁王国为例，戈德弗里起初尚能带领 3000 人的军力前去围困阿苏夫城。③ 在占领阿苏夫城后，戈德弗里前往附近的埃及控制区域劫掠，只有"200 人骑兵和 1000 人步兵"④。国王鲍德温一世时期，军队的规模进一步缩减，拉姆拉之战中只有 700 人，包括骑步兵在内。⑤ 穆斯林史家伊本·喀拉尼西记载，在拉姆拉之战中，十字军的骑步兵共计 700人。⑥ 两位来自不同区域、宗教文化背景的撰史者在数字上做出了一致的判断，客观上也印证了法兰克国家军事力量薄弱的事实。

拉丁东方军事力量匮乏，主要是兵源严重不足导致的。拉丁东方法兰克国家在东方没有足够充裕的兵源，人口基数过小。西欧移民在拉丁东方总体人口当中属绝对少数。在到达东方后，西欧朝圣者很少会选择留在东方定居，即便是定居下来，大多也选择较为安全稳妥的城镇、原东方基督徒的聚居地生活。雇佣兵力代价昂贵，无法长期维持。法兰克人的主要兵源是西方的朝圣者及不断赶来的各种十字军武装。但是，这样的兵源是不稳定的，且是容易随着时代的转变而衰减的。13 世纪以后，西欧封建王权，乃至教权都在忙于本土的各种封建纷争，越来越缺乏东进的动力。十字军的热情在衰减，拉丁东方很难再获得可观的军事支援。13 世纪的拉丁东方，

① Albert of Aachen, *Historia Ierosolimitana*, p.468.

② Albert of Aachen, *Historia Ierosolimitana*, p.470.

③ Albert of Aachen, *Historia Ierosolimitana*, p.486.

④ Albert of Aachen, *Historia Ierosolimitana*, p.506.

⑤ Albert of Aachen, *Historia Ierosolimitana*, p.640.

⑥ Ibn Al-Qalanisi, *The Damascus Chronicle of the Crusades*, p.55.

整体军事力量不足 2000 骑兵。① 1244 年,拉弗尔比之战(La Forbie),拉丁东方调动了各法兰克国家全部军事力量,包括耶路撒冷王国、安条克公国、塞浦路斯、及三大宗教骑士团全部参战。此役,他们总共集结了 6000 人的兵力,在其中,1000 到 1200 人是骑士。

即便如此,拉丁东方仍然无力御敌,他们的对手,伊斯兰世界的军事实力远远凌驾于法兰克人之上。在第一次十字军战争结束后,经过数十年的对峙,伊斯兰世界重新激发活力,在赞吉、努阿丁和萨拉丁的努力之下,重新恢复了统一和团结,军事力量显著增强。到了马穆鲁克埃及时期,双方军事力量的差距达到了极致,已不具可比性。1291 年阿克之战,马穆鲁克组织了 21 万人的军队攻城,仅骑兵就有 6 万人。② 军事实力的相差悬殊可见一斑。

人口比例的失调,军事实力上的巨大劣势,使得法兰克移民更愿意选择在更为安全的环境下生存,贵族多数都选择居住在城市或城堡内,以抵御外部经常性的侵袭和威胁。于是,拉丁东方法兰克国家都表现出了对建造城堡的热忱,大力营建、修复、加固各种城堡。在拉丁东方存续的近 200 年间,建造了不计其数的大小城堡筑垒,因此,拉丁东方又常常被形容为"城堡之国"。以圣殿骑士团为例,他们是拉丁东方最为富有,最具权势的军事组织和政治势力。在这段时间内,他们通过多种手段,以营建、改造、加固、接受馈赠,及购买等方式获得、控制了大量的城堡。12 世纪 30 年代,圣殿骑士团在安条克北部的阿曼山脉地区占据着达巴萨切(Darbsaq)、博奈(Bonnel)、罗鲁西(Roche Roussel)、巴格哈斯(Baghras)、罗纪尧姆(Roche Guillaume);在耶路撒冷王国,最早是多伦德骑士堡(Toron des Chevaliers),随后,在 1149 年得到了加沙城堡,1152 年又接管了托尔托萨城堡;在 12 世纪中期以后,他们陆续接管了大量城堡,其中以博福尔(Beaufort)最为著名;1178—1179 年,他们修建了雅各滩城堡;13 世纪,在第五次十字军战争期间,圣殿骑士团修建了著名的朝圣者城堡(Castle Pilgrim);1240 年,重建了于 12 世纪 60 年代接收的采法特城堡。③

三、从攻到守的城堡战略

拉丁东方法兰克国家在建立之初,直至 12 世纪中期以前的数十年时间

---

① Christopher Marshall, *Warfare in the Latin East* 1192–1291, p.32

② Kenneth M. Setton and Marshall W. Baldwin, ed., *A history of the Crusades*, Vol2, *the Later Crusades 1189–1311*, Madison: University of Wisconsin Press, 1969, p.595.

③ Helen Nicholson, *The Knights Templar: a New History*, pp.57–60.

内,凭借着城堡的修筑,步步为营,始终占据战略主动。东方法兰克人非常清楚地意识到,唯有不断地争取主动,扩大疆域方能为自己获得战略上的纵深,确保生存空间。于是,他们将城堡的进攻作用发挥到了极致,表现出了极强的侵略性。城堡可以确保对一个地方的实际控制,并对周边敌对势力造成持久威慑,运用得当可迅速扩大战果,确保疆域持续扩张。在北部,安条克公国早期一直保持着旺盛的扩张势头,主要得益于城堡的不断修建。在北部安条克平原地区,公国修建了罗吉尔阿缪(Roche Guill Aume)、巴格拉(Bagra)、德罗帕萨克(Trapesac)、亚历山大勒塔等城堡。这些城堡自西向东,构成了一道坚固的边境壁垒,牢固地封锁住了自东地中海沿海地区到幼发拉底河以西埃德萨伯国边界的整个北部空间。在公国的中南部山地,则是修建了索恩城堡(Saone),也是现存最大的十字军城堡。在索恩的北侧是巴卡斯(Bakas)和布尔扎(Bourzay)两座城堡。南侧,则是巴拉图诺(Balatonos)和杰贝拉两座城堡,确保了公国对杰贝勒安萨里耶(Jebel Ansa-riye)山脉地带的控制权,这座山脉也是公国主要的水源地,且土地肥沃,农产品丰富。此外,公国还利用城堡的修建向东南方向延伸边界,向叙利亚内陆地带渗透,主要是阿帕梅亚(Apamea)、马阿特艾奴曼(Ma'arat al Nu'man)、和卡夫塔布(Kafr Tab)三座城堡。东部地区,则是在20年间持续修筑堡垒,持续渗透,向阿勒颇地区逼近。1137年左右,依靠着众多新建城堡,公国完成了领土的主体扩张,在纵横两个方向都获得了足够的纵深空间。

的黎波里伯国的创建也主要依赖于城堡的封锁作用。1102年,雷蒙德在1101年十字军失败后,再度从君士坦丁堡南下,目的是攻占叙利亚南部重镇的黎波里。雷蒙德没有足够的力量短期内一举攻克城池,于是采取了围城消耗的方式,在附近的山顶上修建了一座城堡,名为佩尔兰山堡(Mont Pelerin),又被称作是圣吉尔城堡。但是,这只是拉开了这场漫长围城的序幕。至死雷蒙德都未能攻克这座城市。不过,圣吉尔城堡逐渐显露出军事价值,它逐渐遏制住了的黎波里城的补给供应线,切断了其与外界的联系,城内开始陷入困难状态。最终,1109年,的黎波里城内的守军再无法坚持,向雷蒙德的长子,图卢兹的伯特兰降城。推罗城同样也是凭借着城堡的封锁而被迫投降的。1107年,首先是在推罗的东面,在一座名为迪布宁(Tibnin)的山上法兰克人修建了一座城堡,由圣梅奥尔的雨果主导。随后,又过了10年,在1117年,耶路撒冷王国的国王鲍德温一世在其通向海岸的通道旁,距离城市9英里远的地方修建了一座新的城堡,伊萨坎达鲁纳(Is-kandaruna)城堡。又过了若干年,在1124年,被消耗到极致的推罗最终城破投降。作为法蒂玛埃及在叙利亚及巴勒斯坦的最后,也是最重要的据点,阿什克伦的围城更是旷日持久。耶路撒冷王国为了攻克这座穆斯林在利凡特最后的据点,从1136年到1149年之间,在其周围一共修建了四座城堡,分别是布兰彻贾德(Blanchegarde)、伊贝林(Ibelin)、拜特基布因(Bait Jibrin)、和加沙(Gaza)。最后,在1153年,孤立无援的阿什克伦城被拉丁王国攻陷。①

可以说,对沿海地带的重要港口城市的攻坚当中,城堡充当着围城攻击的核心作用。大型城市城防坚固异常,往往都不是短期内能够攻克的,经常要经历旷日持久的对峙、冲突、围困、反复争夺,常常是数年乃至十数年努力的结果。在这样的长期消耗当中,城堡所构成的封锁链,长期的威慑施压,并对周边地带定期进行的侵袭,无疑是最有效的手段。可以说,城堡是拉丁东方法兰克国家在早期维持攻势,拓展空间的战略核心,起到了关键作用。

在防御端,城堡的作用更不容忽视,一定程度上,它基本承载着整个拉丁东方的兴衰存亡命运。城堡的防御功能不是个体性的,而是全局性的。作为单个城堡,即便固若金汤,重重防御,也很难改变整个战局,更不可避免在长期的围城消耗当中被迫降城,从安条克到的黎波里,再到推罗和阿什克伦都充分地证明了这一点。城堡的有效防御是凭借体系实现的,是以大量的堡垒数量为基础,相互配合、支撑。它们要占据战略要地,扼守关卡,形成犄角,构成链条式的防御体系。正如约翰·法郎士所阐明的,"12世纪,大量建筑城堡的结果,是创造了这些由防御壁垒所组成的一个网络,其中的许多堡垒都不是非常坚固的"②。在防御体系当中,城堡的个体防御能力并非是最重要的,效率主要来自于整体布局和防守的层次性。城堡相当于一地的控制中枢,只要城防不丢失,就能确保对该地域的继续占有。所以,在面对小规模的零星侵袭的时候,城堡链条能够构成有效的保护,保证边境地带不受蚕食、丢失,并可减少损失。

在城堡的防御战略当中,还需要依靠更为丰富灵活的战术手段作支撑。单纯依靠城堡构成的防御链形成的防御模式是被动且消极的。它虽然对零星、短时间内的小规模冲突和侵袭有着较好的防御效果,但很难应对有组织、成建制的大规模入侵。譬如,较为典型的萨拉丁1187年的入侵,及1265年马穆鲁克王朝拜柏尔斯的征伐,十字军国家都无力抵抗,各地城防大多是被分隔包围,逐个击破。总结这两次失败的教训不难看出,即便再坚

---

①　John France, *Western Warfare in the Age of the Crusades, 1000–1300*, p.91.

②　John France, *Western Warfare in the Age of the Crusades, 1000–1300*, p.91.

强的城防,再合理的防御布局,想要具有一定的防守强度和韧性,都必须要有一支成规模和建制的军事力量的支持。有一支具备战斗能力的武装力量是必要的,否则防御就缺少真正的威慑力,不具备将敌人驱离的能力,没有威胁。在合理的调配下,野外战场上的军队能够同城堡链形成紧密配合,战术互补优势明显。城堡可为军队提供保护,成为军事力量调配、支援的支撑和枢纽。军队则可以在城堡间进行机动和穿插,寻找合适的战机突袭伏击,不断骚扰、消耗对手,迫使敌方主动后撤。

　　自 12 世纪末到 13 世纪,拉丁东方的防御策略就已不再将战场决胜当作防御的主要手段了。法兰克国家很少会谋求主动与敌方入侵力量接战,双方相差悬殊的军队规模,法兰克人捉襟见肘的兵源补充,都使得孤注一掷的军事冒险变得得不偿失。在这种形势下,拉丁王国更多的是选择避让迂回,拖延战局,伺机骚扰,并破坏其补给通道,使得敌人的主力部队在城堡链构成的防御网络中无法立足即可。中世纪的军队普遍是难以长久维持的。作为封建武装,他们的聚集具有季节性,短时间内尚可具备一定的效率和战斗能力,但是在到了季节交换,譬如冬季或春秋之际,军队就很容易士气低落,会受到各种环境因素,尤其是家乡农业生产的影响,军心涣散,丧失凝聚力。萨拉丁的队伍也无法克服这样的弱点,也很难长时间集结作战。另外,封建军队的组织也并不严密,因为复杂的附庸关系更容易产生间隙,相互排挤,在高度的军事压力下更容易解体。

　　在城堡的壁垒掩护下,拉丁东方可从容地调配兵力,灵活机动地对入侵之敌进行打击,并保证自身有生力量不被消耗。譬如,1177 年,萨拉丁曾发兵北上,大举入侵耶路撒冷王国,并向着沿海地区不断进军。但是,萨拉丁在进军过程中并没有占领战略要地和城堡,留下了隐患。鲍德温四世采取拖而不战的策略,将军队主动退到阿什克伦,寻觅战机。萨拉丁的军队因为久战不决,没有取得战果,逐渐失去了纪律,军心开始涣散,并开始私自外出劫掠。鲍德温四世适时出击,一举击败了萨拉丁的军队。

　　城堡防御战略奏效的一个重要前提,是有生力量的保存和不损失。拉丁东方的兵源紧张,军事力量十分有限,很难补充,这就要求在战场上的选择必须更加谨慎。同时,每次的军事集结都意味着要调动大量城堡内的卫戍部队,这会带来巨大的风险。如果在战术层面上击败对手已经无法改变战略被动的话,那么冒险在战场上寻求胜负的意义也就变得极为有限了。1187 年,耶路撒冷王国遭遇重大挫折的主要原因就是军事冒进冒险。当时,拉丁东方的著名将领伊贝林的巴里安就发现,拉法维(La Feve)城堡防御空虚,除了两名病人留守外,全部军力都被抽调到前线集结了。传说,在他动身离开的时候,一名圣殿骑士的鬼魂骑着马从城里出来,告诉他们所有的圣殿骑士都死在了克雷森(Cresson)。[1] 这次军事失败已经充分暴露出了战场冒险的负面作用。此后,拉丁王国的新晋国王盖伊还是轻率地发动了攻势,集结全部军队,主动寻求同萨拉丁决战。最终,在连续的决策失误下,大军轻率冒进,深入沙漠腹地,在哈丁之战中被全歼。军事失败带来了严重的恶果,耶路撒冷王国基本失去了抵抗能力。随即,萨拉丁迅速占领了耶路撒冷,夺取了巴勒斯坦内陆的大部分地区,将王国压缩到了沿海狭窄地带。这次重大的军事失败更直接导致了第三次十字军战争的爆发。

综上,城堡无论是在进攻或是防御当中,都是拉丁东方军事策略的核心,价值巨大,作用不可替代。即便拉丁东方法兰克国家军事力量始终都非常有限,但围绕着城堡,他们在攻防两个方面都体现出了高效率,并收获了相应的成果。在拉丁东方的早期,12 世纪中期以前,拉丁东方的军事是富有侵略性的,凭借着城堡的封锁功能,实现了战略空间的不断延伸,为其长期存续奠定了基础。此后,随着战局逐渐被动,城堡的价值更多地体现在了防御端。拉丁东方长期依赖遍布各区域地方的大小城防壁垒与强敌周旋。城堡战略注重的并非是一城一地的暂时得失,更多的是对全局的综合判断,是与敌方势力大战略博弈,是以战略纵深和韧度来寻求生存空间。所以说,城堡是拉丁东方战略布局的关键,它从战术核心升级到战略核心是有其历史必然性的。

---

① 　Helen Nicholson,*The Knights Templar:a New History*,p.63.

第八章　战场之外的胜利：后勤补给

第一次十字军战争给人留下最深刻印象的地方，无疑是漫长的战事、激烈的冲突，反复的军事对决，敌对双方在战场上的流血厮杀。然而，战争的胜利绝非仅是军事力量高低比拼的结果，更不是战场对决直接能够决定的。战术层面之上有战略层面的博弈竞争。战略是全局的统筹，除去军事战役的准备部署外，还有战略支援等重要环节。后勤补给是战争不可或缺的重要构成，是军事战争能够进行、维持的重要前提条件。第一次十字军战争的补给问题更是值得重点研究和探讨。这场战事从行军到结束前后共计三年时间，在这样长的时期内，在较为原始的农本社会的经济机制下，对如此一支庞大军队的补给供应是极为困难的。补给问题的必要性和关键性必须要予以阐释，并有必要在文献中去挖掘这些鲜为人知，不为当世人所重视的历史细节。后勤补给为十字军战争研究提供了一个新的视角，并可能挖掘、映射、凸显出传统的军事战斗视角经常难以看到，被忽略的内容，其中最重要的，应属拜占庭、亚美尼亚人对这场战争胜利所做出的重要贡献和作用。

第一节　补给与战争：从拜占庭到尼西亚

一、补给的主要构成

补给，是对军事战争中必要的物资、给养的供给和维持，且是伴随着战争的继续而持续进行着的，一时一刻不能停止。兵马未动，粮草先行，补给的准备和集合早在军队集结之前就已经开始进行。战争是纯粹的消耗，每一个军事行动都附带着不可估量的资金、人力、资源付出。维持战争的补给可谓纷繁复杂，很难一言概括。对于第一次十字军战争而言，补给的最重要方面自然是人和马匹的食物、草料的供应。毕竟，人生命的维系，以及马匹的存续对于十字军的意义是最为重要的，是战争过程中最要确保的两个前置条件。仅论及这两个主要构成，就足以明确显示出补给对于军队的必要性和重要性。

首先，是人维持生命及活动必需的食物。11世纪的西欧社会，农业生产水平尚有限，农产品产出量低下，且品种简单，牲畜无法越冬更是限制了肉类的供给。在战争中,真正能够供应的食物品种单调,主要是面包及谷物。因为十字军战争发生在东方,主要是在地中海东岸地区展开,从小亚到叙利亚北部一线又部分维持了拜占庭希腊的饮食传统,所以探究以拜占庭为代表的东方饮食习惯是有益于了解这支十字军的具体食物构成的。

　　以君士坦丁堡为例,因为海运便捷,市民们能够获取到大量的新鲜蔬食,富有的贵族家庭可以享用牲畜、家禽、橄榄油和动物油、鲜菜和盐菜、蜂蜜、黄油和奶酪、醋、鲜鱼、腌鱼、牛奶和鸡蛋、鲜果和干果、葡萄酒、洋葱、豆类、盐,主食以面包和其它谷类及大米为主。其中,面包、稀粥或汤、橄榄、洋葱、坚果、豆类、蔬菜和水果是常年的主食。[1] 在这些为数众多的丰富食材中,法兰克人庞大的人口基数决定了他们不可能选择以肉食或新鲜果蔬为主要的食物来源,这些食材昂贵且难以保存,不适于长途行军作战。十字军的主要食物应是面包、橄榄油、大麦、豆类和一部分的腌菜。有一类必需品值得一提:葡萄酒应是军中不可缺少的重要饮品。中古时期的欧洲社会酷爱葡萄酒,是日常生活不能缺少的饮品。贵族饮用佳酿,平民也会以劣质葡萄酒兑水来饮用。这方面,有一个较为有趣的细节,即便是隐修士彼得以苦修节制著称,甚至不食用面包、肉食,也会享用一份葡萄酒。[2]

　　在此,有必要对主食的消耗量做一粗略的概算。在中世纪,一个成年男子每日若要维持作战和劳作的体力,需要食用 1 公斤的面包,以摄取相对应数量的卡路里。[3] 如前所述,第一次十字军的人数应该在 5 万左右,那么一天面包的消耗理论上在 5 万公斤左右。从这样一个庞大的数字来看,十字军仅维持食物补给一项的难度就非常大了。如前所述,十字军的人数在当时基本相当于一座欧洲大型城市的人口数量,类似于一座移动的庞大都市。想要解决如此大规模人口的吃饭问题必定是一件极为繁重的任务。仅人的粮食消耗这一项,就注定了十字军补给绝非自给自足所能解决的。

　　此外,补给当中的另外一种巨大的消耗品是马匹的草料。十字军的主体力量是骑兵,因此他们一定要保有大量的马匹。马匹每日对粮草的消耗同样是数量惊人。马匹需要一定的谷物粮食做饲料才能保持体能,一般是以燕麦为主。在行军过程中,马匹一般每天需要 2.4 公斤的谷类,此外,还要有 2.5 至 3 公斤左右的干草,野外放牧的话,则是 8 到 9 公斤含有水分的青草。这样算来,马匹所消耗的粮食和草料的数量也是惊人的。约翰·H.

---

[1]　Ruth Macrides edd. , *Travel in the Byzantine World*:*Papers from the Thirty-Fourth Spring Symposium of Byzantine Studies*,*Birmingham*,*April* 2000, Aldershot:Ashgate,2002,p.110.

[2]　Robert The Monk, *Robert The Monk's History of The First Crusade*,p.83.

[3]　John France, *Western Warfare in the Age of the Crusades*,1000-1300,p.35.

普赖尔(John H.Pryor)曾做过专门的模型推算,认为,一支十字军的队伍若是由 3860 人和 7730 匹马、骡子组成的话,每天要消耗 62.5 公顷草场面积。[①] 如前所述,第一次十字军的参战人数众多,仅贵族和骑士就有 7000人之众,按照当时的传统,每人至少拥有两匹马来计算,十字军初期不考虑战损的前提下,连带上扈从骑兵在内,至少应有上万匹各类坐骑。因此,也就不难理解为何在公爵戈德弗里同皇帝达成协议,承诺不劫掠周边的时候,一定要加上一条,不包括草料在内了。[②]

二、从君士坦丁堡到尼西亚

具体而言,在不同的阶段,十字军的补给需求程度和内容都是有所不同的,总体而言,他们对补给的依赖程度最大,维持最为艰难的,还是从尼西亚到安条克这一线的战事期间。这其中的后勤补给内容纷繁复杂,牵涉到多方关系,需仔细研讨阐述。首先,从十字军抵达君士坦丁堡,再到渡过博斯普鲁斯海峡,围攻尼西亚城,无疑是拜占庭帝国在补给上发挥着最为重要的作用。

拜占庭帝国的首都君士坦丁堡,拥有 10 万人口之巨,是当时欧洲乃至世界最大的都市之一。[③] 君士坦丁堡是帝国的中心,更是地中海世界东岸的经济、政治、文化中心,亚洲、北欧、西地中海世界、北非的商品货物源源不断运输到此,互相交汇。一直以来,君士坦丁堡都是东地中海贸易的中心。它具有强大的海上运输吞吐能力,各地食材经常、大量地向本地运输,从君士坦丁堡进入帝国内陆。十字军到达君士坦丁堡的时候,正值 4 月到 6 月之间,也是海上贸易的黄金时间,气候和季风都是最为适宜海上运输的。并且,拜占庭帝国素来拥有较强调动资源的能力和经验,他们的军队经年都在东西两个方向不断战斗,军队频繁派出。因此,在军事补给和供应上,帝国既是有能力,也是具有相应的机制保证的。所以,十字军在到达东方后的最初这段时间内,补给应不会遭遇太大障碍和困难。

不过,拜占庭皇帝出于控制和挟制十字军的目的,有意识地对补给进行了控制。皇帝阿列克修斯对十字军的庞大规模感到了忧虑,同时又必须予以支持,以换取对方的臣服效忠,为己所用。于是,他巧妙地利用补给这样

---

① John H.Pryor, edd., *Logistics of Warfare in the Age of the Crusades*, Aldershot: Ashgate, 2006, p.282.

② Albert of Aachen, *Historia Ierosolimitana*, p.72.

③ Ruth Macrides, *Travel in the Byzantine World: Papers from the Thirty-Fourth Spring Symposium of Byzantine Studies*, p.110.

一个"杀手锏",对十字军上下恩威并施,施以约束和管制,以达到趋利避害的效果。帝国不允许十字军入城,要求他们在城外驻扎,并为他们开设专门的交易市场,并向上层贵族赠与礼物,拉拢人心,"大量美好食物被皇帝当作了礼物送给了公爵,有谷物、大麦、葡萄酒,还有油及众多狩猎野味。他给予其他人买卖特权"①。

但是,这种补给的优待和供应是有条件且受管制的。双方相安无事的时候供应充足,"基督徒获得了大量的各种食物和必需品"②。反之,一旦双方关系紧张,十字军不服管制,甚至剑拔弩张的时候,市场就会被关闭,供应中断。譬如公爵戈德弗里拒绝入宫觐见皇帝的时候,就曾出现过关闭市场的情况,"皇帝恼怒了,不再贩卖大麦和鱼,随后切断了面包的供应"③。皇帝对补给的有意识控制是有效的,起到了挟制十字军的作用。公爵戈德弗里最终不得不屈服,妥协了。如前所述,他同皇帝达成了协议,并宣誓效忠。于是,皇帝恢复了补给供应,并赠与全军上下大量的财物,缓和了双方关系,

> 即刻起,贵重无价的赠礼从皇帝的金库中取出,送给了公爵及在场的所有人,有各种的金银财宝,还有紫衣,骡子及马匹,及其他各种的珍宝……主的生日,一直到圣灵降临节的前几天,每星期都有四名从宫廷中派出的专人,带来满载着金币,及 10 摩第(modius)的特塔特伦(teta-rtaron)钱币的箱子,战士们凭着这些钱维持了下来。④

显而易见,十字军严重依赖于帝国的食物供应和市场开放,这也成为双方结盟的主要物质基础。十字军不仅在理想层面上要援助东方基督徒,在理性层面上,他们更需要东方基督教盟友为自己提供生存必需的食物供给。于是,市场上的食物交易也就成为了维系双方关系的重要纽带,尤其受到十字军上层的重视。阿尔伯特记载,公爵戈德弗里专门就交易的公平及度量衡问题同拜占庭帝国进行了商榷,并达成了协议,"基督徒要向皇帝及所有他的人显示和平、友谊,在买卖和度量上要承诺公平。同样的,皇帝在全国内也禁止欺诈,一概要以公平度量贩售给朝圣者,价格要确实地降下来,违者处死"⑤。于是,食物和市场供应成为了维持双方关系,制约十字军的最

① Albert of Aachen, *Historia Ierosolimitana*, p.72.

② Albert of Aachen, *Historia Ierosolimitana*, p.76.

③ Albert of Aachen, *Historia Ierosolimitana*, p.78.

④ Albert of Aachen, *Historia Ierosolimitana*, p.86.

⑤ Albert of Aachen, *Historia Ierosolimitana*, pp.86-88.

佳手段。

帝国依靠补给，完全取得了双方关系的主动权，市场开放与否，投入量的多少，以及贩售的价格，每一项的波动都会对城外的法兰克人造成实质影响。十字军在补给问题上完全处于被动局面，帝国占据主导位置，拥有垄断权。阿尔伯特评价到，帝国内唯有皇帝掌控所有食物的贩卖和流通，最终所有的金钱也都会回流到帝国金库中。①

在到达尼西亚之后，随着军事行动的正式展开，十字军对帝国食物供应的依赖程度显著增强。西方史家文献记载中充满了各种对拜占庭食物供应不足的记载和批评，一定程度上证明补给上对拜占庭的重度依赖。在到达尼西亚不久，因为商船有所延误，未能及时跟进，十字军的首领们频繁往返于君士坦丁堡与尼西亚，反复沟通商谈补给供应问题。阿尔伯特记载，"公爵注意到必需物品贩卖的不足，人们都在大声抗议，于是反复去见皇帝，说明贩卖问题的严重性。皇帝似乎并不知情，也不愿如此，于是再次将价格降了下来"②。修士罗伯特则记载了博希蒙德与皇帝就食物供应不足的接洽和谈判，特别强调了这次短缺所带来的物价高涨及恐慌情绪：

> 博希蒙德还在同皇帝商谈所承诺的补给事宜。皇帝没有兑现承诺，无休止地拖延着，可怜的朝圣者遭受着饥饿的折磨。全军主力5月6日就抵达了尼西亚城，补给送来贩卖以前，一块面包都要卖到了20或30第纳尔。不过，在博希蒙德带着供给回来之后，短缺全都不见了，有了各种充足的好东西。③

在补给供应的问题上，基督教史家们或许因为既往成见显得过于苛刻。毕竟，拜占庭帝国需要为这样一支有数万人之众的庞大队伍不间断地提供食物供应，并且还是跨海运输，这是一项极为困难的任务。皇帝当然需要时间来调配资源，并组织商船，这都不是一朝一夕能够完成的。并且，在经过了短暂的食物短缺之后，希腊人的商船就接连不断地赶到了尼西亚沿海地区，恢复了食物的正常供应，并在尼西亚之战中始终保持着稳定的状态，令挑剔的基督教史家也表示了肯定。阿尔伯特记载，"依照皇帝命令，商人从海上迅速赶来，满载着供给，有谷类、肉、葡萄酒和油。商人在西瓦托特港抛

---

①　Albert of Aachen, *Historia Ierosolimitana*, p.86.

②　Albert of Aachen, *Historia Ierosolimitana*, p.88.

③　Robert The Monk, *Robert The Monk's History of The First Crusade*, p.103.

锚,众多信者在此地获得了贩卖的东西,恢复了受到饥饿折磨的身体。他们享受着众多食物,欣喜若狂"①。

在此以后,直至尼西亚战役结束前,西方史料记载中就再未出现过对补给不足的不满和批评,客观反映了拜占庭补给支援工作的高效率。拜占庭帝国确实也在食物资源的整合及调配运输上做出了自己最大的努力。在农本时代,资源本来就是难于获取或累积的,即便是庞大帝国,它所能承受的供给压力也是有限的。十字军突然造访,数月间源源不断地从西方涌来,人数甚至一度相当于君士坦丁堡城内人口的半数,并在当地及尼西亚城停留了三个月之久。巨大的人口基数,长时间的停留,带来的消耗无疑是惊人的。并且,十字军时常会因缺乏纪律和组织而滋生事端,持有偏见,不服管制。拜占庭帝国在各方的重重压力下,能够持续维持补给,从实际行动来看,确实体现了合作之诚意,在物质层面做出了最大努力。双方的同盟关系,根本利益上的一致性,在补给这个关键性问题上得以彰显。

第二节　补给与行军:安纳托利亚高原

十字军在从尼西亚离开之后,向安纳托利亚高原腹地挺进,除去在多利拉埃姆一战中再次击败罗姆突厥为首的突厥联军外,沿途再未爆发大的军事冲突。此时,补给难度陡增,形势随着深入内陆变得愈发紧张。在此时,十字军必须要克服行军与补给之间的矛盾,安全快速地穿越安纳托利亚高原是此时的主要军事目标。在这个阶段,补给问题的重心落在了行军的环节上。

一、辎重与运输

行军中,首先不能忽略的内容是食物辎重的携带与运输。一支人数过于庞大的军队行军过程中不可能保证随时可获得充足食物供给,必须具备一定自我补给能力。从文献记载的细节处着眼与分析,十字军相当重视食物相关的辎重运输。阿尔伯特在记载军队行军的时候就提到了辎重运输的队伍,"带上了所有的牲畜,及载着食物的四轮马车,它们对这样庞大的一支队伍而言是必要的"②。拉尔夫对补给辎重运输的重要性有着更为明确的认识,将之提升到了一个生死存亡、性命攸关的高度:

---

① Albert of Aachen, *Historia Ierosolimitana*, p.110.

② Albert of Aachen, *Historia Ierosolimitana*, p.196.

　　充分准备的敌人攻其不备,给养充足的对手要对忍饥挨饿的人下手,行动迅速的人要攻击背负负担的人们,强敌要攻击虚弱者。所以,信者们受上帝启示,决定携带上大量食物给养通行于那片没有耕地的荒漠。这样一来,从某种程度上来讲,就像是这些被携带着的物资在带着负担着它们的人们前行。①

　　食物的运输依靠驮畜,主要是驴、骡子、牛、马和骆驼,也有用来装载辎重的两轮或四轮马车。在11世纪,西欧的运输能力和效率有所提升,这主要得益于部分技术的提升和改进。其一,轭具改进了。最初的轭具不合理,颈轭及肚带压迫牲畜的胸腔,使得驮畜会变得呼吸困难,消耗更多体力,增加疲劳度。改进后的轭具将牵引的压力转移到牲畜的肩部。其二,马蹄铁普遍使用,增加了马匹的耐力,以及在泥泞地带的行进速度。马车的运载速度提升,具备更大的负荷能力。② 现代研究估算,当作驮畜使用的马匹可负担自身体重20%的重量,即100公斤左右,两轮马车的载重量是500公斤,四轮马车是650公斤。③

　　在对运载能力有了基本准确的估算后,再将日常补给消耗量及行军时间综合计算,就可对十字军的运载能力能否负担长途行军做出基本判断。基本上,十字军不可能只依靠自身辎重运输实现自我补给。伯纳德 S.巴克拉克做过一个模型计算,设定十字军为五万人,7000骑士,一万马匹,这大致也是十字军通过小亚时候的规模。在维持行军最低要求体力前提下,将所有因素综合考虑进去,一并将驮畜消耗的粮草计算在内,结论是,即便是在最理想情况下,十字军如想实现补给自给自足,行军10天需至少2000辆马车运载食物。④

　　这样来看,即便是短期行军,也需一支庞大到绵延数公里的辎重运输车队。阿尔伯特记载平民十字军途径保加利亚发生冲突后,"损失了超过2000辆的四轮和两轮马车,它们装着谷类、大麦和肉这些食物"⑤。所以,在运载能力有限的情况下,大军很难依靠自身车队长期自给自足。按照测算,在中世纪,即便是在最理想的情况下,军队最多只能依靠自己的运输辎

①　Ralph of Caen, *The Gesta Tancredi of Ralph of Caen*, p.44.

②　Jacques Le Goff, *Medieval Civilization：400—1500*, p.213.

③　John H.Pryor, *Logistics of Warfare in the Age of the Crusades*, pp.283—284.

④　John H.Pryor, *Logistics of Warfare in the Age of the Crusades*, pp.49—56.

⑤　Albert of Aachen, *Historia Ierosolimitana*, p.26.

重行军三个星期,此后必须进行食物补充。① 这样大的行军消耗,结合有限的运输能力,注定十字军的行军补给困难重重。

二、行军补给的困难

安纳托利亚行军是一个非常艰苦的过程,苛刻的地理环境十分不利于这样一支庞大队伍行军通过。安纳托利亚高原海拔高,干旱少雨,土地贫瘠,很多地方几乎是寸草不生。拉尔夫记载,"多日经过的地方都没有一处算是富饶之地,荒凉,根本就没有农作物"②。同时,突厥人在撤退的时候,摧毁了农田,更增加了沿途收集食物的难度。富尔彻亲历了这段行军路程,抱怨到,"我们经常是找不到面包和其他的食物,受着苦。我们发现,罗姆这片美好的土地,但凡农作物富饶的地方,都被突厥人肆意损毁破坏了"③。不过,食物的问题尽管严重,但终究还是可以搜集到一部分的,富尔彻夸张地形容为"上帝用两块面包,五条鱼养活 5000 人"④。

相比之下,饮水的问题更为急迫和严峻。人体是不能承受长期缺水的,人每天通常需要饮用 8 升水,马匹需要 35 升水,气候炎热的情况下对水的需求会提高 1/2。⑤ 安纳托利亚高原水资源匮乏,尤其是菲洛迈利姆到伊康一段,几乎就没有水源,完全是荒漠。当十字军行军通过此段路程的时候,是 7 到 8 月的盛夏时节,白天气温在 30 度以上,消耗更大。阿尔伯特详细描述了通过这个地区时候所遭遇的恶劣环境。因为地势艰险,道路狭窄,加上天气炎热,队伍"缩短了白天的行程","水严重短缺,愈演愈烈,众多男女饱受饥渴痛苦的折磨,如亲历者所言,一天就死了大约 500 人。还有许多的牲畜,马、驴子、骆驼、骡子和公牛也因过度饥渴而死"⑥。富尔彻的记载印证了这次严重缺水所造成的大量死亡,"我们遭遇了非常严重的缺水,一些男人和妇女饱受折磨而死"⑦。

此外,在安纳托利亚高原行军的另一大难题就是草场不足,牧草短缺。因为气候干燥炎热,加上缺水,草场稀少,牧草不足,无法满足马匹食用草料的需要。并且,马的生理结构特殊,食道狭窄,胃小,无法容纳太多食物,且

---

① Edd.John H.Pryor, *Logistics of Warfare in the Age of the Crusades*, p.284.

② Ralph of Caen, *The Gesta Tancredi of Ralph of Caen*, p.44.

③ Edward Peters, *The Chronicle of Fulcher of Chartres and Other Source Materials*, p.68.

④ Edward Peters, *The Chronicle of Fulcher of Chartres and Other Source Materials*, p.67.

⑤ John H.Pryor, *Logistics of Warfare in the Age of the Crusades*, p.283.

⑥ Albert of Aachen, *Historia Ierosolimitana*, p.138.

⑦ Edward Peters, *The Chronicle of Fulcher of Chartres and Other Source Materials*, p.67.

消化不彻底，需要长时间、反复进食。每天仅放牧马匹就需要花费大量的时间和精力。从史料中看，十字军之所以会选择在离开尼西亚不久之后分成两个集团行军，一个主要的原因就是草料不足，分成两部分后，可适当降低放牧马匹难度。阿尔伯特记载，"他们决定将大军一分为二，营地会更为宽敞、自在，马匹的草料更为充裕"①。拉尔夫认为，这样的错误决定是补给的压力所导致的，"基督的军队一分为二，很多人将这个错误归因于将人们分散开来的决定：相比于在狭窄地方挤在一起而言，这样能获得更多补给"②。修士罗伯特的解释也是类似的，"这是因为，无法找到一个地方能容纳这样多的人和马匹牲畜"③。深入高原腹地之后，缺少粮草和水源的情况变得更加严重，导致大量牲畜，尤其是战马死亡，福尔彻亲历了这一切，做了生动描述：

> 许多人没有了驮畜，很多的驮畜都死了。他们用阉羊、母羊、母猪、狗来驮衣服、面包或朝圣者所需的其他必需的东西。这些小牲畜的背都被重物磨破了。间或，骑士甚至会用牛当坐骑。④

正是因为行军环境的恶劣，导致行军速度大大受限。补给与行军此时产生了悖论，缓慢的行军速度使得全军的补给更难于维系，更加重了行军的负担，相互拖累。在这段漫长的旅程当中，十字军的行进受到了多方面因素的约束和限制。其一，是地形复杂，地势艰险。安纳托利亚高原地区海拔高，地形复杂，多沟壑，崇山峻岭遍布，沿途多是峭壁悬崖。即便是卡帕多西亚高原这种地势相对平缓、开阔的区域，也是跋涉艰难。其二，是道路残破，难以通行。十字军是沿着既往古典时期的罗马道路前进。到 11 世纪，这条道路依旧存在，从小亚一直延伸到叙利亚地区。然而，随着 11 世纪中期以来突厥人的西进，拜占庭失去了对小亚腹地的控制，这条通道也就随着战乱而破败、荒废，年久失修，肯定会给行军带来负面影响。其三，就十字军本身而言，它庞大的规模和复杂的人员构成也限制了自身的行进速度。全军大约有 5 万人的规模，受狭窄道路和地形的限制，甚至会蔓延数公里而不绝。辎重队伍的庞大规模同样不容忽视。承重 500 公斤的马车，要占据 2.5x10

① Albert of Aachen, *Historia Ierosolimitana*, p.128.
② Ralph of Caen, *The Gesta Tancredi of Ralph of Caen*, pp.44-45.
③ Robert The Monk, *Robert The Monk's History of The First Crusade*, p.107.
④ Edward Peters, *The Chronicle of Fulcher of Chartres and Other Source Materials*, p.67.

米,也就是 25 平方米的面积。① 伯纳德·巴克拉克估算,即便这个时期的罗马道路维护情况良好,至多也就 6 到 7 米宽,至多能够并排容纳两辆马车。② 这样庞大的队伍,动辄就有数百甚至上千辆的车队,在山谷间要蔓延数公里远。并且,队伍中多半都是非战斗人员,有为数众多的平民百姓、僧侣教士、妇孺老人及贵族的家眷,无疑会拖累全军行进的速度。

因此,数月间,十字军的行军速度始终未有起色,缓慢且沉重。现代研究表明,中世纪的封建军队在骑兵和步兵共同行军的情况下,每天的行军距离不超过 20 公里。③ 一般而言,封建时代军队的行军速度大致在每日 16—24 公里左右。④ 十字军 1097 年的 6 月 26 日从尼西亚启程,同年 10 月 20 日到达安条克平原,总共的行程大约是 1200 公里,用时近四个月时间,将期间休整时间刨除,行军速度大约是在 12 公里每日左右。

具体而言,从他们的行进过程中能看出,在不同地段行军速度是有着较大差距的。在刚刚离开尼西亚的时候,直到多利拉埃姆是行军速度最快的一段路程,大约是 100 公里,即便把在期间的村镇集结休整的时间算进去,从 6 月 26 日到 30 日,四天的时间就走完了这段路程,大约是 25 公里每天。在多利拉埃姆之战结束后,十字军的行军速度大幅度降低,7 月 3 日从多利拉埃姆出发,7 月 31 日抵达皮西迪亚安条克,一共是 160 公里左右的距离,每天的行军速度大约为 6 公里。此后,在 8 月初到 15 日,经过的是前述过的,从菲洛迈利姆到伊康这段最为艰苦的荒漠无水源地带,大约是 130 公里的距离,每天的行军速度在 9 公里上下。此后穿越卡帕多西亚高原的时候,行军速度有所恢复,但仍然平缓。直到最后,在从马什拉走到安条克平原地带的时候,因为基本是在平原地带行军,十字军的行进速度达到了高峰,大约是 30 公里每日。缓慢的行军速度留下了重大的隐患,在安纳托利亚高原地带十字军一共消耗了大约 4 个月的时间,从夏季一直进入到秋季,在到达安条克的时候已经进入深秋,意味着必须要在冬季持续围城,无疑从安条克战役伊始就陷入了季节上的不利局面。

三、亚美尼亚人的补给支持

在小亚的行军过程中,十字军面临严峻补给困难,自身辎重根本不足以

---

① John H.Pryor, *Logistics of Warfare in the Age of the Crusades*, p.56.

② John H.Pryor, *Logistics of Warfare in the Age of the Crusades*, p.280.

③ John H.Pryor, *Logistics of Warfare in the Age of the Crusades*, p.281.

④ Jim Bradbury, Kelly DeVries, *Fighting Techniques of the Medieval World AD 500 to AD 1500: Equipment, Combat Skills and Tactics*, p.150.

维持庞大军队的长期消耗。但是,在沿途,他们受到了当地亚美尼亚人的主动支持,及时获得补给。譬如,在走完最艰苦的一段荒漠地带的路程后,十字军在伊康城就受到了亚美尼亚居民的热情接待,得到了大量食物补充,修士罗伯特记载,"在没有水、人迹罕至的荒漠中行进的人们找到了通往伊康城的道路,受到热情的接待,满载着当地的各种美食"①。在途经赫拉克利亚山谷后,十字军在科辛侬休整并补充了给养,为其后 10 天崇山峻岭间的艰苦行军做好了准备,"到达当地后,他们受到城内基督徒极为热情的接待,休息了三天。在那儿,所有人都获得了满足,疲惫的人得以休息,饥饿的人有了吃的,干渴的人有了水,裸身者得到了衣物。上帝提供这样好的休息之所,他们做足了准备,应对即将到来的饥饿的可怕折磨"②。在翻越了一路上最为险峻的反托罗斯山脉后,十字军的队伍已经首尾脱节,相差出了一天的路程,全军筋疲力尽。在到达马拉什城后,十字军受到亚美尼亚人的欢迎,休整了三天,"在此地,他们获得了大量而及时的补给,摆脱了折磨与饥饿"③。可以说,在十字军穿越高原的过程中,基本是凭借着当地亚美尼亚社群的支持才得以获得补给,在这样艰苦且漫长的行军过程中得以维持。

对小亚的行军历程进行细致分析的话,不难发现,十字军尽管行军的过程坎坷而艰险,历经复杂地形和无人区的考验,但他们总是在一条正确的路径上前行,并总能在必要的时候获得补充。从菲洛迈利姆到伊康,他们用了15 天左右通过了荒漠地带,进入伊康城。接下来,9 月 10 日他们继续出发,在当月下旬到达重镇凯撒里亚,于科马纳获得补给并休整。在 10 月初,十字军到达科辛侬,再次获得大量补给。10 月 13 日,在穿越了山区之后,十字军到达马拉什,获得最后的休整和补给。十字军一路之上,每每在理论上的补给极限,也就是三周的时限之前,都能到达一座主要城市,获得补给和休整的机会。基本上,他们一次行军的时间都不会超过两个星期。这其中还没有将沿途的村庄聚落及小型城镇计算在内。

由此可见,一方面,亚美尼亚人确实在这段行军历程当中起到了至关重要的后勤补给作用;另一方面,同样不容忽视的是,拜占庭帝国的随军向导和辅助也发挥了不可或缺的重要作用。在拜占庭辅助军队的引导下,十字军一直行进在一条正确的路径上,没有出现过迷路、偏差的致命性风险,得以每每在到达极限之前,总是能够到达下个补给地点,获得补给和喘息的机

① Robert The Monk, *Robert The Monk's History of The First Crusade*, p.115.
② Robert The Monk, *Robert The Monk's History of The First Crusade*, p.118.
③ Robert The Monk, *Robert The Monk's History of The First Crusade*, p.119.

会。在这段行军的过程中,亚美尼亚人和拜占庭人都付出了确实的努力,在东方基督徒的共同作用下,十字军才得以完成这段最为艰苦的行军旅程,并继续接下来的军事行动。此后,从叙利亚北部的安条克,经过叙利亚南部的黎波里,一直到耶路撒冷,十字军再未在行军的过程当中遇到任何实质困难,一路顺利地抵达了最终目的地。

第三节　补给与围城:安条克之战

如前所述,安条克之战是第一次十字军战争的关键一战,既是整个战争的重要转折,也是最为漫长、艰苦、复杂的一次战役。在这场长期围城战当中,补给的困难程度发展到了极致,突出地显现了出来。安条克之战期间补给的空前困难,一方面体现了后勤给养对于战争胜负的关键性作用;另一方面,也凸显了拜占庭帝国、亚美尼亚人这些东方同盟者对十字军关键性的支持作用。

一、补给面临严峻困难

在中世纪西方的封建时代,很长时间内并未发展出一套较为完备的军需补给机制。第一次十字军从文献记载看,也不具备系统充分的后勤补给体系。军队的军需官大多是由权贵的内府管家担任的,食物的保存和分配原则、办法也不清晰明确。后勤补给的管理效率应该是较为低下的,很难实现对全军有限资源的严格管控。这一点在十字军初到安条克平原的时候充分地暴露了出来。安条克平原物产丰富,正如修士罗伯特所描述的,"有充足的葡萄、小麦和大麦,其他的食物,枝头挂满水果的果树"①。因为食物来源丰富且充裕,十字军在围城之初并没有注意储备,反而是挥霍浪费。据阿尔伯特记载,在扎营之后,十字军上下就开始到处劫掠,大肆吃喝,喧哗声、号角声"连一罗马里之外的地方都能听得到"②。这种及时享乐的心态是有害无益的,缺乏对战事艰苦程度的基本心理准备。

随后,随着冬季的到来,十字军逐渐开始面临补给不足,乃至严重匮乏的困境。从各种史料记载的情况来看,到当年圣诞节前后,营地里的食物不足问题已经发展到非常严峻的程度。阿尔伯特记载,城市周边的食物已经被十字军庞大的人口消耗殆尽,"每日的饥荒愈演愈烈,军队正在因为匮乏

---

①　Robert The Monk, *Robert The Monk's History of The First Crusade*, p.121.

②　Albert of Aachen, *Historia Ierosolimitana*, p.198.

而凋零"①。富尔彻提到，周边已经掠夺一空，找不到什么吃的了，"什么地方都没有面包出售了，他们忍饥挨饿到了极限"②。修士罗伯特的记载强调了当地食物紧缺，"天寒地冻，无处购买到食物"③。因为食物不足，营地中出现了大量平民死亡的情况，且在不断恶化。阿尔伯特记载，"饥荒蔓延开来，愈演愈烈，贫民开始死亡，数量无法估量，军队变得虚弱"④。修士罗伯特也提到，"许多人都饿死了，因为他们找不到吃的东西"⑤。

除此以外，马匹也因为粮草不足，战争损耗，以及寒冷的气候和疫病而死伤惨重。阿尔伯特强调，在对阿勒颇援军作战的时候，"健壮的马匹已不到 1000 匹"⑥，"在各样的不幸之中，许多人没有了马匹，且很少有健壮的马匹了。一些人骑着驮畜，一些人没有办法，只好去骑上了骡子或驴子"⑦。在进入安条克城，并被科布哈的突厥联军围困在城内后，马匹基本都损失殆尽了，"高卢人只剩下不到 150 匹马，并且它们还因为没有草料而虚弱"⑧。拉尔夫记载，因为草料不足，多数马匹都饿死了，"10 匹马中，只有一匹能留的下来，其余的都饿死了"⑨。里布蒙的安塞尔姆在信件中也提到，"军中只能找到 700 匹马"⑩。

二、寻求补给的举措和途径

在这种食物极度短缺，储备严重不足，全军上下陷入饥荒困境不能自拔的恶劣形势下，十字军开始寻求多种手段自救。最普遍和常规的，是将平民派出到周边地区寻找食物和草料。这样的做法低效且高风险，收集到的食物草料有限，却会随时遭受突厥人的伏击突袭，得不偿失。即便十字军为这些平民加派了部队进行护卫，但效果也不尽如人意，"有些人成功了，但一些人还是被杀了"⑪。

随着隆冬到来，到了 12 月，十字军开始谋划派军队集中外出劫掠，以期

① Albert of Aachen, *Historia Ierosolimitana*, p.216
② Edward Peters, *The Chronicle of Fulcher of Chartres and Other Source Materials*, p.72.
③ Robert The Monk, *Robert The Monk's History of The First Crusade*, p.123.
④ Robert The Monk, *Robert The Monk's History of The First Crusade*, p.127.
⑤ Robert The Monk, *Robert The Monk's History of The First Crusade*, p.127.
⑥ Albert of Aachen, *Historia Ierosolimitana*, 2007, p.60.
⑦ Albert of Aachen, *Historia Ierosolimitana*, p.61.
⑧ Albert of Aachen, *Historia Ierosolimitana*, pp.288-290.
⑨ Ralph of Caen, *The Gesta Tancredi of Ralph of Caen*, p.81.
⑩ Edward Peters, *The Chronicle of Fulcher of Chartres and Other Source Materials*, p.290.
⑪ Edward Peters, *The Chronicle of Fulcher of Chartres and Other Source Materials*, p.122.

待获得更多收益。阿尔伯特记载,军队派出了博希蒙德、坦克雷德及佛兰德斯的罗伯特,率领骑步兵前往丰饶之地劫掠,"以消除饥饿,解救困乏的人们"①。但是,这样的征伐同样是得不偿失的,首先,冒险进入敌人腹地,极有可能与敌方军队不期而遇,受到突袭或伏击。分兵也会造成营地内的兵力空虚,有可能会被各个击破。博希蒙德和罗伯特所率的劫掠粮秣的队伍就遭遇了正在赶往安条克城的大马士革军队,在激战破敌之后才摆脱了危局。同时,营地中的十字军也受到了城内突厥卫戍的突袭,并一度陷入混乱之中。其次,这种偶发性质的远征收益也不足以维持一支数万人组成的庞大队伍的消耗,风险也过大,"很快,罗伯特劫掠回来的食物就被吃光了……没人敢再远离军队出去劫掠"②。此外,在经过一次大规模的劫掠征伐之后,周边的穆斯林社群都已经做了提防,提前躲避。阿尔伯特记载,戈德弗里虽然此后也做了一次征讨,雷蒙德等人做出的努力大致也是徒劳无功,"没有收集到多少劫掠品……他们做了提防,将牧群,连同全部的钱物都藏到了山区及无法被找到的地方"③。修士罗伯特也强调,对周边的搜索已经找不到什么食物了,"这里所有地方的所有人都跑了,不是躲到了远方,就是躲到了洞穴或矿山中"④。在这种情况下,十字军自主补给的手段无法满足军队日常消耗的需要,他们必须要依赖外部的支援和输入。

于是,作为最主要的同盟者,拜占庭帝国和亚美尼亚人给予了十字军最大的物质支持与援助。亚美尼亚人的聚居地毗邻叙利亚北部,可通过陆路将食物直接运输到十字军营地。马太记载,在冬季,托罗斯山脉及其他地域的亚美尼亚地方贵族们主动行动起来,向安条克的法兰克营地不断输送食物。

> 法兰克人人数众多,饥荒的危险就在眼前了,大军开始缺粮了。这时,托罗斯山脉当中的王公们,有诺本的儿子康斯坦丁,权势居于其次的王公巴祖尼(Bazuni),及权势排在第三的王公阿伊,将需要的各种补给送到了法兰克人的首领处。同样,黑山的修士们也将补给送了过去,支援他们。所有基督教信仰者都为了法兰克人,仁慈地行动起来。⑤

---

①　Albert of Aachen, *Historia Ierosolimitana*, p.216.

②　Albert of Aachen, *Historia Ierosolimitana*, p.220.

③　Albert of Aachen, *Historia Ierosolimitana*, pp.228–223.

④　Robert The Monk, *Robert The Monk's History of The First Crusade*, p.127.

⑤　Matthew of Edessa, *The Chronicle of Matthew of Edessa*, p.167.

　　十字军为了确保同亚美尼亚人的陆路联系，着力打通北部的通道。1097 年 11 月，博希蒙德对哈里姆城堡用兵，主要的意图之一就是确保同北部亚美尼亚人联系管道的通畅。修士罗伯特记载到，"此时起，我们的人前往亚美尼亚人的城市、聚居地，去寻找食物的困难减少了不少。亚美尼亚人和其他当地人卖给我们食物"①。

　　同时，埃德萨地区亚美尼亚人的支持也很重要。据阿尔伯特记载，鲍德温东进并创建埃德萨伯国，成为伯爵后，就持续为安条克战役的十字军提供各种物资，有食物、马匹、武器以及金钱。② 鲍德温之所以能够动员大量资源不断支持十字军，这主要得益于亚美尼亚人的友好和主动支持。

　　此外，周边一些地方的亚美尼亚人城镇也为十字军提供了力所能及的帮助。据拉尔夫记载，公爵戈德弗里曾前往赛德伊姆（Sedium）城，当地以盛产葡萄酒著称；佛兰德斯的罗伯特前往拜勒尼阿斯（Belnias）、巴索勒旦（Barsoldan）、考瑟海（Corsehel）、巴特艾莫林（Bathemolin）等四座城市；坦克雷德前往过哈马（Hamah）、海莱姆（Hirem）；博希蒙德曾前往多耶尔（Doueir）山谷；雷蒙德前往阿尔恰、卢拜（Rubea）和拜斯迈丁（Besmedin）。③ 当地的亚美尼亚人及其他东方基督徒一定也为十字军提供了相应的帮助。

三、拜占庭帝国的海上支持

　　不过，仅靠陆路运输及本地物资支持肯定是不够的。当时正值冬季，各种食物供给都非常匮乏，十字军庞大的人口基数注定不可能仅靠着地方上的有限储备维持。修士罗伯特曾经提到，"找到的东西没法让这样多的人坚持多久，支撑不了这样庞大的人数"④。因此，十字军必须要依靠来自于海上的，也就是拜占庭人的商船运输的补给支持。海上贸易运输是十字军可以依赖的另外一种获得补给的主要途径。在当时，海上的贸易运输甚至比陆路联系更加安全可靠。此时，拜占庭帝国基本已经肃清了沿海的突厥海盗，并占领了主要的沿海港口和岛屿，海上的贸易运输通道已经打通，且保持畅通，便捷安全。陆路则随时可能遭遇突厥人的伏击和突袭，更为危险，具有各种不确定性。当时，在安条克战役后段，布洛瓦的斯蒂芬直接退至西利西亚的亚历山大塔勒，"不敢走陆路"⑤，"备好了船只、桨、帆，坐船

①　Robert The Monk, *Robert The Monk's History of The First Crusade*, p.123.

②　Albert of Aachen, *Historia Ierosolimitana*, pp.348-350.

③　Ralph of Caen, *The Gesta Tancredi of Ralph of Caen*, p.85.

④　Robert The Monk, *Robert The Monk's History of The First Crusade*, p.127.

⑤　Albert of Aachen, *Historia Ierosolimitana*, p.306.

前往外海,准备返回君士坦丁堡"①。据记载,在十字军攻占安条克城并取得最终胜利后,一名希腊人仅用了 11 天就从海上返回君士坦丁堡,向皇帝报告了消息。② 由此可见,至少从叙利亚北部到君士坦丁堡一线沿海航行路线已被打通,并形成经常往来,节省了时间。

　　十字军在安条克可以依靠的海上补给主要来自于三座港口。西利西亚的亚历山大塔勒距离安条克城有超过 60 公里的距离,拉塔基亚位于西南,距离更远,超过 80 公里。相比而言,圣西蒙港则明显便利,距离只有 27 公里。圣西蒙港也是十字军在叙利亚北部时最重要的补给港。十字军为了方便前往圣西蒙港口获取补给,专门用船只在奥龙特斯河上修建了一座桥。福尔彻记载,"他们在桥附近找到了船只,并夺取了它们,用它们做成了一座桥"③。阿尔伯特记载,"他们用绳索将船连接起来,建造成了一座桥,由这座桥上,他们就有了一条能够通往隐修士圣西蒙的港口,且不受妨碍的通道"④。随着安条克围城陷入僵局,十字军愈发依赖于这条通往海岸补给的生命通道,并同突厥人在这条路线上反复拉锯,不断冲突,成为争夺的焦点。在这个过程中,十字军在几个关键性的节点都及时获得了来自海上的援助,补充了食物给养,尤其是获得了修建城堡所必需的重要物资。1097 年 11 月 17 日,热那亚的舰队抵达圣西蒙港口,送到的物资帮助十字军建造了马莱盖德城堡。1098 年 3 月 4 日,英国的舰队到达圣西蒙港,带来了补给,并帮助十字军修建了第二座城堡。⑤

　　在安条克之战的后半段,圣西蒙港在补给上的关键性作用更体现得淋漓尽致。在十字军破城之后,按照阿尔伯特的记载,首领们紧急将多数人派往圣西蒙港口,尽可能多地购买各种物资,并连夜运送食物回城,"在知道科布哈及他的人就在眼前,而城内没有找到什么食物后,所有人都急忙前往圣西蒙港,尽所能地购买船只运到的食物,并在晚上和第二天清晨将它们送回到安条克"⑥。之后,城市被科布哈的突厥联军围困,但还是有人在晚上偷偷出城,冒险将食物从港口运回到城内,阿尔伯特对此记载生动形象:

①　Albert of Aachen, *Historia Ierosolimitana*, p.310.

②　John France, *Victory in the East: a Military History of the First Crusade*, p.210.

③　Edward Peters, *The Chronicle of Fulcher of Chartres and Other Source Materials*, p.71.

④　Albert of Aachen, *Historia Ierosolimitana*, p.204.

⑤　Albert of Aachen, *Historia Ierosolimitana*, p.238.

⑥　Albert of Aachen, *Historia Ierosolimitana*, p.286.

　　一些贫贱者置身死地而不顾，心惊胆战，趁着夜色从城里出来，前往圣西蒙港。他们用钱从海员、商人处获得补给，在荆棘和灌木丛当中穿行，在天亮之前返回。他们带回了谷物，列日的一配克的八分之一的量被卖到了三马克，一块佛兰德的奶酪卖到了五个苏，很少的葡萄酒、油及其他能够维生的食物，不管看起来是多么微不足道，都被用高昂的，未曾听闻的金银价格出售。①

　　不久，突厥方就注意到了这样的补给管道，并采取了行动封堵。他们围剿了连夜出城的基督徒，并攻占了圣西蒙港，城内的十字军随即陷入到一片绝望的气氛当中。据阿尔伯特记载，"基督徒再不能从港口获得食物……许多人想尽办法，要逃走。许多人竭尽所能地寻找机会出城，趁着晚上从军中出逃"②。最终，十字军在补给被切断后，无奈之下，在坚守了20多天后，被迫选择突围决战，"相比被这般残酷的饥饿摧毁、日趋消亡，不如死在战场上更好一些"③。显然，圣西蒙港口所提供的食物补给及各种物资对十字军而言是不可或缺的，并是无可替代的。这都证明了十字军对海上补给的高度依赖。

　　应明确的是，海上补给的主要来源是拜占庭帝国。大部分的运输船只应该都是由拜占庭帝国方面提供的，食物更是来自于帝国的农产区。在此，首先应对西欧社会及意大利海上城市的舰船支援有一个更为客观、清醒的认识。从历史来看，到了11世纪，地中海东岸的贸易仍然是在拜占庭的主导之下，意大利的海上城市大多还没有涉足东方贸易。阿尔马菲是最早进入东地中海地区进行贸易的意大利城市，但直到1053年才在君士坦丁堡创设了商站，并定期在君士坦丁堡以及亚历山大之间进行海上贸易。④ 阿马尔菲在第一次十字军战争期间，因为担心影响与埃及法蒂玛王朝的友好贸易关系，并没有对十字军进行支援。

　　进入拉丁东方时代之后，西方的贸易船队，尤其是热那亚和威尼斯的商船开始在地中海东岸地区活跃起来。但是，在十字军战争开始之前，大多数西方的海上贸易城市都处于较为谨慎的观望态度。威尼斯直到11世纪80年代，在圭斯卡德入侵巴尔干半岛时，才与拜占庭结盟，并换取了在东地中

①　Albert of Aachen, *Historia Ierosolimitana*, p.302.

②　Albert of Aachen, *Historia Ierosolimitana*, p.304.

③　Albert of Aachen, *Historia Ierosolimitana*, p.320.

④　David Jacoby, *Commercial exchange across the Mediterranean: Byzantium, the Crusader Levant, Egypt, and Italy*, New York: Routledge, 2005, p.47.

海贸易的特权。起初,威尼斯和热那亚对第一次十字军战争并不看好,教皇在意大利宣教的时候他们也未做出积极响应。热那亚和威尼斯的舰队只是在得到尼西亚被攻克的消息后才出发前往东方。此时的欧洲船只尚不具备远洋贸易的能力,并受到季节和洋流的限制。比萨和威尼斯的船队因为正值隆冬,于是分别在艾奥尼亚、罗德岛的港口停泊过冬。只有热那亚一支舰队继续东进,用了将近 40 天的时间才到达圣西蒙港口,只有 13 艘船。① 11 世纪地中海的船只吨位普遍较小。5 到 12 世纪间,拜占庭的船只相对较大一些,也只能承载 70 吨,至多 230 吨的辎重。② 13 世纪之前,威尼斯船只的载重量也只有 200 吨左右。③ 十字军很难指望意大利海上城市的有限运力来解决全部的补给困难。

　　同时,即便不考虑阵营立场和宗教意识形态,十字军也很难从法蒂玛埃及和北非地区获得食物补给。中世纪时期的地中海东岸的贸易当中,拜占庭与埃及之间的贸易虽然频繁而经常,但素来是以奢侈品为主,很少会有粮食贸易。拜占庭从君士坦丁堡出口的是奶酪、丝绸、药品及一些木料。亚历山大是主要的东方奢侈品贸易出口城市,大部分是胡椒、香料、染料、优质的亚麻及其他各种奢侈品。在经常性的贸易当中很少能看到粮食的进出口记录,甚至可以说是非常罕见。11 世纪,只有一次双方关于粮食的磋商,还是法蒂玛王朝请求君士坦丁九世提供粮食,以缓解饥荒,并于次年被皇后狄奥多拉中止了。④ 十字军基本没有可能从埃及和其他西亚北非的穆斯林港口购买到粮食。直到安条克之战结束后,十字军已经取得了压倒性优势,方才有沿途的地方埃米尔主动向十字军纳贡,提供食物及各种物资补给。

　　即便是西方基督教史家因为偏见或各种主客观的原因,有意或无意地忽略了拜占庭帝国在海上补给中的贡献和作用,但通过多方面、多角度的分析,还是能够较为清楚地呈现出拜占庭在补给供应运输上的突出作用。其一,拜占庭帝国船只的运载能力可以满足庞大人口补给的最低需求。J.科德曾做过估算,君士坦丁堡作为欧洲最大的巨型都市,一年需要 9200 吨的谷类、1500 到 2100 吨的豆类,以及 900 万升的葡萄酒、200 万升的橄榄油,

---

① John France, *Victory in the East : a Military History of the First Crusade*, p.211.

② Ruth Macrides, *Travel in the Byzantine World : Papers from the Thirty-Fourth Spring Symposium of Byzantine Studies*, p.122.

③ Jacques Le Goff, *Medieval Civilization : 400-1500*, p.216.

④ David Jacoby, *Commercial exchange across the Mediterranean : Byzantium, the Crusader Levant, E-gypt, and Italy*, p.46.

每年运输这些物资需要至少 330 至 720 船次。① 可见,帝国本身是具备较高水平的海上输送物资能力的,完全可能在战时将部分舰船固定投入到补给运输中。其二,从君士坦丁堡到安条克的航海距离并不算远,并且是近海航行,沿线始终有各种港口岛屿可供停泊和补给。并且,拜占庭帝国还在十字军战争期间肃清了沿海塞尔柱突厥海患,占领了克里特岛、罗得岛等大小岛屿,打通了前往叙利亚地区的海上通道,沿途还有塔尔苏斯、亚历山大塔勒这样的优良海港,帝国的雇佣军还占领了拉塔基亚港口,更便利了对安条克的十字军的海上支援。但是,海上航运受季节影响较大,尤其是冬季,海上船只运输不便,运力大幅降低。所以,冬季的时候,十字军的补给严重不足,在圣诞节前后陷入到极为困难的境地。初春以后,随着天气转暖,海上运输重新恢复运力,补给随即得到明显缓解。

阿尔伯特的记载当中,有一条涉及海上运输补给的重要内容,值得注意和探究。阿尔伯特提到,当时,耶路撒冷宗主教正流亡在塞浦路斯岛上,他为十字军提供了大量的物资和无私的帮助,并对这位宗主教随后在十字军围困耶路撒冷时提供的帮助做了详述:

> 他将众多饱含着爱的礼物送给了公爵戈德弗里和其他首领们,有时,是石榴树的果实,有时,是黎巴嫩雪松的珍贵果实,间或是动物油,或是令人欢喜的葡萄酒,或是其他的食物,所有他能够找得到、并获得的美好、珍贵的东西。②

当时,耶路撒冷宗主教西蒙本人确实是在塞浦路斯岛上避难。他在十字军到达叙利亚北部之初就与勒普伊主教取得联系,并以联名的方式向西方教会写过一封信函。但是,仅凭西蒙宗主教个人的力量,很难想象能够为一支军队提供有效的支援。这条史料至少说明了,塞浦路斯岛是小亚及叙利亚海上贸易的重要中转,是货物装卸、调度、吞吐的重要周转地。十字军也确实从这座岛屿获得了补给和食物的支持。西蒙或许只是提供支援的众多力量当中的一员,拜占庭所投入的资源和努力被有意或无意地,有选择地忽略了。然而,拉尔夫作为一名对希腊人及拜占庭帝国素有偏见和怨言的基督教史家,反而留下了一条对拜占庭帝国所做贡献记录的实证,尤其值得留意:

---

① Ruth Macrides, *Travel in the Byzantine World: Papers from the Thirty-Fourth Spring Symposium of Byzantine Studies*, p.122.

② Albert of Aachen, *Historia Ierosolimitana*, p.452.

　　叙利亚、西利西亚、罗得岛、极富有的塞浦路斯,及其他的一些岛屿和王国,为军队提供了支援。不过,补给微少,即便是有希俄斯岛(Chios)、及萨摩斯岛(Samos)、克里特岛(Crete)、米泰莱讷岛(Mitelene),以及其他一些没听说过的岛屿也一并做出了努力。皇帝阿列克修斯的传令官们在这些地方督促着,从陆路、海路输送谷物。①

拉尔夫也特别强调了塞浦路斯岛提供的补给的重要性,赞赏了这座岛屿所提供给十字军的重要支持:

　　塞浦路斯岛有大量的葡萄酒、谷类、及众多牲畜,为拉塔基亚及匮乏的基督教的内陆地带提供补给,如同被它收养的姊妹一般。这座城市是唯一一座在叙利亚海岸附近,属于基督教,并忠于阿列克修斯的城市。②

　　综上所述,在安条克这场关键性的战役当中,十字军的补给空前紧张,即便他们做出了最大的努力,也很难依靠自己创造的各种手段解决补给问题。他们持续受到亚美尼亚人及拜占庭帝国来自陆路和海路两方面的持续供给,方才勉强能够维持基本的食物补充。从西方的史料记载中可以看到,基督教史家们虽然多少承认了亚美尼亚人的支持和帮助,但基本都有选择性地,有意地忽略、回避了拜占庭帝国所付出的努力。在海上支援方面,他们夸大了来自意大利及英国的几艘舰船的作用,强调了耶路撒冷宗主教的馈赠,并以此取代拜占庭帝国的功能和作用。在中世纪,东西方教会长期争执并彼此隔绝,且两个区域文明之间的关系始终是僵化的,有隔阂,甚至偶有兵戎相见,在这样的时代背景下,史料记载中出现这样的偏颇也是正常的,是需要甄别以做出合理判断的。约翰·H.普赖尔曾做过恰如其分的评价,"中古时代的编年史家们忽略了拜占庭为十字军进行补给的努力,这并不会令人感到惊讶"③。

　　补给是战争的重要一环,很多时候会成为决定成败的关键要素。第一次十字军战争当中,因为队伍人数过于庞大,环境恶劣,长途远征,补给线维持困难,加上中古时代原始低下的农业生产水平和运输能力,以及低效率的

①　Ralph of Caen, *The Gesta Tancredi of Ralph of Caen*, pp.80-81.

②　Ralph of Caen, *The Gesta Tancredi of Ralph of Caen*, p.84.

③　John H.Pryor, *Logistics of Warfare in the Age of the Crusades*, p.277.

管理方法和机制,都使得这场战争中的补给变得更加艰难。十字军从尼西亚到安条克一线,是整个战争期间补给最为困难的一段时间,这期间持续时间长,有近一年的战争,横跨了多个季节,且补给线异常复杂、漫长。必须要承认的是,第一次十字军在军事上的"光辉"成就很大程度上掩盖了补给领域的显著成功。可以说,十字军战争的最终胜利不仅是战场上的胜利和军事成功的结果,一定意义上讲,也是补给战线上各方艰辛、持续努力作用的产物。在这其中,理应对拜占庭帝国所付出的努力给予积极和正面的评价。从补给问题入手,也可以对这段战事和历史当中拜占庭帝国所扮演的角色,所起到的功能、作用做出更为客观公正的认识与理解。拜占庭帝国对十字军战争起到了重要的推动作用,在物质层面上做出了关键支撑,这不应因为史料的偏颇和忽略而被人为埋没,如伯纳德 S.巴克拉克所论的一样,"十字军若离开拜占庭的支持,会一事无成"①。

---

　　①　John H.Pryor,*Logistics of Warfare in the Age of the Crusades*,p.61.

第九章　战争中的交往关系

　　第一次十字军战争因残酷的战事、激烈的冲突而著称,但这并不意味着战争的过程中就没有其他的因素在发挥作用。在血腥杀戮,生死搏斗的同时,双方之间同样是有着相互之间的接触、互动和联系的,产生了交往的关系。这种交往并不明显,且出于多种因素和利益的考虑,多为短暂的或局部的,但确实产生了一定的作用,是客观存在的,不应被忽略,并同样应给予客观的评价。在这里,对其中比较典型的几种交往的途径和形式予以阐释。

第一节　战争与俘虏及赎金

　　十字军虽然是初次到达东方,并初次与塞尔柱突厥人发生激烈冲突,但这并不意味着西欧封建社会对伊斯兰文明一无所知。在中世纪早期,早在地中海三大文明,基督教文明、东正教文明及伊斯兰文明格局形成初期,西欧封建社会就已经与阿拉伯帝国发生过直接交往,产生联系。早在公元8世纪初,阿拉伯帝国就已经从北非跨越直布罗陀海峡,横扫伊比利亚半岛,并翻越比利牛斯山脉,兵锋直抵法兰克王国南部阿基坦地区,最终在普瓦提埃之战中败于“铁锤”查理之手。其后数个世纪,伊斯兰各王朝占据着伊比利亚半岛、西西里岛,并在海上对地中海西岸构成持续威胁。同时,数个世纪以来,无数朝圣者从西方源源不断前往东方圣地。并且,双方在地中海东西两岸之间,通过各种方式,保持着频繁的商贸往来。

　　在长期军事冲突和对峙中,双方逐渐在认识、熟悉彼此,相互尊重。西欧封建社会长期以来一直将东方伊斯兰世界视为强悍、令人敬畏的对手。塞尔柱突厥人在西方史家的史料中,更是被描绘为凶猛、强悍、勇敢无畏的敌手形象,正如约翰·法郎士所阐述的那样,“不管怎样,这其中存在着一种与可相匹敌强大文明的对手意识”①。如果将这场战争上升到两个文明冲突、交往的高度审视,就不难理解双方心态的变化和异同了。至少在心理上,双方是存在着相互承认、交往的可能的。这种交往首先以战争守则的形式表现出来。

---

① John France, *Western Warfare in the Age of the Crusades*, 1000-1300, p.188.

　　11 世纪的西欧已经构建起以骑士精神为核心的战争守则,对战争行为做出了一定程度的规范。战争期间,骑士精神的中心目的是保护贵族和骑士的生命权益,相对应的是战俘赎金交换机制。西方战场上日益提倡贵族骑士慎杀理念,保证战败者人身安全,以俘虏换取赎金。这样做,既能够确保人身安全,获得自保可能,同时又能通过赎金换取巨额经济利益。这种战争守则和规范是对有产者,尤其是贵族阶层的一种保护机制,与封建制度契合,同时又是能够带来经济利益的盈利手段。所以,这样的战俘赎金准则在西欧封建社会迅速普及。当然,这样的守则具有极强的阶级性和局限性。只有贵族和骑士等有产者在这样的保护框架之内,才有可能获得宽恕,被保留为俘虏,并有可能换取到数额不等的赎金。但是,在战场上的大量平民武装,如步兵大众则是没有价值的,不受任何规则保护。在缺少人道主义和国际战争法则的中世纪战场上,屠杀司空见惯,失败一方的步兵大众难以摆脱这样的悲惨命运。

一、战争期间的俘虏事件

　　第一次十字军战争中,战斗是残酷而激烈的,死伤特别惨重,经常出现无差别屠杀,宗教狂热和报复情绪很大程度改变了战场生态,使得双方在战斗中变得更为疯狂、暴戾。在史料记载的浓墨渲染当中,战争暴力变得更为夸张,显得更为极端。但是,即便如此,暴力和无序也不是这场战争的全貌,第一次十字军战争也存在着至少最低程度的战俘赎金机制的。在东方战场上,战俘同样是战争获利的主要手段,甚至比西欧社会更具泛用性。一方面,出身高贵的贵族可以换取高昂的赎金;另一方面,因为东方尚有使用奴隶的环境,奴隶制度盛行,即便是出身低微的平民被俘后也可作为劳力补充,或贩卖到奴隶市场。当然,在意识形态高度对立的情绪下,双方的史家都在主动避免提及相关内容。但是,通过对一些细节性内容的剖析,还是能够清理出相关线索,找到双方战争交换交易的痕迹。

　　塞尔柱突厥人在同法兰克人交战后,会抓获部分俘虏,并非全部斩杀殆尽。据记载,罗姆突厥的基利什·阿尔斯兰在打败了平民十字军之后,将其中的一部分人抓为俘虏,"带走了其中大约 200 名长相俊俏,身体和面貌年轻的俘虏"①。科布哈围城期间,拉尔夫曾提到一个细节:科布哈向一名俘虏询问十字军相关情况,"他找来了我们被俘的一个人,他手里囚禁着我们

　　①　Albert of Aachen,*Historia Ierosolimitana*,p.36.

的一些人"①。反过来,十字军也曾抓过突厥方俘虏。阿尔伯特记载,雷蒙
德在西利西亚用兵时,"将所发现的一部分异教徒敌人杀死了,将剩余的抓
获了俘虏"②。在阿尔伯特的记载当中特别提到,巴讷维尔的罗杰充当着敌
对双方交换俘虏的中间人。巴讷维尔的罗杰是西西里伯爵罗杰的封臣,是
随着诺曼底的罗伯特到达东方的。阿尔伯特在描述罗杰的时候,特别强调,
"他在突厥人当中享有声望。他经常受命在基督徒和突厥人之间充当中间
人,交涉双方战俘的协议及各种事项"③。显然,罗杰充当着战俘赎回的中
介角色,双方也存在战俘交换的管道。阿尔伯特在罗杰被杀之后,再次提到
了他在两个阵营中的声望,并强调了他所担负的沟通功能:

> 他成就之卓越远超我所能描述。他的名声乃至传到了全部突厥人
> 当中。在突厥人同基督徒做交易的时候,双方归还俘虏的时候,每每安
> 排休战的时候,突厥人都愿意看到他,与他交谈。④

这段描述充分说明了,在战争中双方仍是保持着最低限度的沟通和联
系的。至少在战俘和休战两个环节上,双方是有互相沟通的意愿及途径的。
但是,在史料文献中,关于第一次十字军战争战俘赎金的记载确实有限。西
方史家刻意回避了这样一个敏感话题,掩盖了双方存在战俘赎回的事实。
当然,史料鲜见战俘记载也与战争的胜利结果有一定的关系。这场战争是
整个十字军运动当中最初,也是最大的胜利,成功占领耶路撒冷,创建拉丁
东方法兰克国家,在整个西方世界都引发了轰动性的效应,并带动了其后
200 年间对东方十字军运动的热情。一方面,西方史家刻意突出战功显赫,
不愿意提及被俘及赎回这样有损形象的例证。另一方面,整个战争期间,法
兰克人被俘的数量和规模可能确实是有限。在这个时期内,至少在攻占耶
路撒冷前后,十字军在东方胜多负少,占据明显优势,即便是偶尔被击败,贵
族和骑士也大多骑马安全逃脱了。因为败绩甚少,且基本没有出现过被围
歼的情况,所以,贵族上层鲜见被俘也是可以理解的。

二、拉丁东方的俘虏问题

战争结束后,随着法兰克国家纷纷建立,拉丁东方形成,法兰克人在东

① Ralph of Caen, *The Gesta Tancredi of Ralph of Caen*, pp.106–107.

② Albert of Aachen, *Historia Ierosolimitana*, p.180.

③ Albert of Aachen, *Historia Ierosolimitana*, p.234.

④ Albert of Aachen, *Historia Ierosolimitana*, p.290.

方逐渐站稳脚跟。但是,随着战事的胶着反复,以及军事失败的增多,战俘及赎金开始成为一个不可回避,并要被正视的一个重要问题。1101年十字军遭遇了一系列的失败,1102年,耶路撒冷王国在对法蒂玛埃及的战争中惨败,导致众多贵族被杀、被俘。在这次俘虏交涉过程中,拜占庭皇帝阿列克修斯起到关键性作用,埃及方面释放众多贵族俘虏。[1] 从这个时期开始,拉丁东方的贵族阶层再不能像战争时期一样,回避俘虏及赎金问题了。他们必须正视这一问题,提供解决的办法和措施。相比而言,战后,拉丁东方法兰克国家建立之初,有两次贵族被俘及赎回的事件最为典型,影响较大,可较充分地展现对立双方如何在战俘赎金问题上互动和博弈。

1100年的8月,博希蒙德在西利西亚进行军事行动期间,在梅利泰内与达尼什曼德交战,战败被俘,如伊本·喀拉尼西记载,"博希蒙德本人同他的少数几个同伴一起被俘虏"[2]。他的外甥坦克雷德在代替他成为安条克公国摄政之后,并没有出资将他赎回,加上各方关系微妙,博希蒙德一直被囚禁在达尼什曼德手中长达三年时间。到了1103年,形势发生了变化。因为坦克雷德治下的安条克公国与拜占庭帝国关系不断恶化,双方军事冲突日益频繁,并激烈争夺西利西亚地区,皇帝阿列克修斯计划赎回博希蒙德,以此牵制安条克公国及坦克雷德。同时,耶路撒冷王国鲍德温一世同样不满于坦克雷德的野心、强势及抵触情绪,联合安条克宗主教伯纳德,筹集资金,也准备将博希蒙德赎回。达尼什曼德埃米尔原本已经同拜占庭皇帝阿列克修斯商定,以26万拜占庭金币的巨资将博希蒙德赎回,移交到帝国手中。然而,因为赎金数额巨大,引起突厥方两个阵营,也就是达尼什曼德和他的同盟者罗姆突厥基利什·阿尔斯兰之间的矛盾。罗姆突厥人要求达尼什曼德分享赎金的一半给自己,继而引发双方的矛盾和冲突。[3] 伊本·喀拉尼西的记载也提到相关内容:

> 基利什·阿尔斯兰从罗姆之地出发,去攻打安条克,来到了马拉什城附近。他同马拉提亚(Malatiya)的领主,埃米尔达尼什曼德之间发生了分歧,引发了战争,严重的威胁迫使他必须返回,去应对此事。基利什·阿尔斯兰击败了达尼什曼德的军队,并杀死了他的人,随后又返回了,据说,他到达了叙利亚,并派出使者前往阿勒颇,要求商人为自己

---

① Anna Comnena, *The Alexiad of Anna Comnena*, p.354.

② Ibn Al-Qalanisi, *The Damascus Chronicle of the Crusades*, p.50.

③ Albert of Aachen, *Historia Ierosolimitana*, pp.680–682.

的部队提供给养补充,及军队与征募的一切所需。①

于是,围绕着博希蒙德赎回各方陷入焦灼之中,引发激烈利益博弈。恰在此时,出现颇具戏剧性的转折。博希蒙德本人获悉了赎金所引发的纷争,以雄辩的口才说服了达尼什曼德,使得他同意了耶路撒冷王国鲍德温一世所提出的赎金,10万拜占庭金币。于是,博希蒙德被成功赎回,返回安条克并重掌权力。

然后,在拉丁东方初期另外一系列较为著名的俘虏赎金事件,就是埃德萨伯国的第二任伯爵,后来耶路撒冷王国的第二任国王,鲍德温二世的两次被俘和赎回了。他参加了第一次十字军,是公爵戈德弗里的亲戚,并为其兄弟鲍德温服役,并在后者继任耶路撒冷王国的国王之后,成为了埃德萨伯国的伯爵。1104年5月,马丁的索齐曼(Soqman of Mardin)和摩苏尔的耶凯密什(Jekermish)组成了联军向埃德萨城进兵。伯爵鲍德温二世同乔斯林(Joscelin)一起,联合安条克的博希蒙德、坦克雷德在哈兰(Harran)附近汇合。双方的联军在哈兰爆发冲突。哈兰之战最终以法兰克方惨败告终,鲍德温二世和乔斯林双双被俘。②

因为俘虏造成的赎金及利益分配问题,伊斯兰同盟阵营再次因内部的纷争而决裂了。索齐曼统率的土库曼部在战斗当中抓获了大部分的俘虏,包括鲍德温在内,这引发了耶凯密什手下突厥部的嫉妒。他们闯入了索齐曼的营地,夺走了鲍德温。索齐曼因此退出了盟军,带着部队撤走了。耶凯密什随后因为孤军深入,且没有抓住战机,于埃德萨被坦克雷德的军队击败了。③ 之后,因为安条克公国无意支付赎金,鲍德温和乔斯林被长期羁押囚禁。直到1108年事情才有了转机,鲍德温才最终被赎回。

数年间鲍德温一直被囚禁在摩苏尔,乔斯林则在索齐曼死后被转移到伊勒贾哈兹(Ilghazi)手中。图柏赛腊城的亚美尼亚人筹集了两万第纳尔金币,从伊勒贾哈兹处将乔斯林赎回。乔斯林随即着手同摩苏尔方谈判,以赎回鲍德温二世。同时,当时掌控摩苏尔的贾瓦里(Jawali)亟需资金,答应了六万第纳尔金币的赎金。乔斯林先行支付了三万第纳尔金币,然后以自己为人质将鲍德温二世先换回。④ 鲍德温二世返回埃德萨后,督促坦克雷德

---

① Ibn Al-Qalanisi, *The Damascus Chronicle of the Crusades*, p.59.

② Ibn Al-Qalanisi, *The Damascus Chronicle of the Crusades*, pp.60—61.

③ Steven Runciman, *A History of the Crusades Volume II: The Kingdom of Jerusalem and the Frankish East 1100—1187*, Cambridge: Cambridge University Press, 1951, pp.44—45.

④ Matthew of Edessa, *The Chronicle of Matthew of Edessa*, p.201.

支付了剩余赎金,将乔斯林换回。

后来,在继任为耶路撒冷王国的国王之后,鲍德温二世再次被俘。1122年,时任埃德萨伯国伯爵的乔斯林,同比雷吉克的沃尔伦(Waleran of Birejik)带领一小队骑兵途径萨鲁吉时遭遇巴拉克(Balak)所部,被击败后被俘,羁押于哈罗普特堡(Kharpurt)。次年,1123 年 4 月 18 日,鲍德温二世出兵北上,打算营救乔斯林,在幼发拉底河畔扎营。第二天早晨,在游猎时鲍德温二世受到巴拉克的突袭,被俘,同样被关押在哈罗普特堡。① 此后,15 名亚美尼亚人伪装成商队,城内基督徒配合进入城堡,歼灭卫戍,夺占了这座城堡。乔斯林出城求援,但巴拉克迅速回援,夺回城堡。鲍德温再次被俘,被关押在沙伊萨(Shaizar)。②

1124 年,巴拉克中箭身亡,鲍德温和其他俘虏被辗转到伊勒贾哈兹之子提穆塔什(Timurtash)手中。提穆塔什派沙伊萨的埃米尔同耶路撒冷王国商谈赎金。王后莫菲西雅(Morphia)、乔斯林作为代表进行谈判。提穆塔什方要求支付八万第纳尔金币赎金,一并要求将阿泰尔波(Athareb)、阿扎兹(Azaz)、泽达纳(Zerdana)、杰斯(Jasr)、卡法塔卜(Kafartab)等地交还给阿勒颇。最终,经过反复磋商,双方达成一致,先行支付两万第纳尔金币,以国王之女,四岁的乔薇塔(Joveta),及乔斯林 11 岁的儿子,以及其余 10 名贵族子弟抵押为人质。同年 8 月,鲍德温二世被释放,回到安条克城。然而,鲍德温二世并没有履行协议,既没有支付剩余的赎金,也没有将约定的土地转移给阿勒颇。③ 按照马太的记载,最终,因为违约,在押的伯爵沃尔伦,及国王的侄子被处死。④

这两个典型事例反映了几个问题。其一,随着战事冲突频繁发生,贵族领主难免会被俘虏,法兰克国家不可能再像第一次十字军战争期间一样回避或忽视这一问题。其二,双方都将贵族俘虏的囚禁和赎回视为一种惯例,约定俗成的做法,一定程度上保障了双方上层在战争中的安全,囚禁数年仍保全性命的情况也是时有发生的。其三,俘虏带来的赎金是战争的重要收益,也被视为战争获利的主要途径,客观上确保了俘虏赎金机制的自然运行。一般来讲,除非是在战场上死于非命,贵族大多能在战后被作为俘虏囚禁起来,以期换取巨额赎金,很少会被泄愤处死。其四,俘虏和赎金因为利

---

①　Matthew of Edessa, *The Chronicle of Matthew of Edessa*, pp.228–229.

②　Matthew of Edessa, *The Chronicle of Matthew of Edessa*, pp.229–230.

③　Steven Runciman, *A History of the Crusades Volume II: The Kingdom of Jerusalem and the Frankish East 1100–1187*, pp.171–172.

④　Matthew of Edessa, *The Chronicle of Matthew of Edessa*, p.233.

益巨大,作为胜利品及战争收益的一个部分,经常会引发激烈的争执和争夺。

逐渐地,在 12 世纪间,双方建立起战俘赎金交换的机制和管道。一些在地方上具有较大影响力的个体或组织会承担中介角色。12 世纪中期,最著名的中介人当属乌萨麦(Usamah)。他是叙利亚地方的一位享有盛誉的贵族绅士,广泛结交拉丁东方的法兰克贵族阶层,并被圣殿骑士团奉为上宾。他经常活跃在双方的谈判和赎金交易当中。此外,圣殿骑士团也经常参与到战俘的赎回及赎金的筹集中。圣殿骑士团不仅是军事组织,还充当金融信贷机构,遍布欧洲的金融据点为他们提供充足资金,并以此为牟利的手段。比如,1250 年,法兰西国王路易九世率领十字军攻打米埃达(Damietta)时不慎战败被俘。为了赎回国王,茹安维尔(Joinville)从圣殿骑士团借出了三万里弗尔现金。[①]

在拉丁东方,乃至整个地中海东部地区,战俘和赎金成为了一种共识和惯例。因为战俘所能换来的巨大利益,他们被视作战争的主要收益来分配。1179 年,一名叛教者阴谋作乱,绑架了萨拉丁的侄孙沙汗沙(Shahanshah),也就是萨拉丁的侄子塔奇阿丁(Taqi al-Din)之子,将他带到了圣殿骑士团所属的采法特城堡。沙汗沙被长期羁押在此地,多年后才被萨拉丁以一笔巨额赎金,加上大量基督教徒俘虏赎回。[②] 反之,萨拉丁在 1187 年通过谈判重新夺回耶路撒冷城后,给城内基督徒设置赎身金额:成年男子是 10 第纳尔,成年女子是 5 第纳尔,儿童为 2 第纳尔,40 天内要偿付,否则变卖为奴。结果是,付出赎身钱的人获得准许留在城中居住,有 16000 人因为付不起赎金沦为奴隶,其中包括 7000 名成年男子。[③] 因为赎金的利益过于巨大和重要,乃至于连萨拉丁本人都不能左右或干涉臣属的这些利益。即便是萨拉丁本人,也对圣殿骑士恨之入骨,在哈丁之战胜利及占领耶路撒冷后,也要先将俘虏的圣殿骑士团成员从各部首领手中赎回,再将他们处死。[④] 战俘和赎金构成了拉丁东方同伊斯兰世界为数不多的稳定沟通和交往的渠道。

第二节　交涉与谈判

如前所述,战争是一种以生命相抵的冒险,胜负往往是不以主观意愿左

---

① Malcolm Barber, *The New Knighthood: A History of the Temple*, p.152.
② Helen Nicholson, *The Knights Templar: a New History*, p.64.
③ Contamine, p.282, Jim Bradbury, *The Medieval Siege*, p.328.
④ Helen Nicholson, *The Knights Templar: a New History*, p.34.

右的。在战争的过程中，一旦有机会能够以非暴力手段解决问题，实现军事目的和目标，交战双方往往会做出理智选择，实现利益最大化，尽可能降低风险和损害。战局僵持不下时经常会出现相互交涉、谈判媾和的情况。第一次十字军战争同样存在着这种相互谈判，继而达成一定限度协议共识的可能。在第一次十字军战争，同样存在着基本的理智思考，交战双方同样愿意在减少损失的前提下，以战场对决之外的手段解决问题，实现既定主要军事目的。十字军存在一个庞大的领导阶层，贵族议事会负责做出重大军事决策，必定是在反复商榷、理性思考后做出决策。议事会通常会在宗教狂热同军情间做出平衡，如 R.C. 斯梅尔所论，"间或，宗教狂热或许会令因世俗利益的不和导致的冲突加剧，但是，拉丁、穆斯林的统治者们大部分情况下的对外策略，继而战争，都是凭着理智的动机决定的"①。于是，不难发现，即便是在第一次十字军战争期间，是存在着相互间的试探、交往与谈判的。

一、从尼西亚到埃德萨

法兰克人到达东方后，他们面临的第一次大型战役就是对尼西亚城的攻坚。如前所述，这次连续数周的围城并不算成功，一度陷入僵局。在十字军凭借着皇帝支援的船只成功将湖面封锁上之后，城内失去了补给的来源，于是被迫同拜占庭方面秘密商谈降城事宜。十字军方面，尽管对拜占庭皇帝单方面隐瞒信息，并且不允许法兰克人进城有所不满，但全军上下都接受并认可了降城的事实。正如史家富尔彻评价的，"突厥人同皇帝秘密谈判，狡猾地将这座城市归还与他"②，这样的说辞正显示出十字军的内心矛盾，他们既不甘心就这样拱手将进城劫掠的机会让出，对帝国的行径不齿，却也没有正当的理由去反对皇帝的做法。此后，在皇帝的大量馈赠下，全军情绪被平复，关系缓和。尼西亚之战结果表明，十字军可以接受谈判议和、降城这样的方式和结果。

在西利西亚，坦克雷德一部因为军力的不足，更多采取威吓、交涉方式辅助战争手段，令突厥守军主动降城。这个过程中，意大利诺曼集团常年在西西里对穆斯林作战的经历，以及博希蒙德在巴尔干半岛的显赫战绩，加上近来在尼西亚及小亚对罗姆突厥的连战连捷，不同程度地提升了坦克雷德的军威。如阿尔伯特记载，"早在这次征伐许久以前，博希蒙德在希腊、罗

---

① R.C.Smail, *Crusading Warfare, 1097-1193*, p.18.

② Edward Peters, *The Chronicle of Fulcher of Chartres and Other Source Materials*, p.64.

姆及叙利亚各地已经是声名远播,广为人知了,他的战功令人战栗"①。于是,首先,塔尔苏斯城的突厥卫戍最早妥协了,并准备向坦克雷德降城,并最终屈服于后来的鲍德温。坦克雷德继续进兵,灵活利用外交策略弥补军力不足。阿尔伯特委婉地表达了这一点,并称赞了他的见机行事:

> 突厥人知晓了他的军队后,有的逃走了,有的送去了马匹和骡子、金银等贵重品,结交他,以求相安无事。坦克雷德没拒绝突厥人提供的东西,谨慎、有远见地收下了,留了起来。他记着过去经历的困难,清楚将来还要面临更大困难。②

此外,在到达东方后不久,十字军上层或是通过当地亚美尼亚部,或是在拜占庭帝国的介绍和建议下,逐渐意识到东方伊斯兰世界的内部分裂,派别林立。他们很快熟悉了环境,做出了正确的判断:塞尔柱突厥人及其他伊斯兰势力间的矛盾对立是可以利用的。如约翰·法郎士所论,"不久,他们就估算出了敌人的力量,以老练的外交手段将本方的力量最大化,去赢得盟友,收买敌人,并随时准备撕毁这份友好协议"③。鲍德温东进幼发拉底河流域,入主埃德萨时充分体现了外交策略的灵活性。鲍德温对于同当地部族、亚美尼亚人乃至突厥人的交往始终持着较为开放的态度。他深知在当地法兰克人属绝对少数,必须获取本地上层支持方能稳固政权。所以,鲍德温在以法兰克人为中心重构封建政权的过程中,主动拉拢地方势力进入统治结构。他不仅鼓励封臣和骑士同亚美尼亚人联姻,他本人也迎娶了一名出身当地亚美尼亚权势家族的女性。并且,鲍德温在宗教上奉行一定程度的宽容政策,谨慎地将伊斯兰贵族引入宫廷,施以恩惠,挑拨离间。他的这种怀柔政策日后在其继承了耶路撒冷王国的王位后,发展成为拉丁王国的基本政治准则。

1098 年初,鲍德温到达埃德萨不久就着手对付当地最大突厥部首领,萨莫萨塔的埃米尔巴杜卡。早在 2 月初,正是巴杜卡对准备渡过幼发拉底河的鲍德温设伏。鲍德温曾组织了一支法兰克人同当地亚美尼亚人的联军,进攻萨莫萨塔城,虽然未能攻克,但也遏制了其入侵的势头。到了 3 月,鲍德温成为埃德萨伯爵后,巴杜卡经过反复斟酌,被迫将萨莫萨塔城卖给鲍

---

① 　Albert of Aachen, *Historia Ierosolimitana*, p.150.

② 　Albert of Aachen, *Historia Ierosolimitana*, p.180.

③ 　John France, *Western Warfare in the Age of the Crusades, 1000-1300*, p.209.

德温,他本人还成为了鲍德温的内府封臣。阿尔伯特记载:

> 在获悉鲍德温擢升为伯爵后,巴杜卡恐慌异常,心烦意乱。若是被勇猛的高卢军队围攻,他就会失去萨莫萨塔城。于是,他向鲍德温派去了使者,提出,愿以一万拜占庭金币的价格将卫城卖给鲍德温,并且,因这笔约定的金钱,他会向鲍德温效忠服役……过了许久,鲍德温听从自己人的建议,给了巴杜卡一大笔金银,以及珍贵的紫色印染衣料,价值昂贵的马匹和骡子。于是,鲍德温将萨玛萨塔城从敌人之手及控制下买了回来。自此,巴杜卡成为了鲍德温的封臣,进入了他的内府,被高卢人熟识。[1]

在解决了心腹之患后,鲍德温又获得了进一步扩张的良机。当地穆斯林上层对十字军的性质没有清醒认识,这也是当时整个东方伊斯兰世界所持的一种共同心态。他们一厢情愿地以为十字军不过是拜占庭派来的雇佣兵,不会长留于东方,不足为患,甚至以为可以为己所用。当地城市奥托齐(Ortoqid)的埃米尔,巴勒·伊本·巴赫拉姆(Balak Ibn Bahram)为了镇压臣属自己的萨鲁吉城(Saruj)的反叛,主动向鲍德温求援。据阿尔伯特记载,“巴勒是一名王公,同时是萨鲁吉城(Sororgia)之城堡的僭主。他向鲍德温派去了使者,请求他率领联军前往那座反叛的城市。征服城市和市民后,鲍德温应将城堡即刻归还到他手中”[2]。实际上,这是穆斯林内部冲突,萨鲁吉城中居民多为穆斯林,双方因纳贡产生纷争。然而,在将法兰克人引入进来后,问题变得复杂了。萨鲁吉城内穆斯林不愿坐以待毙,暗地联络巴杜卡前来营救。不过,鲍德温军力占据压倒优势,该城市民被迫降城。鲍德温对巴杜卡失去了信任,虽然表面上原谅了他,却在不久后,以巴杜卡久久不交出人质为借口,在其进宫觐见的时候处死了他。随后,鲍德温委派沙特尔的福尔克(Fulk of Chartres)带领一支卫戍驻守萨鲁吉城。[3]

这一连串的交往和纷争印证了两个基本观点。其一,法兰克人已深度介入东方地域纷争,成为地方冲突不可忽略的组成,并有能力左右区域局势。其二,十字军的贵族上层并不拒绝与穆斯林贵族个体间的交往与联系,甚至能够在适当时机下,建立起封建臣属关系。其三,双方因为意识形态差

---

①　Albert of Aachen, *Historia Ierosolimitana*, p.176.

②　Albert of Aachen, *Historia Ierosolimitana*, pp.176–178.

③　Albert of Aachen, *Historia Ierosolimitana*, pp.209–210.

异,及极端暴力化的冲突对立,很难保持长期合作关系,更多的是一种短时限的利益交换。

二、安条克:密集交涉期

到达安条克之后,十字军更加广泛地与塞尔柱突厥及其他各方伊斯兰势力发生接触,从中找到了更多相互联系、交往的机会。在这样的交往过程中,十字军充分利用伊斯兰世界相互对峙、彼此冲突不和的有利局面,在各方势力间斡旋,为自身军事行动创造有利的外部环境。这个过程中,最重要的当属与法蒂玛埃及建立的关系。法蒂玛埃及与塞尔柱突厥苏丹国长期不和,双方是敌对关系,冲突对立。塞尔柱突厥人在 11 世纪中期后不断对叙利亚、巴勒斯坦用兵,攻城掠地,攻占包括阿勒颇、大马士革、霍姆斯在内多个重镇,并最终占领耶路撒冷城。法蒂玛埃及边界不断减损,直至被挤压到沿海一线。

11 世纪末,随着塞尔柱苏丹国外围势力趋于瓦解,法蒂玛埃及再次寻觅到恢复叙利亚及巴勒斯坦领土机会,希望借助第三方势力帮助自己打击对手,为己所用。同时,法蒂玛埃及同拜占庭长期保持友好贸易关系,双方交好对十字军也十分有利。法蒂玛朝长期以来都同拜占庭帝国保持合作关系。双方没有直接利益冲突,并且是海上贸易合作伙伴,互通有无,经贸联系密切。法蒂玛长期以来一直保持着对基督徒的宗教宽容态度,秉承伊斯兰世界数百年来的优良传统。他们允许基督徒进入耶路撒冷圣地朝圣,同西方和拜占庭长期商贸往来。

从历史传统和现实利益两个层面看,十字军同法蒂玛埃及都具备相互交往的基础和可能。至少目前为止,十字军尚未与法蒂玛王朝间发生直接利益冲突。双方有共同的对手塞尔柱突厥人。并且,拜占庭帝国与法蒂玛朝的友好关系也减少了后者对法兰克人的抵触情绪。最重要的,是法蒂玛人同其他东方势力一样,对十字军的性质和目的做出了错判。他们同样认为,十字军是拜占庭的雇佣兵,不会常驻东方,是可以收买利用的。他们并没有清楚地意识到十字军的目的是在东方开疆拓土,建立势力。在这种错综复杂的混乱局面下,法蒂玛埃及一厢情愿地认为十字军是可利用的,主动派出使团,前去联系试探,主动示好。反之,十字军对东方局势有清晰认识,知道如何因势利导并从中获利。从阿尔伯特记载看,法兰克人显然非常清楚法蒂玛同塞尔柱间的敌对关系:

埃及王国的国王在基督徒远征的很久以前,就一直同突厥人是严重敌对、彼此憎恨的。一位基督教修道院的院长给埃及人送去了信函，他们知晓了十字军的意图。埃及国王为了相互间的和平，并与其王国结成同盟，于是向永生上帝的军队派去了15名使者，这些使者精通各种语言。①

关于这次接触和谈判的结果各方史料众说纷纭，有些明显是杜撰和想象，很难明确其最终结果到底如何。从法蒂玛方面来说，他们的意图较明朗，如任辛曼研究所论，是要同十字军结成军事同盟，南北夹击塞尔柱突厥帝国，并以叙利亚南北为界，叙利亚以北由十字军占据，以南由法蒂玛接管。② 十字军贵族集团当然不会答应这样的条件，这与他们本身的军事目的相悖，但很可能并未明确立场，采取了策略性回复。从一些细节和迹象来看，双方虽然没有达成明确共识和协议，但至少是达成了一定默契。阿尔伯特记载，埃及的使者甚至直接参加了对阿勒颇的突袭，"巴比伦国王的使者们就在那场战斗当中，他们在马鞍上带着割掉的突厥人的脑袋，返回了军营"③。之后，在法蒂玛的使者们返回时，首领们赠予厚礼，护送他们到船上，"真心诚意"④。布洛瓦的斯蒂芬在信中也提到，"埃及皇帝派来了萨拉森人使者，带着信到了军中，通过使者，我们彼此间实现了和平与和睦"⑤。反之，穆斯林史家强烈批评法蒂玛王朝目光短浅，伊本·阿西尔甚至主张，是法蒂玛王朝引狼入室，将十字军引入到叙利亚：

> 据说，埃及的什叶派君主惧怕塞尔柱的强大国力。塞尔柱已经控制了叙利亚的土地，远及加沙地带，在塞尔柱人和埃及人之间没有相隔的国度缓冲、保护他们。阿齐斯（Aqsis）攻入了埃及，并将之封锁了起来。因此，埃及人就派人去法兰克人那里，邀请他们进入叙利亚，征服此地，将自己同其他穆斯林隔绝。真主清楚地知晓此事。⑥

这次同法蒂玛王朝之间的交往和谈判影响深远。尽管具体详情不可

---

① Albert of Aachen, *Historia Ierosolimitana*, p.230.

② Steven Runciman, *A History of the Crusades Vol.I : The First Crusade and the Foundations of the Kingdom of Jerusalem*, p.229.

③ Albert of Aachen, *Historia Ierosolimitana*, p.236.

④ Albert of Aachen, *Historia Ierosolimitana*, p.238.

⑤ Edward Peters, *The Chronicle of Fulcher of Chartres and Other Source Materials*, p.288.

⑥ Ibn al-Athir, *The chronicle of Ibn al-Athīr for the crusading period from al-Kāmil fi'l-ta'rīkh. Part. 1*, pp.13-14.

知,但是以叙利亚南北划界的计划是可能存在的,并有可能得到了十字军法兰克人的默许。在安条克战事结束后,整个战局基本是沿着双方既定的方向发展的。法蒂玛埃及没有支援突厥一方,而是选择趁势对巴勒斯坦地区发起攻势,并一举夺回了耶路撒冷城。十字军在战略上避免了受到两面夹击,并暂时争取到了法蒂玛埃及的支持。然而,随后的军事形势发展突破了既定的预期。法蒂玛埃及为自己的短视付出了代价。安条克之战的胜利,使得十字军彻底打开了通往叙利亚中南部的通道,直至巴勒斯坦都再没有其他军事势力能够阻挡、遏制他们的进兵。十字军顺势南下,向巴勒斯坦腹地快速进军,打了法蒂玛埃及一个措手不及。埃及一方仓促备战,在巴勒斯坦和叙利亚没有足够兵力部署,于是急忙提出议和及同盟,允许朝圣者自由进出耶路撒冷城,并通过拜占庭皇帝要求十字军暂缓行军,不要提前进入巴勒斯坦地区。十字军断然拒绝,完全无视各种条件要求,径直攻取守备不足的耶路撒冷城。之后,法蒂玛埃及急忙组织了一支军队北上,但在阿什克伦之战中被士气高涨的十字军击溃,无力回天。

此外,安条克之战期间,法兰克人可能曾主动与周边其他势力做过交涉。按照伊本·阿西尔记载,十字军上层给大马士革和阿勒颇派去了使者,"声称自己无意夺取拜占庭人领土之外的地方,没有多余的野心。这是他们的诡计花招,是要阻止他们向安条克的统治者派去援军"①。这次交涉是否存在很难查实,但十字军也确实有可能在战争关键时刻向周边地方释放示好的信号。这样的猜测也充分证明突厥各势力间的不和,彼此猜忌。摩苏尔总督科布哈率领突厥联军到达安条克城下时,大马士革给予支援,阿勒颇按兵不动,没有提供支援。

叙利亚北部地区暗流涌动。阿勒颇和大马士革彼此对立,激烈争夺叙利亚北部的控制权,同时,安条克的亚吉·西扬表面上虽然是阿勒颇的臣属,却在暗地里勾结大马士革,以谋求更大独立权。三方之间的互相猜忌、对立,利己主义的态度,为十字军留下了运作和谋划的空间,继而给战局带来了转机。

此外,史料中十字军还有一次罕见的同科布哈的媾和谈判。一般而言,第一次十字军给人留下的印象都是成功的、胜利的,不过也确有例外。安条克之战的最后阶段,十字军上下被围困在安条克城内,面临粮草断绝、孤立无援绝境。在业已无法维系的局面下,贵族议事会经过反复商讨,决定派出

---

① Ibn al-Athir, *The chronicle of Ibn al-Athīr for the crusading period from al-Kāmil fi'l-ta'rīkh. Part. 1*, p.15.

使者与科布哈谈判媾和。十字军委派的使者是隐修士彼得,他能言善辩,
"是精通口才,可做各种训诫的布道者"①,"身材虽然矮小,但心灵伟大"②。
彼得不仅具有出众的口才和学识,且具有神职身份,人身安全更有保障,还
熟悉东方的环境,适于交涉谈判。

　　尽管各方史料文献记载说法不一,众说纷纭,但基本来讲,这是一次谋
求妥协,甚至是投降性质的谈判。概括而言,十字军提议,双方各出几名勇
士作代表,决斗定胜负:胜者一方占据安条克城,败者一方和平退出。这其
实是变相的妥协示弱,即便决斗失败也可体面地全身而退,安全撤出城池。
拉尔夫记载中清楚地提到了"失败一方的人离开安条克"③。福尔彻也坦白
地提出,"如此一来,就不会让所有人全部参战,就不会死伤甚重"④。相比
而言,阿尔伯特的记载投降意味更为直白露骨:科布哈若改宗基督教的话,
十字军不仅可以将安条克城市转交给他,还会成为他的封臣,由他来领
导。⑤ 这种看似天方夜谭的记载至少一定程度表明了当时十字军的艰难处
境,以及求得脱身的心态。

　　相比较西方史家夸张的记述而言,东方史家们的记载更有一定的说服
力。马太记载,"他们要从科布哈那里获得承诺,宽恕他们,条件是他们交
出城市,并返回自己的土地"⑥。伊本·阿西尔记载,"他们派人去面见科布
哈,请求他能有条件地离开安条克城,然而,科布哈没有答应"⑦。综合来
看,十字军应该是有媾和的意图,想要有条件地解除围城,或者以此为缓兵
之计,求得缓冲的机会。当然,这次谈判的结果并不顺利,最终仍是兵戎相
见。但至少说明,十字军也并非是一味地优先选择战争的手段解决现实问
题,而是会依照现实条件调整对策。

　　在科布哈被击败后,十字军同样是通过谈判的策略获得了安条克的卫
城。修士罗伯特记载,卫城内的突厥卫戍放弃了抵抗,向博希蒙德投降,寻
求庇护。博希蒙德随即派人前去谈判,最终达成协议,卫戍首领及其 300 名
部下改宗基督教,其余人等自愿并自由离开卫城,"允许那些不想皈依的人

　　①　Albert of Aachen, *Historia Ierosolimitana*, p.2.

　　②　Albert of Aachen, *Historia Ierosolimitana*, p.28.

　　③　Ralph of Caen, *The Gesta Tancredi of Ralph of Caen*, p.103.

　　④　Edward Peters, *The Chronicle of Fulcher of Chartres and Other Source Materials*, p.78.

　　⑤　Edward Peters, *The Chronicle of Fulcher of Chartres and Other Source Materials*, p.318.

　　⑥　Matthew of Edessa, *The Chronicle of Matthew of Edessa*, p.171.

　　⑦　Ibn al-Athir, *The chronicle of Ibn al-Athīr for the crusading period from al-Kāmil fī'l-ta'rīkh. Part.
　　　　1*, p.16.

去萨拉森人之地"①。整体上看,十字军在战时是不拒绝、不排斥以外交的方式解决军事问题的,始终保持着最低限度的开放姿态。但是,也应看到,这样的交往出于功利目的,是为了短期的既得利益最大化而做出的选择。因此,它更多的是服务于当下的军事行动,是战争的辅助,很难取得长效。一定程度上,这样的交往更多的是带有胁迫、欺诈、威吓的意义在其中。频繁的交涉期并没有形成双方日后继续深入交往的契机就是证明。

三、走向极端暴力:震慑和威压

安条克之战后,战争交往开始迅速走向极端化。安条克战役后,因联军中拜占庭将领临阵脱逃,皇帝的援军在小亚折返,博希蒙德破坏协议,占领安条克城并建立公国,双方的战时联盟瓦解了,十字军不再依附东方既有格局,发展为独立军事力量。同时,战争前景的明朗化也使得十字军失去了同伊斯兰势力继续保持接触、斡旋的必要。安条克之战后,十字军已击败小亚及叙利亚北部的主要势力,罗姆突厥、阿勒颇、摩苏尔及大马士革都已经罢兵不战,其他地方埃米尔谋求自保,竭力避战,同时法蒂玛埃及方面战备尚不充分,巴勒斯坦地区军力不足,缺乏抵抗能力。十字军建立起明显军事优势,加上自下而上的宗教狂热,连同物质欲求空前高涨,使得十字军内部不再具有与对手维持适当接触和联系的可能,主观意愿上封闭了建立正常化关系的道路选择。没有其他势力可以遏制十字军军事进程的情况下,战争交往形态迅速走向极端化:不受既定规则、传统的限制,利益最大化成为唯一性要求,迅速发展为以暴力威吓、压制。

执意占领耶路撒冷城,并以暴力威吓为主导的单方面压制成为了此时交往的主要形态。很快发生了一系列暴力失控、过度滥用武力的极端行径。1098年底,十字军围困马亚拉(Ma'arra)城,攻城战极其惨烈,因冬季饥荒,甚至出现食尸暴行。最终,守军与博希蒙德达成有条件投降,但军队下层无视命令,爆发大规模屠杀,并为了泄愤,于次年1月将整座城市付之一炬。②这次屠城造成了极为恶劣的负面影响,对周边穆斯林社群形成极大威慑,沿途各地方放弃抵抗,争相提供物资甚至马匹,主动媾和以避免遭受同样浩劫。首先是马西亚夫领主伊本·穆齐德(Ibn Munqidh of Masyaf)主动纳贡求和。然后,全军在霍森-阿克拉德(Hosn al-Akrad)休整期间,霍姆斯(Homs)埃米尔杰纳赫·达瓦(Janah al-Dawla)和的黎波里的卡迪(Qadi)贾

---

① Robert The Monk, *Robert The Monk's History of The First Crusade*, p.174.

② Albert of Aachen, *Historia Ierosolimitana*, pp.374-376.

拉勒·莫尔克(Jalal al-Mulk)先后派使团求和,后者甚至邀请雷蒙德使者入城商谈结盟,并提供向导。在进入巴勒斯坦境内后,除西顿外,贝鲁特、推罗、阿克都未做阻截,任凭对手行军通过。最终,耶路撒冷城被攻占,先后发生了两次屠城。这样的交往显然是非常态的,是受迫性质的,是单方面武力压制和威慑的附属结果。极端暴力造成的负面效应使得双方分立为两个不可调和的阵营,这样的裂痕随着其后反十字军运动的兴起,在反复而愈发夸张的渲染、宣传中不断扩大,终至无法弥合。马拉塔围城正是此种裂痕的开端,是关键性的分界点。①

　　继而,在相当长的一段时间内,直到大约 1109 年的黎波里伯国建立前后,拉丁东方一直维持着战争交往为主的形态,这也是现实需求导致的必然结果。拉丁东方形成伊始,因宗教情绪直取耶路撒冷的决策造成了严重的战略隐患:沿海多数城市和据点仍由各埃米尔掌控,拉丁王国地处贫瘠内陆,强敌环伺,既要承受法蒂玛王朝频繁侵袭,还要负担支援北部安条克和埃德萨的军事压力,若要生存就必须拓展空间以形成纵深。利凡特的沿海地带直接关系着拉丁东方的兴衰存亡,是其与意大利海上城市为首的封建西欧相联系,取得人力物力支援的生命线。依照乔纳森·菲利普(Jonathan Philips)的观点,拉丁东方形成了典型的宗教拓殖,主要特征就是依靠意识形态的共同性同封建西欧维持经济及军事的密切联系。② 因此,在建立政权的目的实现后,夺取沿海城市据点,争取生存空间,巩固既得利益就成为继续战争、持续对立,维持逆向暴力交往的恰当理由。为夺取制海权,拉丁东方明令禁止伊斯兰船只在西亚沿海航行。相伴随的,是利用各埃米尔间敌对关系,以侵袭、焦土、劫掠乃至杀戮等手段达到威吓牵制效果,逐个击破。期间,勒索敲诈,强征赋税,背信弃义,③焦土劫掠,④乃至违背约定屠城是最显著和负面的表征。结果,1101 年,阿苏夫(Arsuf)和凯撒里亚(Caesarea)陷落,1104 年是海法(Haifa)和阿克(Acre)被占领,1109 年是的黎波里。期间,凯撒里亚因抵抗受到报复,被屠城,托尔托萨(Tortosa)则被雷蒙德洗劫屠城,阿克和贝鲁特也都是在达成投降协议后受到下层武装的屠杀

---

① Amin Maalouf, *The Crusades through Arab Eyes*, London: Schocken, 1985, p.40.

② Jonathan Riley-Smith, *The Oxford History of the Crusades*, p.112.

③ 1110 年,推罗的市民曾与名为雷弗里德(Reinfrid)的骑士达成协议,护送其财产到大马士革,雷弗里德背信弃义,将信息通报给了国王鲍德温一世,设伏洗劫了所有辎重。参见 Albert of Aachen, *Historia Ierosolimitana*, pp.826-828。

④ 在达成和约的情况下,拉丁王国出尔反尔,对阿什克伦城周边地域肆意破坏。参见 Albert of Aachen, *Historia Ierosolimitana*, pp.710-712。

劫掠。

在暴力与宗教情绪相互影响、作用,彼此放大的形势下,和约协议不具实际约束能力。上层领主个人,或者单一势力集团的媾和无法对全局性的暴力产生有效制约。从根本上讲,法兰克上下各阶层也没有和平的基本共识和意识,缺乏限制暴力泛化、滥用的自觉。拉丁东方在这样的战争交往形态下,虽然达成了既定战略意图,也在一定程度上实现了双方在战场之外的沟通、联系和交往,但因其对军事胜利的过分关注,残酷无情且奉行利己主义和机会主义,①不计代价并不受约束地滥用暴力,负面效应过度表露,对地区环境和局势造成的损害过于严重,基本断绝了双方在未来达成和解,相互接纳共存的可能。这种单方面的弹压,压迫式的交往关系成为伊斯兰世界恢复向心力、重新联合的契机,产生了对拉丁东方及法兰克人政权的强烈排斥心态,使得双方的交往态势很难在整体层面上发生逆转,反而空间在不断缩减。

第三节　拉丁东方早期封建混战

在第一次十字军战争结束后,拉丁东方同周边伊斯兰势力之间的关系变得更为复杂微妙。双方的阵营壁垒并非如理想中的那样清晰。突厥集团仍然是四分五裂,互相对立,而法兰克国家之间也并非如史料文献中所渲染的那般团结一致。他们本质上仍是封建领主,与西欧的封建贵族集团并无二致,各方之间的关系同样是暗流涌动。双方在这一时期的交往具有极强的封建特征,各个集团和势力为了自己的利益最大化,不惜损害它者利益,并可以跨越意识形态的障碍,与对手结盟,相互攻伐。

随着拉丁东方的出现,法兰克国家纷纷建立,拜占庭帝国同法兰克人的关系开始发生微妙变化,这主要表现为帝国与安条克公国的关系日趋紧张。拜占庭帝国整体上与拉丁东方保持着友好合作的关系态势,尤其是同耶路撒冷王国关系较为亲密,但唯独与安条克公国关系紧张,甚至是达到了剑拔弩张,相互冲突的程度。双方有着严重的利益冲突,博希蒙德不仅不顾誓约,侵占了原本属于帝国的安条克城,并且不断扩大势力范围,直接侵入西利西亚地区,与帝国激烈争夺该地域。同时,亚美尼亚人同安条克公国的关系也在恶化,他们谋求独立建国的主张诉求是与安条克公国的利益诉求相

---

① John France, *The Crusades and the Expansion of Catholic Christendom, 1000-1714*, New York: Routledge, 2005, p.97.

悖的。此外,安条克公国与埃德萨伯国之间的关系也是微妙的,在 12 世纪初期也出现过严重的对立和冲突。因此,在叙利亚北部,各方之间的关系变得剑拔弩张,更为紧张和不安定。这种紧张不安的态势,随着博希蒙德、鲍德温二世的两次被俘事件而被激化,显著显现出来。其中,尤其以鲍德温二世被俘事件最为严重,甚至引发了局部战争,凸显法兰克国家在进入拉丁东方时代后战争的封建性。

一、博希蒙德同达尼什曼德

如前所述,博希蒙德被俘对叙利亚北部政局引发连锁反应,各方势力相互角力,暗流涌动。拜占庭帝国皇帝阿列克修斯想要通过赎回博希蒙德牵制坦克雷德及安条克公国,遏制其在西利西亚的扩张势头。罗姆突厥基利什·阿尔斯兰同达尼什曼德原本就是竞争对手,因为十字军的到来才暂时合作,但业已因为赎金分配的问题再次分裂。同时,因为坦克雷德与鲍德温素来交恶,且行事更为极端,扩张势头强烈,耶路撒冷王国一方,国王鲍德温一世同安条克宗主教伯纳德相互联合,谋求将博希蒙德赎回,以便能够顶替对己不利的坦克雷德,重新将安条克公国拉回正轨。在错综复杂博弈中,博希蒙德寻觅到了重获自由的机会,并竭力避免落入拜占庭皇帝之手的结果,同达尼什曼德展开了谈判。博希蒙德明确表示,若能保证自己回归安条克公国,双方未来可形成同盟关系,联合对抗共同的敌人拜占庭帝国及罗姆突厥。阿尔伯特记载:

> 若您能够接受我及我的人民的帮助与友谊,拒绝皇帝的金币,接受我们所承诺的数目少一些的赎金的话,您定会获得我所有随众们的友谊。肯定的是,您必定得到我们的军事支援,他们也会忠实而顺服地提供给您。若结盟,发下誓言成为朋友,凭着你我彼此的力量,我们可轻而易举地打败苏莱曼。苏莱曼对您专横傲慢,并时常羞辱。我们能征服罗姆之地,将他驱离此地。我们还能如您所愿,迅速征服皇帝的领土。[①]

达尼什曼德经过深思熟虑之后,答应了博希蒙德的建议,达成了同盟关系。阿尔伯特记载,"双方平等相待,达成了友谊与协议,彼此化敌为友"。[②]

---

① Albert of Aachen, *Historia Ierosolimitana*, p.684.
② Albert of Aachen, *Historia Ierosolimitana*, p.686.

这次结盟给达尼什曼德带来了立竿见影的现实收益。就在谈判期间,达尼什曼德围攻了梅利泰内,安条克及耶路撒冷王国都无动于衷,采取了默认的态度。最终,梅利泰内城被攻占,亚美尼亚城主盖布里埃尔被处死。[1] 博希蒙德更是这次谈判的最大受益者。他既避免了被皇帝赎走,身陷囹圄、政治生涯终结的结局,又能重新回归,重掌安条克权位。并且,在同突厥人结盟之后,博希蒙德还能获得与皇帝争夺西利西亚的砝码和底气。在回归安条克之后,1104 年,博希蒙德随即与埃德萨的乔斯林一同进军,围困马什拉城。马什拉城是亚美尼亚人的城市,第一次十字军战争期间曾为十字军提供过重要支援,如今却已兵戎相见。因为,在此之前,皇帝阿列克修斯派出将领博托米泰驻守该城,但不久就被皇帝召回君士坦丁堡。马什拉的亚美尼亚统治者无可奈何,面对大兵压境,孤立无援,只得降城给乔斯林,退隐君士坦丁堡。[2]

围绕着博希蒙德的赎回,叙利亚北部政治局势发生了一系列调整和变化。罗姆突厥同达尼什曼德突厥阵营瓦解了,再次对立。拜占庭帝国利益受损,对西利西亚的征服受到遏制。博希蒙德重掌安条克公国,并与突厥人一部暂时联合,在叙利亚北部抵制拜占庭帝国势力。这次局部政治关系的调整最大受害者非亚美尼亚人莫属。他们的政治权益被无视,并受到侵害。在此次事件的背后,还隐含着耶路撒冷王国同安条克公国之间的利益冲突与不和睦。如果说第一次十字军战争期间,在拜占庭与诺曼集团之间还勉强能够维持着表面上的和谐和一致的话,那么随着安条克公国的建立及发展壮大,双方的裂痕迅速加大,并转化为局部冲突、对峙对立。亚美尼亚人势单力孤,再次面临着被各方势力瓜分、瓦解的险境。至少就西利西亚及小亚东北部地域而言,封建地区冲突的特征非常明显,宗教意识形态色彩相对淡薄。

二、法兰克内战:梅比吉之战

1104 年,哈兰之战是拉丁东方法兰克人在叙利亚北部遭遇的首次重大失败,埃德萨伯爵鲍德温二世及主要封臣乔斯林一同被俘。在此之后,埃德萨伯国的政局也随即发生变故。坦克雷德进入埃德萨城,组织防御战,成功击退了耶凯密什,并顺理成章掌握伯国权力。这次交锋中,安条克一方俘获

---

[1]　Steven Runciman, *a History of the Crusades Volume II : The Kingdom of Jerusalem and the Frankish East 1100-1187*, pp.38-39.

[2]　Matthew of Edessa, *The Chronicle of Matthew of Edessa*, p.195.

了耶凯密什的女儿,是他宠爱的亲眷。耶凯密什主动提出以鲍德温二世及乔斯林交换人质的要求,或者可以选择以赎金赎回。耶路撒冷国王鲍德温二世为了能尽早赎回自己的亲戚,主要封臣鲍德温二世,确保埃德萨对安条克的牵制作用,立即给坦克雷德写信,竭力督促他促成此事。不过,博希蒙德和坦克雷德因觊觎埃德萨,没有这样执行。坦克雷德在舅父博希蒙德回归后失去了安条克统治权,正想利用这次良机在埃德萨再次获得权势。并且,坦克雷德和国王鲍德温一世素有恩怨,双方始终心怀芥蒂,彼此防备。在这种情况下,安条克诺曼集团做出了倾向于自身利益的选择。一方面,他们对耶路撒冷王国敷衍行事;另一方面在暗中向突厥人索要赎金。结果,诺曼集团既收获了大笔赎金,同时又实际控制了埃德萨城。阿尔伯特对此持着批评的态度,评价到,"他们的答复是圆滑且谄媚的,却毫无诚意真心,根本不想将他赎回来"。[1]

此后,伯爵鲍德温二世和乔斯林被囚禁了四年。在此期间,博希蒙德已经返回欧洲,坦克雷德继任为安条克公爵,他的堂兄弟理查德受其委托代为掌管埃德萨城。1108 年,在亚美尼亚人的努力下,二人才寻得机会,先后被赎回。同样的,这次赎金谈判也附带有政治上的交易及利益交换。贾瓦里当时正处于被动局面,他被从摩苏尔城驱逐,迫切需要外部军事援助,希冀能从埃德萨获得军事力量支持。伯爵鲍德温二世一方面想要尽早被赎回,另一方面,也想借助对方支持重获埃德萨,答应了军事联盟的条件。在鲍德温二世返回后,坦克雷德拒不交换埃德萨城,提出了宣誓效忠的要求。鲍德温二世不得不退到图柏赛腊同乔斯林汇合。之后,在亚美尼亚人的压力下,加上安条克宗主教伯纳德的强烈反对,坦克雷德被迫妥协,退出了埃德萨。鲍德温二世重掌权力。

然而,此次事件引发了一系列连锁反应,事态变得日益恶化。多年的积怨,加上在埃德萨归属权上的反复争执,使得安条克、埃德萨这两个法兰克国家关系日趋紧张,达到爆发冲突的临界点。伯爵鲍德温二世一直寻求机会报复,率先发难。他组织军队,强化军事,并主动强化同贾瓦里的军事联盟。贾瓦里因此实力增强,直接威胁到了阿勒颇在幼发拉底西岸地区的利益。里德万与贾瓦里产生冲突,抢劫了鲍德温二世向贾瓦里派出的商队。贾瓦里立即做出反制,在 1108 年的 9 月占领了巴里斯城(Balis),对阿勒颇构成直接威胁。随即,局势向不可控的方向迅速发展。因形势紧迫,局面急转直下,里德万顾不上多年恩怨,居然主动向安条克寻求支援,迅速同坦克

---

① Albert of Aachen, *Historia Ierosolimitana*, pp.700–702.

雷德达成军事同盟。安条克公国同阿勒颇是宿敌,长期对立冲突,激烈争夺着叙利亚北部的控制权。鲍德温二世同坦克雷德之间的对峙激化了贾瓦里同里德万之间的矛盾,并促成了安条克同阿勒颇之间的联盟。这样一来,短时间内居然形成了穆斯林埃米尔同法兰克国家结盟,反对另一个由穆斯林埃米尔同法兰克国家组成联盟的诡异局势。

不久,两个联盟的对峙就发展为激烈冲突。同年 10 月初,鲍德温二世汇合乔斯林,与贾瓦里、巴努马兹亚德埃米尔萨达卡(Sadaqa of Banu Mazyad)之子统率的贝督因人组成联军,向阿勒颇进发。阿勒颇的里德万立即联合坦克雷德,同时进兵。双方在梅比吉(Menbij)相遇,大规模交战。这次战斗是拉丁东方历史上最大规模的内战,且交战双方都有穆斯林同盟助战。最终,鲍德温二世因为贝督因人和贾瓦里的先后脱逃而败阵。这场战斗的损失非常惨烈,双方战死的法兰克人大约有 2000 人。[1] 亚美尼亚编年史家马太记载了这次内战的前因后果。由于埃德萨在此役之后,怀疑埃德萨城内有叛乱阴谋,大肆抓捕、迫害亚美尼亚人,并惩罚了城中的亚美尼亚主教,马太对鲍德温二世极为不满。于是,从记载中来看,马太对鲍德温二世的记述是有所偏颇的,并倾向了坦克雷德,刻意回避了阿勒颇同安条克结盟的敏感问题。但无论如何,马太的记载明证了这次法兰克国家内战的事实。[2]

当然,在拉丁东方势单力孤,必须要保持团结以抵御周边敌对势力侵袭的大背景下,各法兰克国家间必须要维持联合关系,敌对态势不可能持久,注定是短暂的。在这一次内战之后,双方各自与穆斯林的联盟都瓦解了,并在耶路撒冷王国的反复调停下,在 1110 年达成和解。但是,这次严重的冲突明确显示出拉丁东方的封建性质,即便再高度渲染的宗教神圣属性也无法掩盖封建领主各自为战、追逐利益的性质。若没有来自外部的强大压力,缺乏生存的必要资源,这种封建内耗和内斗必定会更加肆无忌惮。至少从上层贵族而言,宗教意识形态的异同是无法阻止他们彼此结盟、勾结,并相互攻伐的。从一定程度上来看,拉丁东方时代的十字军战争,也不过是一种封建战争的延伸和变化,与中世纪时期其他地区的封建割据与争夺并无本质的差别。

---

[1] Steven Runciman, *a History of the Crusades Volume II: The Kingdom of Jerusalem and the Frankish East 1100-1187*, pp.112-114.

[2] Matthew of Edessa, *The Chronicle of Matthew of Edessa*, p.201.

结　语　历史之殇:战争的理想与现实

　　第一次十字军战争(1096—1099 年)是西欧封建社会在以教皇乌尔班二世为首的教会势力的宣导下,受宗教狂热鼓动而发动的一场对小亚及利凡特地区的军事侵略。战争历时三年,从尼西亚一直延伸至小亚腹地、安条克、叙利亚及巴勒斯坦全境,以十字军最终攻占耶路撒冷,并于阿什克伦战役中击败法蒂玛埃及告终。第一次十字军战争是十字军东侵历程中唯一获得全胜的军事冒险,其发起者乌尔班二世都未料到能夺取圣地,[1]建起以耶路撒冷王国为首的诸十字军国家,并延续近二百年。于是,这场战争的西方参与者被当世及后来西方教会史家累世传颂,被赋予更多的、原本不具备的内容与含义,尤其是经过 12 世纪基督教神学家伯纳德的理论升华后,形象被全面理想化。在以十字军的名号赋予其宗教神圣后,其参与者被誉为信仰的捍卫者,义无反顾,志在光复主的圣墓,如阿尔伯特所记载,"抛弃家庭及美好生活,抛弃安逸追逐无常,奉耶稣之名自我放逐"[2],为的是"净化圣所、恢复圣仪"[3]。

　　理想中的十字军是在向东方基督徒施以援手,是英勇无畏地对抗异教徒的英雄,"将邪恶民族逐出了基督之地"[4]。暴力被神圣化,被视为牺牲、奉献和救赎,如乔纳森·赖利-史密斯所论,"既是虔诚,也是军事,虔诚战争理念下的军事役可等同于祈祷"[5]。因此,一定意义上讲,十字军不仅是战争,也是一场宗教运动。[6] 在经过宗教神学家和编年史家们的重重渲染和修饰后,第一次十字军的理想与现实已然产生巨大差异。除去宗教虔诚的鼓动,十字军参与者的现实诉求和动力是什么,其军事进程的真实经历是怎样的,在理想正面的形象与真实历史之间又有着怎样的差距,这些都是值得探讨和审视的。基于此,对第一次十字军的社会起源及现实形象,及其本质特性无疑会有更为清晰和深刻的认识与理解。

---

①　乌尔班二世在在十字军攻占耶路撒冷城不久后就已辞世,至死未收到最终胜利的消息。

②　Albert of Aachen, *Historia Ierosolimitana*, p.2.

③　Albert of Aachen, *Historia Ierosolimitana*, p.6.

④　Edward Peters, *The Chronicle of Fulcher of Chartres and Other Source Materials*, p.53.

⑤　Jonathan Riley-Smith, *The Oxford History of the Crusade*, p.78.

⑥　John France, *The Crusades and the Expansion of Catholic Christendom*, *1000-1714*, p.97.

第一节　从贵族到平民:多元化的诉求

第一次十字军并非是支纯粹的武装力量,它以西欧诸封建武装集团为核心,是依附大量平民、教士、女眷甚至行乞者的复杂群体,大体可算做携带武装的朝圣团体。它人数众多,广泛来自于西欧各地域,社会阶层及财富差距悬殊。除去共同的宗教热情外,各阶层和社群对这场战争的现实诉求是不同的,复杂且多元。其中,西欧社会的时代诉求是必要前置,以权贵为首的贵族阶层的权力诉求起着主导作用,同时,依附于封建军事集团的平民大众的物质诉求也不容忽视。

首先,整体上看,第一次十字军符合 11 世纪末西欧社会的发展诉求和预期。11 世纪的西欧文明进入扩张期,维京人、马扎尔人入侵结束,社会秩序逐渐恢复,基督教世界的边界基本成型。气候变暖、社会环境的好转促进了农业的发展和拓荒,人口迅速增长,10 到 14 世纪增加了一倍之多。① 在这样一个活跃的上升期,在封建制度日趋成熟、骑士阶层逐渐成型、贵族军事化的背景下,战争被垄断,成为权力的象征,②西欧社会产生了极强的扩张欲望。德意志以东,捷克、普鲁士、波兰、立陶宛被纳入基督教边界;威廉征服英格兰后,伺机征服威尔士和爱尔兰;南下的诺曼人占据了意大利南部,建立西西里王国,一度进逼巴尔干半岛,与拜占庭帝国争斗多年;伊比利亚半岛的再征服运动也在取得战果。战争的规模在扩大,封疆扩土成为了常态。偶然间,在教会鼓动下,沿既有朝圣路线前往东方也成为了一种实现拓殖诉求的潜在途径。向东方扩展拓殖的社会诉求符合全阶层参与者的基本预期,成为改变命运,寻求发展可能的重要契机。

对外拓殖的社会诉求符合封建权贵主导下的上层社群的权力诉求。封建权贵是第一次十字军军事武装的发起者和组织者,是各地区封建军事集团的领袖。权贵财力雄厚,武力充足,体现出对权力诉求的明显关注。权贵中有富于野心者,不安于现状,在东方有明确的追逐权势,拓殖建国的目标。其中,典型的是图卢兹伯爵、罗旺斯侯爵雷蒙德,以及塔兰托伯爵博希蒙德。这两人急于在东方建功立业,夺取土地。博希蒙德占据安条克城后自立公国,雷蒙德始终不得志,但至死都在围困的黎波里,再未返回法国。此外,部分权贵是迫于复杂的政治斗争做出妥协,试图通过东进来保护权力免受地

---

① Jacques Le Goff, *Medieval Civilization*: 400-1500, p.59.

② John France, *Western Warfare in the Age of the Crusades*, 1000-1300, p.5.

域纷争的损害。譬如,诺曼底的罗伯特在与其兄弟威廉二世争夺英国王位的斗争中失意,不得已抵押伯爵领前往东方。下洛林公爵戈德弗里与皇帝亨利四世关系微妙,形势复杂,自身难保,于是将这场战争视作生涯的转机。法国国王腓力一世因离婚被教会开除教籍,为同教皇和解,委派兄弟韦芒杜瓦的休作为代表前往东方。无论是出于对权力上升,抑或保护既有权力的目的,权贵都在主动地加入、组织、领导这场战争,凭借着丰富资源实现自身权力诉求。

封臣附庸是以重装骑兵为主体的武人集团,由城堡主、骑士、扈从等构成。在权贵领主征召下,他们依照封建关系被调动起来,以家族武装为基本单位,作为随众出发。这个群体人员涉及广泛,财富地位差异很大,其世俗诉求呈现两极化。一方面,部分无望继承家业和采邑的青年骑士,如坦克雷德和鲍德温,极力寻求发达际遇,主动加入,担当中流砥柱;另一方面,家境殷实、自给自足的领主、城堡主、骑士及扈从没有强烈的拓殖诉求,但封建关系要求他们必须支持权贵的权力诉求。这种诉求之间的差异主要来自于利益关注点的不同。其一,封臣的经济能力是有限的,长途远征意味着巨大开销,甚至破产。据估算,一名骑士购置必备物资和装备,仅两年的路程上就要耗费 34 马克,当时骑士一年的收入为 5 马克,相当于其七年的收入。[1]

其二,在"自我放逐"的理想背后,是封臣对家庭地产和经济利益的不舍与忧虑。封建战争离家服役尚要有保护信确保地产不受诉讼侵夺,多年在外征战更难确保家业不受仇敌侵害。贵族们承受着极大的经济压力,抛弃家族和财产土地,无形中造成了巨大的心理压力。譬如,布罗瓦的斯蒂芬在临行之际就有了对领土的种种忧虑,特意向马默推罗(Marmoutier)修道院做了捐赠,信件中记载着:"如此,有圣马丁,修士们做过代祷,上帝宽恕吾等错和罪,指引道路,远赴他乡,保佑吾等安全身体无忧返回,护佑妻子安德拉,护佑我们的子女。"[2]

里布蒙的安塞尔姆是第一次十字军战争中的一位有影响的贵族,屡立战功,同时与家乡的主教之间保持着频繁信件往来,表现出了个人层面的心理状态。其中有一封写给家乡大主教的信中,信件中的言辞表达直白,措辞激烈,直接表达了对家族地产的严重关切:"然而,尽管吾等深知信徒不可僭越导师,仆从不可僭越宗主,但吾等还是深切恳求,在吾主耶稣之名下,反省汝身作为教士,作为主教的责任。为吾等土地考虑,领主们应邻里和谐,

---

① John H.Pryor, *Logistics of Warfare in the Age of the Crusades*, p.232.

② Jonathan Riley-Smith, *The Oxford History of the Crusades*, p.73.

附庸者相安无事,安稳作业,教士侍奉主,指引安稳生活。"①

尽管如此,整体上看,贵族封臣和士绅阶层都要支持、维护权贵宗主的权力诉求,这既是出于既得利益的需要,也是封建附庸关系作用的结果。在这样的情况下,很多人其实是无欲无求,对前往东方也并没有多大的兴趣,但也必须要为宗主服役,因附庸关系被迫踏上旅程。这也在一定程度上解释了,很多十字军战士和小领主在战争结束后,很快就随着权贵返回了欧洲,并未久留于东方。在出发的时候,富尔彻记载了出发时妻离子别的场景,一定程度上反映了这样的无奈和无力感:"妻子默默想着丈夫何时方能返回,如果上帝保佑他能回来的话。他将自己的妻子托付给了主保佑,他亲吻了她,面对哭泣的她,承诺自己终会回来……他内心痛苦,暗里默默、深沉承受,志气坚定,决绝而去。"②

最后,第一次十字军亦反映了平民参与者的物质诉求。这个群体动机单纯,大部是在争取摆脱灾祸,寻求生存的可能。11 世纪的西欧农业水平仍有限,牲畜不能过冬,无力抵御自然灾害的侵袭,平民大众的生活匮乏且不安。1092—1095 年饥荒瘟疫在整个西欧肆意蔓延,爱尔兰甚至饿死了四分之一的人口。③ 当时,坏疽性麦角中毒(又称"圣安东尼之火")四处传播,破坏性极强。

1094—1095 年正是瘟疫和饥荒最为严重的年份,此时教皇乌尔班二世正在法国克勒芒召开宗教会议,鼓动十字军。教皇乌尔班二世着力强调西方贫瘠,东方富饶,鼓动人们离开这片无法提供足够食粮的土地,去夺取流着奶与蜜之地,④"此处伤悲者,彼处欢欣,此处困顿,彼处富足"⑤。破产了的平民大众不受经济利益和社会关系的约束,对这场战争有着最大的热情,轻易就被动员了起来。⑥ 在美好的远景下,德意志农民受隐修士彼得宣导,1096 年 3 月就率先出发,即所谓平民十字军。然而,平民阶层没有应对战争的经济基础和军事能力,作用非常有限。他们缺少补给,没有装备,无组织纪律,靠着沿途劫掠、迫害犹太人过活,在渡过海峡后旋即被全歼。平民十字军在尼西亚的惨败证明,平民的物质诉求是紧迫和现实的,但脆弱的经

① Edward Peters, *The Chronicle of Fulcher of Chartres and Other Source Materials*, p.285.

② Edward Peters, *The Chronicle of Fulcher of Chartres and Other Source Materials*, p.59.

③ Conor Kostick, *The Social Structure of the First Crusade*, Leiden: Brill Academic Pub, 2008, p.101.

④ Robert The Monk, *Robert The Monk's History of The First Crusade*, pp.80-81.

⑤ Edward Peters, *The Chronicle of Fulcher of Chartres and Other Source Materials*, p.53.

⑥ Jacques Le Goff, *Medieval Civilization: 400-1500*, p.359.

济基础、极低的战斗能力使得他们的物质诉求在第一次十字军中的权重受到极大限制，必然从属、依附于权贵集团的权力诉求，是利益最不受到保障的群体，一定意义上讲，也是这场战争的受害者和牺牲品。

第二节　军事进程：残酷的现实环境

在教会的着力宣导下，无论是教皇乌尔班二世还是隐修士彼得，都将东方圣地描绘为一片美好之地，富饶而充盈。教会勾画出的理想远景与战争的真实完全相反。现实是，此时的地中海东岸比西欧更加动荡，战乱频仍。11 世纪末的近东，因大塞尔柱帝国分崩离析而陷入割据林立，拜占庭、罗姆突厥、达尼什曼德王朝、亚美尼亚人、安条克、阿勒颇、摩苏尔、大马士革以及法蒂玛埃及相互对峙，冲突不绝。十字军趁虚而入，经小亚进入了绝对权力缺失的近东地带，却陷入了伊斯兰诸势力集团的围攻中，强敌环伺，一路血战。尽管仰仗着人数众多及对手分崩离析取得了优势，但军事进程仍异常艰苦。由小亚到安条克一线的行军作战困难最大，历经战场败绩、溃逃、惨胜。现实的战争环境之严苛，与先前描述的美好前景形成了鲜明反差。

首先，军事进程的自然环境是极端恶劣且严酷的。其一，安纳托利亚高原干旱少雨，水资源匮乏且分布不均，十字军恰恰是在盛夏经过，行军严重迟滞。从菲洛迈利姆（Philomelium）到伊康（Iconium）是荒漠地带，烈日酷暑下十字军花费了两个星期才勉强通过。过缓的行军速度进一步加剧了缺水带来的损害，大量平民死亡，阿尔伯特特别申明所记属实，绝非杜撰：孕妇子宫萎缩，提前分娩，遗弃婴孩，甚至因为疼痛而满地打滚，痛苦至极。到达水源地后，很多严重脱水的人畜因饮水过量，水中毒而死。[1]　其二，高原险峻山路对大规模行军造成阻碍。因人数众多，十字军首领特意选择了较为平缓的路线，绕过乞里齐亚，向东北方向行进，绕道卡帕多西亚高原。即便如此，在反托罗斯山脉间直到马拉什（Marash）全军还是经历了最艰苦的一段路程。这一线的平均海拔在 1630 米，完全是在悬崖峭壁上行军，[2]"行进于山间峭壁及峡谷陡坡之上"[3]。修士罗伯特记载，道路窄得只容得下一只脚，身旁就是无底深渊，所有人步行前进，将武器挂在脖颈上，很多人不得已

---

[1]　Albert of Aachen, *Historia Ierosolimitana*, pp.138-140.

[2]　John France, *Victory in the East: a Military History of the First Crusade*, p.192.

[3]　Albert of Aachen, *Historia Ierosolimitana*, p.180.

把盔甲盾牌卖掉甚至扔掉。① 在这段路程上十字军大量损失辎重驮畜及作战马匹,走出山地后已溃不成军,足足等了一天才重新集合。与之形成对比的是选择迂回西利西亚的鲍德温一部。他虽然只带领一支小队伍,且无平民负担,仍旧深陷崇山峻岭,耗尽粮食,险些全军覆没。② 其三,十字军本身松散的结构也增加了野外行军的难度。这支军队老幼妇孺皆有,掺杂大量非武装平民及贵族家眷,身体素质良莠不齐,更无有效组织。沿途古罗马时期的道路业已年久失修,残破不堪,更是增加了行进的难度。据测算,常规的封建军队每日行军的距离大约在 16—24 公里之间,③但十字军用了夏秋两季才通过安纳托利亚高原,迟缓时平均每日只能行进 10 公里左右。这样一支数万人之巨、马匹辎重众多的庞大队伍翻山越岭,还要一直防备突厥人的偷袭和埋伏,行军的消耗和困难是超常规的。

　　然后,军事进程中的补给困难始终是一个难于克服的隐患。尽管拜占庭和亚美尼亚人自海陆两路尽可能地给予了最大的支持,但在农本时代,长期依靠外部支援维持一支超过数万人队伍的供给是极端困难的。并且,随着十字军进入叙利亚北部以后,最重要的海上补给线就受到季节因素的限制,在冬季很难发挥作用。其一,食物的短缺是最为致命的,十字军进入叙利亚北部时已经到了秋季,因安条克之役战事焦灼,随即被拖入了冬季,艰难破城后旋即被围困近一个月,食物紧缺,饥荒蔓延。持续数月的严重饥荒中,贵族和平民大众两个阶层因占有资源的差异而显示出截然不同的生活态势。贵族阶层中,集团首领的权贵拥有充裕资金,并利用封建臣属关系相互扶持,维持基本生存,甚至能吃得上鱼肉和面包。④ 因物资紧缺,造成通货膨胀,物价高涨,紧迫情况下,贵族也不得不宰杀驮畜甚至战马充饥。⑤贫穷大众阶层只能依靠教会和贵族的施舍维生,⑥或者是到野外寻找食物,且经常会遭到突厥人的伏击。他们或是食用腐肉或树叶,⑦或是煮烹皮革,

---

①　Robert The Monk, *Robert The Monk's History of The First Crusade*, p.119.

②　Albert of Aachen, *Historia Ierosolimitana*, p.148.

③　Jim Bradbury, Kelly DeVries, *Fighting Techniques of the Medieval World AD 500 to AD 1500: Equipment, Combat Skills and Tactics*, p.150.

④　Albert of Aachen, *Historia Ierosolimitana*, pp.332–334.

⑤　Edward Peters, *The Chronicle of Fulcher of Chartres and Other Source Materials*, p.82.

⑥　Edward Peters, *The Chronicle of Fulcher of Chartres and Other Source Materials*, p.288.

⑦　Ibn al-Athir, *The chronicle of Ibnal-Athīr for the crusading period from al-Kāmil fī'l-ta'rīkh. Part.1*, p.16.

靠着植物根茎果腹,①更甚者,要到粪便中寻找谷粒。② 其二,马匹作为战略物资也是短缺的。十字军原本是一支拥有 7000 名骑士的重型武装,③战马数量过万,但在长期的战争消耗中,因寒冷气候、战损、及缺乏粮草,马匹数量锐减,拉尔夫提到,10 匹马中有 9 匹都饿死了,④里布蒙的安塞尔姆的信中写到,军中只剩下 700 匹马。⑤ 贵族和骑士都是骑马作战为主,马匹的短缺对于他们而言更为致命,很多人不得已只能改为步行作战。甚至于,在安条克最终决战前,公爵戈德弗里和佛兰德斯伯爵罗伯特都没有战马,公爵是从雷蒙德处获赠的战马,罗伯特是靠着乞讨得到的马匹。⑥

最后,军事进程中主要的非作战减员来自于伤病。在医疗手段极为有限的中世纪,战斗受伤、水土不服、流感瘟疫都会带来严重后果。其一,行军途中的严酷环境会导致各种疾病感染,积劳成疾者甚众。平民百姓是鲜见于文献记载的,仅以贵族及其家眷为例:波塞斯的盖伊病死在尼西亚;⑦鲍德温的原配葛德维尔(Godevere)病逝于马拉什,戈德弗里的内府骑士,维桑的尤得拉德(Udelard of Wissant)同样病故于此;⑧科诺伯爵之子戈泽罗病死于阿塔堡;⑨图卢兹伯爵雷蒙德身染重病,甚至受了涂油礼,在伊康休养后方好转。⑩ 其二,战斗或意外造成的创伤减员也十分严重,开放性创伤会导致感染和败血症。仅以权贵为例,公爵戈德弗里打猎时遇到狗熊,不慎被自己的剑割伤腿部,险些丧命。⑪ 博希蒙德攻打安条克卫城时伤到大腿,几乎丧命。⑫ 疾病的致死率之高几乎与战场损耗持平,里布蒙的安塞尔姆在信中恳求主教为死去同伴做代祷,其中,战死者 7 人,病逝者 6 人,两方数字几乎是持平的。⑬ 其三,长期围城导致环境卫生恶化,发生瘟疫的几率变高,杀伤力同样惊人。安条克之役最后阶段,十字军长期被围困在安条克城内,

---

① Albert of Aachen, *Historia Ierosolimitana*, pp.298-300.

② Edward Peters, *The Chronicle of Fulcher of Chartres and Other Source Materials*, p.73.

③ John France, *Victory in the East:a Military History of the First Crusade*, p.142.

④ Ralph of Caen, *The Gesta Tancredi of Ralph of Caen*, p.81.

⑤ Edward Peters, *The Chronicle of Fulcher of Chartres and Other Source Material*, p.290.

⑥ Albert of Aachen, *Historia Ierosolimitana*, p.334.

⑦ Albert of Aachen, *Historia Ierosolimitana*, p.112.

⑧ Albert of Aachen, *Historia Ierosolimitana*, p.182.

⑨ Albert of Aachen, *Historia Ierosolimitana*, p.186.

⑩ Albert of Aachen, *Historia Ierosolimitana*, p.189.

⑪ Albert of Aachen, *Historia Ierosolimitana*, pp.142-144.

⑫ Robert The Monk, *Robert The Monk's History of The First Crusade*, p.149.

⑬ Edward Peters, *The Chronicle of Fulcher of Chartres and Other Source Materials*, p.286.

瘟疫滋生,"每天都有人病死"①。是役后,1098 年 7 月,城内再次爆发伤寒瘟疫,造成大量人员死伤,"数不尽的人被夺去了性命",8 月 1 日勒普伊主教阿泰马尔染病,旋即不治身亡。半年之内,每天拂晓都有数十人死去,瘟疫持续时间长,且损失惨重,贵族纷纷逃离,平民死伤过万。②

教会描绘的理想远景是在东方获得巨额财富和无限的幸福。现实是,即便不考虑战损减员,严苛的生存环境也已经使得幸存者几近破产。物资短缺造成物价高涨、通货膨胀,绝大多数人最后都是耗尽了钱财,正如布洛瓦的斯蒂芬 1098 年 3 月在写给妻子的信中提到的,"所有人的钱财都耗尽了"。③ 直至第一次十字军战争结束后,资金匮乏始终是困扰整个拉丁东方的无解难题。唯有以威尼斯、热那亚、比萨为首的意大利海上城市真正在这场战争中获得了巨额收益。战争结束后,多数十字军参与者都选择返回欧洲,除获得了"耶路撒冷人"的殊荣及少量不知真假的圣物遗骸外,他们期待的物质回报大多并未实现。

第三节　形象的崩塌:两种极端化的不合理

教会编年史家着力渲染第一次十字军光辉的正面形象,以期将其树立为垂范后世的楷模和典范。在他们笔下,十字军战士虔诚无畏,享有"基督的武士"盛誉,④以耶路撒冷圣墓为目标,"净化圣所,恢复圣仪",⑤战争被转化为一场朝圣之旅,⑥十字军的形象全面理想化、正面化。正如 12 世纪的修士罗伯特所设想的,"持剑开辟道路,根除万恶,占领耶路撒冷"⑦。在宗教虔诚的顶层构建下,战争、朝圣、夺取主的圣墓三个概念被巧妙地结合在一起,基于中古基督教的价值体系,赋予了十字军宗教法理和伦理上的双重正义。

然而,刻意塑造的理想化形象与现实相去甚远,并掩盖了两种极端化的不合理。一种不合理,是神圣化塑造所导致的个体人物的扁平化、刻板化,

---

① Albert of Aachen, *Historia Ierosolimitana*, p.300.

② Albert of Aachen, *Historia Ierosolimitana*, pp.342-344.

③ Edward Peters, *The Chronicle of Fulcher of Chartres and Other Source Materials*, p.288.

④ Edward Peters, *The Chronicle of Fulcher of Chartres and Other Source Materials*, p.53.

⑤ Albert of Aachen, *Historia Ierosolimitana*, p.6.

⑥ Jonathan Riley-Smith, *The First Crusade and the Idea of Crusading*, London: Continuum, 1993, p.22.

⑦ Robert The Monk, trans. Carol Sweetenham, *Robert The Monk's History of The First Crusade: Historia Iherosolimitana*, p.138.

严重脱离现实；另一种不合理，就是暴力的滥用，无差别化，对杀戮行为的美化和正当化。

首先，从气质和性格上，十字军的形象被完全理想化了。其一，他们是团结无间隙的，"皆是兄弟，因相同的精神、相同的爱而联合在一起"①，"和睦融洽"②。其二，战争过程中，十字军英勇善战，恪守骑士精神，富于英雄主义色彩，"上帝赋予其勇气，故而坚强"③。其中，形象塑造的最为神圣化的是布永的戈德弗里，因为他是耶路撒冷王国的首位统治者，享有"圣墓守护者"的尊称，广为赞颂，在中世纪被奉为九位伟人之一，与亚瑟王和查理曼并肩，堪称骑士精神的典范。罗伯特形容他"相貌英俊，贵族气派，雄辩，品德高贵，为人宽容，近似修士一般，战斗时英勇无畏，似怒吼雄狮，无人可挡"④。对于中古的基督教编年史家而言，一名称职的十字军战士，俨然已经克服了封建武士的一切缺点和不足，拥有近乎完美的品格，实现了宗教虔诚与骑士精神的统一。

现实视角下，这种脸谱化的形象是不合理的，是一种缺乏客观依据的主观想象。十字军虽然拥有宗教热情，但并非脱离其封建环境，除了十字标记及仪式性的形式外，并未经过实际性神学教育或苦修实践，除了对手和战场发生变化外，他们依旧是封建武士，自然不可能克服封建体系的固有弊端。其一，十字军的军事单位是地域封建集团拼凑成的松散军事组织，没有形成统一的统辖机制和指挥系统，关系复杂混乱，派系丛生，内斗始终存在。以权贵为首的各集团势力都有着明确的权力诉求，以土地占据为焦点，必然发生冲突。譬如，雷蒙德和博希蒙德两个集团始终摩擦不断，曾激烈争夺安条克城的控制权，双方的矛盾冲突愈演愈烈，一直延续到战后的 1101 年十字军。此外，雷蒙德还在耶路撒冷的归属上与戈德弗里争执不下，甚至一度强占大卫塔，几乎动武。在阿什克伦大捷后，戈德弗里本有希望趁机夺取阿什克伦城，但雷蒙德故意通风报信守军，并进行挑唆，终未能得手，双方因此几乎爆发大规模战斗，在佛兰德斯的罗伯特的斡旋下才罢兵。⑤ 博希蒙德和戈德弗里两个集团也存在矛盾，双方的青年骑士统领坦克雷德和鲍德温在西利西亚因抢占城池发生争执，爆发激烈冲突并造成伤亡。只是迫于严峻的战争形势，这些封建贵族才勉强维持着形式上的团结，紧急的时候相互支

---

①　Robert The Monk, *Robert The Monk's History of The First Crusade*, p.169.

②　Albert of Aachen, *Historia Ierosolimitana*, p.2.

③　Robert The Monk, *Robert The Monk's History of The First Crusade*, p.155.

④　Robert The Monk, *Robert The Monk's History of The First Crusade*, p.84.

⑤　Albert of Aachen, *Historia Ierosolimitana*, pp.470−472.

援,形势一旦缓解就故态复萌,彼此间暗流涌动,矛盾丛生。

其二,封建内斗中贵族阶层固有的劣根性在东方战场上同样存在。大部分情况下,贵族首领优先考虑的都是自身的权益,很少会顾及下层步兵的安危。在战斗陷入僵局或劣势时,贵族和骑士大多贪生怕死,经常是率先骑马逃走,乃至不惜践踏步兵同伴。① 在艰苦条件下,贪图享乐的贵族阶层是最容易动摇并弃守的。安条克战役后期,战争环境愈发严酷,军队士气低落,军队严重动摇,不断有人脱离营地。1098 年 1 月,十字军的发起者隐修士彼得居然与贵族"木匠"威廉出逃,后被追回。② 勒普伊主教在一封写给罗马教廷的信中措词强烈,要求违背誓言逃走的人返回东方,否则应开除教籍,不得葬于教会墓地。③ 接着,诺曼底的罗伯特借口患病,逃到拉塔基亚港口,多次召唤未归,在开除教籍的威胁下才被迫返回。④ 5 月,军队主要领袖,布洛瓦的斯蒂芬在安条克城破前夕逃走。⑤ 是役后,韦芒杜瓦的休借口前往君士坦丁堡交涉,借道返回欧洲。同时,十字军同样具备封建武士的另一种弊病,就是贪婪成性,"对战利品的爱普遍驱策着骑士们"⑥。为了获取暴利,他们甚至不惜掘墓毁尸寻找金银,乃至令修士罗伯特都为之不齿。⑦ 贵族骑士的贪婪时常会延误战机,以至放弃追击,专注于洗劫敌营,"因贪婪而堕落"⑧。攻占耶路撒冷后,十字军"被萨拉森人的财富惊呆了",四处劫掠,坦克雷德用了两天的时间洗劫岩顶穹顶寺,将镀在墙壁和柱子上的金银都刮走了,用 6 头骆驼满载而去。⑨ 十字军这般的行径、风格是符合其在封建战争中的一贯表现的,却与教会的预期和美化大相径庭。

然后,在理想化的过程中,宗教虔诚与战争暴力结合在一起,被合理化。自第一次十字军起,教会开始有意渲染宗教战争和虔诚暴力的观点,以上帝为十字军的最高宗主,保证其法理上的神圣性。教会着力宣导对异教徒的武装征伐,并冠之以"正义事业"的美名,"为封建内斗提供了一个值得称颂的发泄途径"⑩。在经过宣誓、十字标记等神圣仪式后,西欧的封建骑士即

---

① Ralph of Caen, *The Gesta Tancredi of Ralph of Caen*, p.46.

② Robert The Monk, *Robert The Monk's History of The First Crusade*, pp.127-128.

③ Edward Peters, *The Chronicle of Fulcher of Chartres and Other Source Materials*, p.284.

④ Ralph of Caen, *The Gesta Tancredi of Ralph of Caen*, p.84.

⑤ Edward Peters, *The Chronicle of Fulcher of Chartres and Other Source Materials*, p.74.

⑥ John France, *Victory in the East: a Military History of the First Crusade*, p.13.

⑦ Robert The Monk, *Robert The Monk's History of The First Crusade*, pp.134-135.

⑧ Albert of Aachen, *Historia Ierosolimitana*, pp.334-336.

⑨ Albert of Aachen, *Historia Ierosolimitana*, p.432.

⑩ Jacques Le Goff, *Medieval Civilization: 400-1500*, p.69.

刻转化为"献身于战争和上帝的人"①。11世纪后期,教皇格雷戈里七世提出战争赎罪论,十字军战争实践了这一理念,开创武装朝圣理念。耶路撒冷、异教徒、十字军诸元素同朝圣相结合。② 同异教徒的战争中,被杀等同于牺牲和赎罪,死后随即升入天国。③ 在十字军这样一个军事目标、进程、结果皆因满足教会需要而被冠以神圣正义之名的理想化模式中,杀戮被合理化、合法化,成为武人赎罪的捷径。于是,战争暴力不受控制,封建内斗在阶层、社群、宗教几个层面的基本约束亦无法对十字军发生作用。在宗教狂热、物质诉求、报复心态的综合作用下,暴力被滥用,走向极端,发展到骇人听闻的程度。

　　十字军每逢城破,必定屠城。在塔尔苏斯,鲍德温为平息全军怒火,一次斩首200突厥百姓,不久再次屠城。④ 安条克城破后,爆发了大屠杀,甚至连打开城门、帮助其进城的基督教市民都未能幸免,共计一万人被屠戮。⑤ 在击败摩苏尔总督后,十字军冲入突厥营地,无差别屠杀,马匹践踏,暴尸荒野,到处都是残破尸体,惨不忍睹。⑥ 耶路撒冷城破之后,杀戮达到了极致:成千上万人涌入城市,杀入圣殿山,血流成河,漫过脚踝。全军随即冲入城市各处肆意杀戮,上万人死亡,甚至"将哺乳期的婴儿掷向墙壁及门楣"⑦。并且,在三天后,在首领授意下全军再次组织第二次屠城,在此处记载中,阿尔伯特罕见地用屠夫(percussoris)一词来贬斥其兽行。⑧ 在极端情形下,十字军人性泯灭的程度甚至令教会史家不能容忍。雷蒙德围困马亚拉城五个星期,因严重饥荒及复仇情绪,部分人以突厥人的尸体充饥,被阿尔伯特斥为"骇人听闻的邪恶"⑨,教士拉尔夫一贯掩饰、美化十字军暴行,也对此做出了批评,斥其为耻辱。⑩ 教会竭力将十字军的暴力合理化,并纳入到基督教神学伦理的轨道中,从功能上与封建内战相区分。然而,在现实环境中,第一次十字军无差别施暴的极端行径,显然是与社会伦理和基本的道德规范相背离的,是战争罪行,远非神圣,根本上决定了其侵略战争的非

① Ralph of Caen, *The Gesta Tancredi of Ralph of Caen*, p.53.
② Jonathan Riley-Smith, *The First Crusade and the Idea of Crusading*, p.22.
③ Edward Peters, *The Chronicle of Fulcher of Chartres and Other Source Materials*, p.53.
④ Albert of Aachen, *Historia Ierosolimitana*, p.158.
⑤ Albert of Aachen, *Historia Ierosolimitana*, pp.282–284.
⑥ Albert of Aachen, *Historia Ierosolimitana*, p.336.
⑦ Albert of Aachen, *Historia Ierosolimitana*, pp.428–432.
⑧ Albert of Aachen, *Historia Ierosolimitana*, pp.440–442.
⑨ Albert of Aachen, *Historia Ierosolimitana*, p.374.
⑩ Ralph of Caen, *The Gesta Tancredi of Ralph of Caen*, p.116.

正义性。

　　综上,第一次十字军的现实绝非教会描绘的那般单纯和美好,而是极为复杂且多面的。在多重因素的推动下,宗教虔诚不经意成就了一场时代洪流。十字军战争是可怖的经历,众多的灾祸连绵不绝,成就的是一场可怕的事业。[①] 不可否认,第一次十字军战争是中古地中海世界的一次重要历史事件,实现了土地拓殖,创造了拉丁东方,并深刻地改变了地中海东部世界的政治格局和历史走向,引发了经济、文化互动交流的新动向。十字军因为承载着过多的功能,其内涵被不断丰富和拓展,已然演化为一种极为复杂多元的历史现象和概念。在研讨、挖掘其意义和价值的过程中,必须坚持全面客观的基本原则,既不能一味肯定或全面否定,也不能以偏概全,更不能无视其诸多负面化的效应。应基于史料文献,在厘清线索、化繁为简、反复推敲的前提下,重新予以审视,结合社会、制度、宗教及文化背景,最大程度地予以还原,以期做出客观而公正的历史评价。

---

　　① 　John France, *Western Warfare in the Age of the Crusades*, *1000–1300*, p.228.

参 考 文 献

史 料 文 献

Albert of Aachen, *Historia Ierosolimitana*, *History of the Journey to Jerusalem*, ed. and trans.Susan B.Edgington, New York: Oxford University Press, 2007.

Ibn Al-Qalanisi, *The Damascus Chronicle of the Crusades: Extracted and Translated from the Chronicle of Ibn Al-Qalanisi*, trans.H.A.R Gibb, London: Luzac & Company, 1967.

Ibn al-Athir, *The chronicle of Ibnal-Athīr for the crusading period from al-Kāmil fi'l-ta'rīkh. Part.1, The years 491-541/1097-1146: the coming of the Franks and the Muslim response*, edd.And trans.Andtrans.D.S.Richards, Aldershot: Ashgate, 2006.

Malcolm Barber, Keith Bate, *The Templars selected sources*, Manchester: Manchester University Press, 2002.

Ralph of Caen, *The Gesta Tancredi of Ralph of Caen: a history of the Normans on the First Crusade*, trans.Bernard S.Bachrach and David S.Bachrach, Aldershot: Ashgate, 2005.

Anna Comnena, *The Alexiad of Anna Comnena*, trans. E. R. A. Sewter, London: Penguin, 1969.

Edward Peters, *The Chronicle of Fulcher of Chartres and Other Source Materials*, Philadelphia: University of Pennsylvania Press, 1998.

Matthew of Edessa, *Armenia and the Crusades: Tenth to Twelfth Centuries: the Chronicle of Matthew of Edessa*, trans.A.E.Dostourian, NewYork: University Press of America, 1993.

Robert The Monk, *Robert The Monk's History of The First Crusade*, trans.Carol Sweetenham, Aldershot & Burlington: Ashgate, 2005.

研 究 著 述

Jim Bradbury, *The Medieval Archer*, Woodbridge: Boydell Press, 1985.

Jim Bradbury, *The Medieval Siege*, Woodbridge: Boydell Press, 1992.

Jim Bradbury, Kelly DeVries, *Fighting Techniques of the Medieval World AD 500 to AD 1500: Equipment, Combat Skills and Tactics*, New York: Thomas Dunne Books, 2005.

Alexander Daniel Beihammer, *Byzantium and the Emergence of Muslim-Turkish Anatolia, ca.1040-1130*, Abingdon: Routledge, 2017.

Malcolm Barber, *The New Knighthood: a History of the Temple*, Cambridge: Cambridge University Press, 1994.

Philippe Contamine, *War in the Middle Ages*, trans. Michael Jones, London: Blackwell, 1985.

Kelly DeVries and Robert D.Smith, *Medieval Weapons: An Illustrated History of Their Impact(Weapons and Warfare)*, Santa Barbara: ABC-CLIO, 2007.

David Edge and John Miles Paddock, *Arms and Armor of the Medieval Knight: An Illustrated History of Weaponry in the Middle Ages*, New York: Crescent, 1988.

John France, *Victory in the East: a Military History of the First Crusade*, New York: Cambridge University Press, 1994.

John France, *Western Warfare in the Age of the Crusades, 1000–1300*, New York: Cornell University Press, 1999.

John France, *The Crusades and the Expansion of Catholic Christendom, 1000–1714*, New York: Routledge, 2005.

Jacques Le Goff, *Medieval Civilization: 400–1500*, trans. Julia Barrow, Oxford: Blackwell Publishing, 1988.

Timothy Gregory, *A history of Byzantium, 306–1453*, Cornwall: Blackwell Publishing, 2005.

Ian Heath, *Armies and enemies of the crusades, 1096–1291: Organization, tactics, dress and weapons*. Cambridge: Wargames Research Group, 1978.

Ann Hyland, *The Medieval Warhorse from Byzantium to the Crusades*, Conshohocken: Combined Publishing, 1996.

David Jacoby, *Commercial exchange across the Mediterranean: Byzantium, the Crusader Levant, Egypt, and Italy*, New York: Routledge, 2005.

Conor Kostick, *The Social Structure of the First Crusade*, Leiden: Brill Academic Pub, 2008.

Anthony Kaldellis, *Streams of Gold, Rivers of Blood: The Rise and Fall of Byzantium, 955 A.D. to the First Crusade*, New York: Oxford University Press, 2017.

H.C. Maxwell Lyte, *Calendar of various Chancery rolls Supplementary Close rolls, Welsh rolls, Scutage rolls, London: H.M.S.O.*, 1912.

Ralph-Johannes Lilie, *Byzantium and the Crusader States 1096–1204*, trans. J.C. Morris and Jean E. Riding, Oxford: Clarendon Press, 1993.

Amin Maalouf, *The Crusades through Arab Eyes*, London: Schocken, 1985.

Alan V. Murray, edd., *The Crusades: an encyclopedia*, Santa Barbara: ABC-CLIO Ltd, 2006.

Ruth Macrides edd., *Travel in the Byzantine World: Papers from the Thirty-Fourth Spring Symposium of Byzantine Studies, Birmingham, April* 2000, Aldershot: Ashgate, 2002.

David Nicolle, *Arms and Armour of the Crusading Era, 1050–1350: Western Europe and the Crusader States*, London: Greenhill Books, 1999.

John H.Pryor,edd. , *Logistics of Warfare in the Age of the Crusades*, Aldershot: Ashgate, 2006.

Steven Runciman, *A History of the Crusades Vol.I: The First Crusade and the Foundations of the Kingdom of Jerusalem*, Cambridge: Cambridge University Press, 1995.

Steven Runciman, *A History of the Crusades Volume II: The Kingdom of Jerusalem and the Frankish East 1100–1187*, Cambridge: Cambridge University Press, 1951.

R.C. Smail, *Crusading Warfare, 1097–1193*, Cambridge: Cambridge University Press, 1995.

Nigel Saul, *Chivalry in Medieval England*, Cambridge: Harvard University Press, 2011.

Jonathan Riley-Smith, *The First Crusade and the Idea of Crusading*, London: Continuum, 1993.

Jonathan Riley-Smith, ed. , *The Oxford History of the Crusades*, New York: Oxford University Press, 1999.

Kenneth M. Setton and Marshall W. Baldwin, edd. , *A history of the Crusades*, Vol2, *the Later Crusades 1189–1311*, Madison: University of Wisconsin Press, 1969.

后　记

　　本书的前置基础是我的博士学位论文。在学位论文写成之后数年间，不断增补、删减、完善，大量篇幅重新写作，文字和结构上做了较为全面的调整修订，呈现出新面貌。它的本源和初衷是我攻读博士学位期间的研究主体，基本史料和主干工作也是在这个时期完成的，其后数年间是对这份成果的延伸、提升及完善。这本书可说是对我个人前行路上的阶段性总结，呈现出个人对第一次十字军研究课题的整体认知。

　　第一次十字军战争史料记载丰富，虽是微观的，却是东西方文明间的冲突、博弈、互动和交往，有着很好的延伸或拓展性，作为学术研究的起点，对于进入拜占庭及东地中海地区研究领域而言，是适当的选题。以此为契机，从军事军制出发，逐渐扩展延伸到更多领域，开创出新前景、新方向。有幸受国家社科基金后期资助项目支持，并在人民出版社出版，可谓是我个人跨出的学术发展关键一步。不可回避的，拙作存在着天然性的劣势之处，譬如题目在宏观构架上没有实现概念突破，尽管一定程度上可算是实现了对这场战争的历史叙事和阐释的部分重构，却不可能从一场战争延伸到整个东地中海世界格局秩序。简言之，这部成果是阶段性的，必定还要成为日后一个更宏观、更广阔视野、涵盖更广泛系列研究之一部方才完整。我的本意也是想让第一次十字军的研究成为未来长期研究规划的基础，实现前后整合，研究理路统一。目前，能力所限，很多问题未能深究，还望各位读者，学界同仁包容海涵。

　　在此需指出，我有意识回避了十字军这概念的系统阐释和界定。私以为，所谓十字军不是自然发生的概念，更多属于史学理论研究范畴。"十字军时代"是一个从历史叙述、书写走向观念认知、普遍认同，成为社会实践传统的一个典型。十字军概念的萌发、形成和发展历时百余年，经历复杂历史进程，超越了单纯起点问题界限。面对这样一个重要的历史阐释问题，个人觉得还是应持着更为审慎态度对待，在未对 11 至 13 世纪十字军运动有一个更为深刻、系统、全面的研究和认知之前，不能贸然界定，做出结论。即便没有做出专题阐述，对于十字军及相关观念的基本认识和阐述大致体现在各章节中，应是没有影响论述展开和叙事整体连贯。全书的一条主线，就是第一次十字军的军事性质，在军事历程中不断适应、调整、改变，发展出法

兰克东方军事新形态雏形。未来，个人会在进一步积淀后回溯这一问题，并将十字军概念起源与第一次十字军战争的发生及影响、意义联系起来，置入十字军运动的整体结构中，在更为宏观视野下梳理阐述。

这里，学生必要首先感谢先师朱寰先生。朱先生是学界大家，为学科和研究事业奠基，是学生敬仰的前辈大师。学生在东北师大历史文化学院求学期间，有幸能向朱先生多次求教，深感荣幸之至。先生大家风范，挚爱教育，躬身亲自指导我们懵懂后辈，当时虽已高龄，全程参与学生的开题和答辩，思维清楚，高屋建瓴，切中要害。多年来，先生言传身教的情景始终不敢不能忘怀，既有震撼，更是感动。先生大师风骨永存，后辈丰碑。

我要感谢我的授业恩师，徐家玲老师和骆继光老师。没有两位老师的辛勤指导和谆谆教诲，绝没有我个人的成长以及现在的发展。在河北师大历史文化学院就读硕士期间，骆老师为我选定了十字军的研究方向，并引导我以圣殿骑士团为着眼点，尝试开展专题性质的研究，并帮助我形成了追求文献，追踪国际前沿的学术习惯，指明了最初前进方向。骆老师的广博儒雅一直是我追求的目标。徐家玲老师是我的博士生导师，在东北师大历史文化学院求学攻读的四年间，对我的学术和生活关怀无微不至。徐老师投入了心血，付出了辛劳，严格要求，时刻指点，不管是学术还是做人，道德情操，都对我有着深刻的影响。求学期间，与师兄弟姐妹们一起，三两人也好，齐聚一堂也好，到徐老师的书斋一聚，畅谈寰宇，是最有趣、最快乐和美好的回忆。可惜，个人天生愚钝，天资不足，辜负导师厚爱，尚未实现许多规划，深感惭愧。在此，一并感谢各位师兄弟姐妹们的一路陪伴，共同畅谈，相互切磋，批评指正。

要感谢学界几位师长。陈志强老师多年来一直关注学界后辈成长，平易近人，总是能够耐心倾听，点出问题，指引前行之路，无论是学术研究，还是事业发展，都受益颇多。孟广林老师是我的博士后合作导师，在理论方法和研究思路的拓展上都对我帮助甚多，对本书的一些关键性细节和问题提出过很好的建议，并时常会在必要时给予我乐观激励。张绪山老师多年来对我的成长、科研发展关怀有加，是最亲切的师长之一，谈天说地，古往今来，时常给予我各种支持。张乃和老师不仅是我攻读学位成长过程中的指路人，也在学术、工作中都尽所能地给予支持，不胜感激。

要感谢东北师大历史文化学院的各位老师们。韩东育老师时任学院院长，亲切关怀，推荐博士学位论文到省评优，是对我个人学术成长的肯定和大力鼓励。张强老师虽严厉但不失幽默，对我提出了严格的语言要求，没有张老师的指导，个人在文献上不会有后续进展，更不会有当年《耶路撒冷史》的翻译出版。王晋新老师关心关切我的发展,既有严厉,更多的是呵护,帮助我改进提升。宫秀华和张晓华两位老师也在我开题答辩各阶段提出过宝贵建议意见,帮助我进一步修正方向,弥补不足。李晓东老师、张楠老师都从语言和研究方法思路等方面,给出了真知灼见,拓展思路,更多延伸。其他师长老师,限于篇幅,不再一一感谢,一并致谢。

在本书的前期项目申报过程中,学院李君老师提出了很多宝贵建议,予以极大支持,不胜感激。在出版过程中,同门师兄柴晨清博士认真把关,付出了诸多辛劳,表示感谢的同时,也祝愿他事业顺利,在新领域内拓展前行。这里,一并感谢河北师大历史文化学院的同事们,特别是世界史的各位老师们,我们共同戮力,为学科的进一步发展和前进同心同德、共同奋斗。

最后,要向我的家人亲属们表示感谢。父母如今年事已高,当年求学期间他们付出的辛劳仍历历在目,仿若就在昨日。他们对我的成长给予了最大可能的支持和鼓励,从未要求索取,尽是宽容包容。如今我也已为人父,年近不惑,更为深切地体会理解到父母不易。本书既是对求学之路的一个总结,更是对他们的感恩表达。然后,感谢我的妻子王琳,在成书改稿过程中给予我最大支持,默默无声,照顾家庭,是我最亲近的学术拥趸。同时,一并感谢我的岳父母,事业上促进成长,架桥铺路,家庭中,看护子女,张罗杂事,任劳任怨,不计辛劳,我同样无以为报。其他亲人一并感谢,各种照顾,助力前行。终于,要提到的是我的女儿王蒲涵,年幼懵懂,尚在成长,希望本书能在她成年后,成为回忆童年时光的一份标记。

王向鹏

2021 年 9 月 20 日

责任编辑:柴晨清

图书在版编目(CIP)数据

东西方视域下第一次十字军战争研究/王向鹏 著. —北京:人民出版社,
　2022.4(2022.7 重印)
(国家社科基金后期资助项目)
ISBN 978-7-01-023413-7

Ⅰ.①东…　Ⅱ.①王…　Ⅲ.①十字军东侵-研究　Ⅳ.①K560.7

中国版本图书馆 CIP 数据核字(2021)第 088967 号

东西方视域下第一次十字军战争研究
DONGXIFANG SHIYU XIA DIYICI SHIZIJUN ZHANZHENG YANJIU

王向鹏　著

人民出版社 出版发行
(100706　北京市东城区隆福寺街 99 号)

北京九州迅驰传媒文化有限公司印刷　新华书店经销

2022 年 4 月第 1 版　2022 年 7 月北京第 2 次印刷
开本:710 毫米×1000 毫米 1/16　印张:16
字数:298 千字

ISBN 978-7-01-023413-7　定价:89.00 元

邮购地址 100706　北京市东城区隆福寺街 99 号
人民东方图书销售中心　电话 (010)65250042　65289539